海遗丛稿

（二编）

牟润孙 著

中华书局
ZHONGHUA BOOK COMPANY

图书在版编目(CIP)数据

海遗丛稿:二编/牟润孙著.—北京:中华书局,2009.3
ISBN 978 - 7 - 101 - 06145 - 1

Ⅰ.海… Ⅱ.牟… Ⅲ.杂著—中国—现代—选集
Ⅳ.Z429.7

中国版本图书馆 CIP 数据核字(2008)第 062791 号

书　　名	海遗丛稿(二编)	
著　　者	牟润孙	
责任编辑	樊玉兰	
出版发行	中华书局	
	(北京市丰台区太平桥西里 38 号　100073)	
	http://www.zhbc.com.cn	
	E - mail:zhbc@zhbc.com.cn	
印　　刷	北京未来科学技术研究所有限责任公司印刷厂	
版　　次	2009 年 3 月北京第 1 版	
	2009 年 3 月北京第 1 次印刷	
规　　格	开本/640×960 毫米　1/16	
	印张 22　插页 4　字数 264 千字	
印　　数	1 - 4000 册	
国际书号	ISBN 978 - 7 - 101 - 06145 - 1	
定　　价	39.00 元	

图一　作者像

图二　　作者与夫人吴香林女士合影

早歲虯髯意氣豪市樓讀書吐靜庠

幻年方地北天南死生異路遠交敬俠

冀卅年展展迴塵迹一快文章壓海

幸承民澣勝侶結集成編復序

傳把臂國門頭共白搞脣時世旦每

於功竊於原稿尚未誦習於仰贊而

萬厲耘著籍人餘我敢附青雲敚

羞由乃垂書以季前摹仳之謹覓

羽毛

潤孫先生於功奕世寅僚同門學長

平生而附校字之末可乎一九九二年

討論切磋誼董師友一別三十餘年

三月啟功識於藍市宗舍之浮光掠

公元一九二年春更化之初重晤於香

江客次曾呈長句紀意白雲芳狗變

景樓 [印] [印]

出版说明

牟润孙先生 1908 年生于北京,燕京大学国学研究所毕业,受业于陈垣先生、顾颉刚先生,并从柯劭忞先生受经学。早年曾任教于河南大学、上海同济大学、上海暨南大学、台湾大学。1954 年,应钱穆先生邀请赴港,就任新亚书院文史系主任、新亚研究所导师,兼图书馆馆长;文史系分立后,任历史系主任。1964 年起,任香港中文大学历史系首任讲座教授,直至 1973 年退休。1988 年 11 月逝世于香港。生前为国务院古籍整理出版规划小组成员。

牟润孙先生治学博贯经史,淹通掌故,勤于著述,为世所重。历年发表的论文,最初结集为《注史斋丛稿》,于 1959 年 8 月由香港新亚研究所出版,共收论文十四篇,乃其五十岁之前的著述。1987 年 3 月,中华书局出版《注史斋丛稿》增补本,补入其后二十多年间的论文十二篇。牟润孙先生逝世后,其弟子李学铭、佘汝丰先生等,依据先生遗愿,将牟先生生前选定的七十篇文章合编为《海遗杂著》,1990 年由香港中文大学出版。《海遗杂著》所收文章内容广泛,包括史事考证、政事述论、思想阐发、人物回忆、往事追述、名物商讨,以至小说、戏曲评论之属。

《注史斋丛稿》和《海遗杂著》囊括了牟润孙先生一生最重要的学

术论文，但并非其全部著述。我们在准备重印 1987 年版《注史斋丛稿》的时候，通过台湾陈以爱女士与李学铭先生取得了联系，经过商议，决定对此前未曾编入的零散文章进行广泛搜集整理，使得牟先生的著述能首次以相对完整的面貌在大陆出版，以供海内外学者参阅。除《注史斋丛稿》和《海遗杂著》二书已收入的文章外，此次搜集的散见论文计八十馀篇，多为二十世纪七八十年代的作品。为便于读者较为系统地了解牟先生的学术思想，我们按照论述的范围，对所收论文进行了大致的分类，重新编目，分为三种四册：《注史斋丛稿》仍沿用原书名，但扩充为上下册；《海遗杂著》依从牟先生最初拟定的书名，更名为《海遗丛稿》，分初编、二编。所收文章均经过李学铭先生校订。编辑过程中，我们对原文存在的编校错误以及格式问题也有所修正和调整。书末分别附录了牟先生生前编定的旧版《注史斋丛稿》、《海遗杂著》目录，以及李学铭、逯耀东、陈万雄等牟门弟子的追忆缅怀之作，以助于全面了解牟先生的学术成就。

　　本书出版得到了牟润孙先生夫人吴香林女士的授权，并得到李学铭先生、陈以爱女士、李广健先生的帮助，谨此深致谢忱。

中华书局编辑部

2008 年 5 月

目 录

学林话旧

从癸丑修禊说到纪念梁启超

　　——王羲之、梁启超修禊时的心情　　　　/3

林纾逝世六十周年　　　　　　　　　　　/11

题"蓬山话旧图"　　　　　　　　　　　　/18

北京学林话旧

　　——跋钱玄同给魏建功的两封信　　　　/26

谈故宫盗宝案　　　　　　　　　　　　　/37

说胡适的提倡语体文

　　——跋《胡适之寿酒米粮库》　　　　　/48

我对胡适的新认识　　　　　　　　　　　/56

蓼园问学记　　　　　　　　　　　　　　/64

　　附录一　名学人的联语　　　　　　　　/73

附录二　孔德成的亲戚　　　　　　　　　　　/76

敬悼先师陈援庵先生　　　　　　　　　　　　/77

励耘书屋问学回忆

　　——陈援庵先师诞生百周年纪念感言　　/89

从《通鉴胡注表微》论陈援庵先师的史学　　/95

陈援庵先生的目录学

　　——《中国佛教史籍概论》读后　　　　/106

发展学术与延揽人才

　　——陈援庵先生的学人丰度　　　　　　/115

敬悼陈寅恪先生　　　　　　　　　　　　　　/123

　　附录　和陶然亭壁间清光绪时女子所题

　　　　　咏丁香绝句

　　　　　蒙自南湖作　　　　　　　　　　/135

读《陈寅恪先生论集》　　　　　　　　　　　/136

论中外思想融合的途径

　　——寒柳堂励耘书屋论学互证　　　　　/144

读《寒柳堂记梦未定稿》札记

　　——论光绪十年后清王朝政治的腐化　　/152

陈寅恪与钱锺书

　　——从杨太真入宫时是否处女说起　　　/163

书艺的气韵与书家的品格

　　——题《静农书艺集》　　　　　　　　/166

启元白教授在香港首次公开讲演　　　　　　/169

郭绍虞和顾颉刚　　　　　　　　　　　　　　/172

谭其骧与杨宽　　　　　　　　　　　　　　　/174

方东美二三事　　　　　　　　　　　　　　　/176

谨慎的学人 /178

悼念殷海光 /180

傅孟真先生逝世二十周年感言 /186

乔大壮之死 /192

悼念向达 /194

悼亡友王德昭 /197

悼念吴晗 /199

悼念唐兰 /201

悼念沈尹默先生 /204

吊李济 /208

悼亡友方杰人

    ——陈援庵先生与方豪 /211

敬悼顾颉刚先生

    ——兼谈顾先生的疑古辨伪与提携后进 /214

学兼汉宋的余季豫先生 /219

方杰人司铎六十寿序 /230

徐森玉先生九十寿序 /233

    附录 石鼓复原 /235

张丕介博士墓表 /237

清华国学研究院 /239

北京大学研究所国学门 /242

北京忆往

满汉全席 /249

广和居与万福居 /253

茶泡饭与芝麻酱面　　　　　　　　　/256

酸白菜　　　　　　　　　　　　　　/258

谈致美斋　　　　　　　　　　　　　/261

烤肉　　　　　　　　　　　　　　　/263

北京的饽饽　　　　　　　　　　　　/265

几礼居制戏目笺题记　　　　　　　　/267

一批被遗忘的珍贵中国戏曲史料

　　　——《几礼居藏戏曲文献目录》读后记　/279

自述

六十五岁自咏　　　　　　　　　　　/287

买书漫谈　　　　　　　　　　　　　/289

谈谈我的治学经历　　　　　　　　　/295

论为学之取法与守约　　　　　　　　/301

附录

乌台正学兼有的牟润孙教授　　　　　（李学铭）/307

心送千里

　　　——忆牟润孙师　　　　　　　（逯耀东）/327

由一封信说起

　　　——追忆牟师润孙先生　　　　（陈万雄）/339

学林话旧

从癸丑修禊说到纪念梁启超

林纾逝世六十周年

题「蓬山话旧图」

北京学林话旧

谈故宫盗宝案

说胡适的提倡语体文

我对胡适的新认识

蓼园问学记

　附录一　名学人的联语

　附录二　孔德成的亲戚

敬悼先师陈援庵先生

励耘书屋问学回忆

从《通鉴胡注表微》论陈援庵先生的史学

陈援庵先生的目录学

发展学术与延揽人才

敬悼陈寅恪先生

　附录　和陶然亭壁间清光绪时

　女子所题咏丁香绝句

　蒙自南湖作

读《陈寅恪先生论集》

论中外思想融合的途径

读《寒柳堂记梦未定稿》札记

陈寅恪与钱锺书

书艺的气、韵与书家的品格

启元白教授在香港首次公开讲演

郭绍虞和顾颉刚

谭其骧与杨宽

方东美二三事

谨慎的学人

悼念殷海光

傅孟真先生逝世二十周年感言

乔大壮之死

悼念向达

悼亡友王德昭

悼念吴晗

悼念唐兰

悼念沈尹默先生

悼亡友方杰人

敬悼顾颉刚先生

学兼汉宋的余季豫先生

方杰人司铎六十寿序

徐森玉先生九十寿序

　附录　石鼓复原

张丕介博士墓表

清华国学研究院

北京大学研究所国学门

从癸丑修禊说到纪念梁启超

——王羲之、梁启超修禊时的心情

依照中国旧历计算，今年是癸丑。六十年前的癸丑是民国二年（1913）。那年的旧历三月初三日（4 月 9 日），梁任公先生约集当时名士修禊于北京西直门外万生园（清为三贝子花园），到者四十馀人。当日赋诗的人很多，编成《修禊诗录》，我未见过这本书。现在从《饮冰室文集》中，读到任公先生的诗。这首诗不仅可以显示出任公先生当日的心情，最应当指出的是他对于王羲之修禊时心情的了解。丁文江所著《梁任公先生年谱长编》载有 4 月 12 日任公给他女儿梁令娴的信，说："《修禊诗录》一分寄汝，共和宣布以后，吾第一次作诗也。同日作者甚多，我此诗殆压卷矣。方将尽（疑脱一"请"字）南中名流各为题咏。兰亭以后，此为第一佳话矣。再阅六十年，世人亦不复知有癸丑二字矣。故我末联云云，感慨殊深也。"别人同日作的诗，我没见到，以任公先生诗而论，在辞藻雕琢上或者尚有人能超越，说到气魄之大，寄慨之深，任公先生的自许，颇为可信。王羲之修禊后历史上颇有些人步武效颦，若说"此为第一佳话"，似乎过分自夸。

任公先生的诗题是《癸丑三日，邀群贤修禊万生园，拈兰亭序分韵，得激字》。诗云：

时运代谢不可留,有生足已欣所适。永和以还几癸丑,万古相望此春色。大好江山供框攘,尚有林园葆真寂。西山照眼无限青,嫩柳拂头可怜碧。群贤各有出尘想,好我翩然履綦集。清谈互穷郭向窔,吟笔纷摩鲍谢壁。略无拘检出襟抱,相与觞咏殚晡夕。自我去国为僇人,屡辜佳晨堕绝域。哀时每续梁五噫,忤俗空传傅七激。秋虫声繁亦自厌,春明梦碎何当觅?揭来京国俨在眼,起视山川翻沾臆。政恐桑田会成海,岂直长安嗟如弈!即兹名园问银牓,已付酸泪话铜狄。江湖风波况未已,龙蛇玄黄知何极?因想兰亭高会时,正兆典干阳九厄。雅废夷侵难手援,井湮王明只心恻。馀子猜意争腐鼠,达士逃虚谢轨勒。只今茧纸世共宝,当年苦心解谁索。吾党夙昔天所囚,今日不乐景既迫。激激酒光渐汜瓮,的的花枝更照席。虎头尺缣能驻颜,贺老四弦解劝客。侵驰忍放日月迈,蹉跎应为芳菲惜。他年谁更感斯文,趣舍恐殊今视昔!(《饮冰室合集》本《饮冰室文集》卷四十五下)

这诗真能道出任公先生伤时忧国的心情,说群贤有出尘之想,肯应邀到这个葆真之园,无拘检地各舒其胸臆。明白指出环境的不好,大好江山不过是供人们框攘。"风波况未已","桑田会成海","龙蛇玄黄知何极"显出忧心如焚。任公自戊戌(1898)流亡海外,到壬子民国元年(1912),共有十五年之久。辛亥革命后,任公理想中以为可以由政党选举等等西方制度去推行民主政治,所以放弃君主立宪的主张而回国,回国后第一件事便是组党。民国二年2月任公先生加入共和党,从任公给他女儿的信中可以见出他的心情。2月24日的信说:"吾顷为事势所迫,今日已正式加入共和党,此后真躬临前敌也……借款各路(原空一字,疑是"皆"字)绝,政局危险,不可言状,此时投身其中,自谋实拙;惟终不能袖手,奈何!"3月3日的信说:"今日,京津诸友在孙家花园为我庆寿,热闹非常……国事杌陧如此,吾受此殊觉不安耳。"5日的信说:"国内种种棼乱腐败情状,笔难尽(原作'能',误)罄……吾在此日与妖魔周旋,此何可耐!要之,无论何路皆行不通,而又不能不行,此所以为苦也。吾生日各人为我庆祝,相约不谈时事,免致败兴,已在苦中寻乐。"当时国政内外均不理想,各党派互相纷争,新人物生活腐败,主张革命的章太炎,主张立宪的康有为,都有过文章(章文见《太炎文录别录》中《革命道德书》、《箴新党论》二文,康文见《不忍杂志》),和任公所说棼乱腐败意思相同。

3月20日宋教仁被刺。任公在《庸言报》一卷九号发表《暗杀之罪恶》一文,说:"旬日以来,最耸动天下耳目者为宋君教仁遇刺一事。吾与宋君所持政见时有异同,然固确信宋君为我国现代第一流政治家,歼此良人,实贻国家以不可复之损失,匪直为宋君哀,实为国家前途哀也。"(见《梁任公先生年谱长编》)任公和国民党本来是对立的,宋被刺后,也有人疑心是任公主使,声言报复(见《梁任公先生年谱长编》)。25日任公给他女儿信说:"在中国政界活动,实难得兴致继续,盖客观的事实与主观的理想,全不相应。"27日信说:"现状实无可为,新党亦决办不好,吾既不能置身事外,又不值得与之俱毙。"任公想维持当时的政府,徐图改造。局外人看来,任公是站在袁世凯一面,和国民党就更形对立,甚至说宋教仁被刺与他有关。今日人人皆知刺宋一事与任公无关了,当时则颇不容易洗刷。其实任公和国民党只是政见不同而已,对个人并无恩怨,何况任公对袁世凯的措施并不满意。在修禊后五日即4月14日,任公对共和党议员演说,其中有几句话:"本党对于横行骄蹇之新贵族常思所以裁制之,使不得逞。一面则临时政府既经国民承认设立,在法律上当然认为国家机关,吾辈只当严重监督,而不必漫挟敌意以与相见。吾党对于临时政府之设施,无一能满意者。虽然,以为当此存亡绝续之交,有政府终胜于无政府……对于不满意之政府,犹勉予维持,以俟正式政府之成立,徐图改造焉。"任公以如此的心情,约集一群人修禊,我看不完全是因为与永和九年同一甲子,大有逃避现实,苦中寻乐之意,所以"清谈互穷郭向窔,吟笔纷摩鲍谢壁。略无拘检出襟抱,相与觞咏殚晡夕"。清谈玄理、吟诗、倾述心事、饮酒都有,只是不谈国事。

任公因为自己的心情不佳,透过历史知道王羲之心情,真能知人论世,神与古人游。永和八年,殷浩北伐无功,图谋再次举兵。王羲之给他信说:"区区江左,天下寒心,固已久矣。力争武功,非所当作。自顷处内外之任者,未有深谋远虑,而疲竭根本,各从所志,竟无一功可论。遂令天下将有土崩之势。任其事者,岂得辞四海之责哉?……引咎责躬,更为善治,省其赋役,与民更始,庶可以救倒悬之急也。"(《资治通鉴》卷九十九,另见《晋书》卷八十《王羲之传》)那时桓温和殷浩不睦,也要北伐和殷浩争功。桓温是征西将军荆州刺史,在江陵,是外。殷浩是中军将军扬州刺史,在建康,是内。王羲之认为桓、殷都没有远虑,只是各从所志,而因为出兵打仗,使得人民痛苦。王羲之给会稽王司马昱的信说:"功未可期,而遗黎歼尽,万不馀一。且千里馈粮,自古为难;况今转运供继,西输许洛,北入黄河,虽秦政之弊,未至于此,而十室之忧,便以交至。今运无还期,征求日重,以区区吴越经纬天下十分之九,不亡何待?"(见《晋书·王羲之传》)会稽王昱是晋元帝的小儿子,那时是丞相录尚事。(后来桓温废了司马奕,立司马昱为帝,即简文帝也。)桓温在上游,都督八州军事,相当于今日湖北、湖南、广东、四川等地,不仅兵政权,连赋役也全在桓温手中,所以王羲之有"区区吴越经纬天下十分之九"之叹。

王羲之给谢尚(《晋书·王羲之传》误作谢安)的信说:"自吾到此从事常有四五,兼以台、司及都水御史行台,文符如雨,倒错违背,不复可知……江左,平日扬州一良刺史便足统之,况以群才而更不理?正由为法不一,牵制者众……仓督监耗盗官米,动以万计。吾谓诛翦一人,其后便断;而时意不同。近检校诸县,无不皆尔。徐姚近十万斛。重敛以资奸吏,令国用空乏,良可叹也。自军兴以来,征役及充运,死亡叛散不反者众。虚耗至此,而补代循常。所在凋困,莫知所出,上命所差,上道多叛,则吏及叛者席卷同去。又有常制,辄令其家及同伍课捕。课捕不擒,家及同伍寻复亡叛。百姓流亡,户口日减,其源在此。又有百工医寺,死亡绝没,家户空尽,差代无所,上命不绝。"(见《晋书·王羲之传》)那时谢尚作尚书仆射(据钱大昕《诸史拾遗》),王羲之是会稽内史,他感到命令太多,管事的机关互相牵制,而官吏又贪污,并且深深知道人民受不了征粮和服役的痛苦,所以极力反对在这时去打不能获胜的仗。他给殷浩的信有:"自顷年割剥遗黎,刑徒竟路,殆同秦政,惟未加参夷之刑耳。恐胜广之忧,无复日矣!"(见《晋书·王羲之传》)将这封信与给谢尚的信联起来看,王羲之爱国爱民之心是如何的痛切!人民生活的痛苦又是如何的严重!北方外患既不能平定,东晋的国势又是这样的杌隉不安。晋朝屡次叫王羲之出来作官,要他作侍中吏部尚书,他不肯就。给他护军将军,他还是不肯就;而去作会稽内史。《晋书·王羲之传》说:"时东土饥荒,羲之辄开仓振贷;然朝廷赋役繁重,吴会尤甚。"他之"不乐在京师"是认为他对政治没办法,又不愿同流合污,然而他没忘掉国家的危险,更没忘掉人民的痛苦。梁任公说得不错,正因为晋朝遭阳九之厄,难以手援,羲之惟有心恻。功名富贵对于羲之不过味同腐鼠,他不愿受人羁勒所以逃于玄虚。修禊兰亭时,羲之不过"放浪形骸之外","暂得于己","固知一死生为虚诞,齐彭殇为妄作";然历史是进展的,"后之视今,亦犹今之视昔"。"修短随化",山水可乐,不过是寄情而已。任公有王羲之的抱负,更有王羲之类似的心情,所以能道人所未道的话。

修禊的人很多,因为王羲之的书法,冠绝千古,永和癸丑兰亭修禊乃成为千古佳话。关于修禊的事，此处不多讨论，这里举东汉两事。一是大将军梁商曾于顺帝永和六年辛巳(141)修禊。梁商的女儿是顺帝皇后，梁商虽是外戚，史书说他"每存谦柔，虚己进贤"，只是"性慎弱无威断，颇溺于内竖"(见《后汉书》卷三十四《梁商传》)，比他儿子梁冀好多了。梁商三月上巳日修禊，大会宾客，谯于洛水之上，当时名士周举称疾不往(见《后汉书》卷六十一《周举传》)。周举虽然和梁商交好，但不愿过分与当权的外戚亲近，正是他节操可取之处。梁商修禊时，"酒阑倡罢，继以《薤露》之歌"。《薤露》是挽诗，梁商当时不知有何感触，在欢乐时，唱出悲哀之音，使"坐中闻者，皆为掩涕"。周举说他"哀乐失时"，我则以为他兴奋过度。一是袁绍。袁绍攻公孙瓒，"引军南还。三月上巳，大会宾徒于薄落津，闻魏郡兵反，与黑山贼于毒等数万人共覆邺城，杀郡守。坐中客家在邺者，皆忧怖失色，或起而啼泣。绍容貌自若，不改常度"。(据《后汉书》卷七十四上《袁绍传》，说在初平四年三月。《三国志》裴注引《英雄记》，则叙在初平四年之前，亦未言为三月上巳。)袁绍才略不如曹操，在这件故事里，却是异常镇静。由此二事看来，修禊大会宾客，多是当权的外戚大族养得起宾客的人，或者能引用名士的人，并非一般人作得到的。

羲之以后修禊的，我举清朝两个文家。一是王士禛贻上，康熙壬寅(1662)在扬州修禊虹桥；一是卢见曾抱孙，乾隆丁丑(1757)修禊虹桥。扬州盐商极富，有钱之后首先是修建园林，其次是接交名士。在扬州作官的人，藉着盐商的财力，也可招请或接交些名士。王士禛顺治己亥(1659)作扬州府推官，官虽不大而本人是名诗人；卢见曾作两淮盐运使，本人学问极好又好客。在扬州的名士前一期是和王渔洋交往，后一期是和卢雅雨交往。我所以举这两个人，因为他们都距离梁任公先生时代比较近，诗人学者总比有权势的大族外戚好一些，可惜仍然要依赖有钱的商人。王渔洋虽在明亡不久，而诗中颇少黍离荆驼感（但也有人说《秋柳》诗是怀故国之作）。卢雅雨在乾隆时代更不敢有何伤感讽世之言。

以参加人物而论，这两个人修禊所邀集名士，或者胜过民国初年那一群人。以了解王逸少心情而论，则似乎是任公居上。

王羲之是知其不可为而不为，梁任公是知其不可为而勉为之。王羲之可以怡情山水，逃避现实；梁任公则不能。这自然由于两个人出身不同，时代不同，而思想不同尤为重要。王羲之思想中是道家成分多，而任公先生则是有着儒家成分极浓的思想，志在救国，希望维持这个政府，带着袁世凯走上正路，可惜结果袁使他失望了。

民国三年春袁克文在南海修禊，梁任公被邀去参加。（《梁任公先生年谱长编》在这年有"四月某日……先生再集同人修禊南海子"，误。）诗题是《甲寅上巳抱存修禊南海子分韵得带字》（诗载《饮冰室合集》本《饮冰室文集》卷四十五下），诗中有句："嗟予撄尘鞅，高论众所汰。十年服芳草，终惧化萧艾。凭阑小缩手，归兴托鲈脍。"二年 9 月 11 日熊希龄组阁，任公作司法总长；三年 2 月 12 日熊希龄辞职，任公同时请辞；19 日改任梁先生为币制局总裁，20 日准他辞去司法总长。短短四个月的期间，任公已感到厌倦，自己知道他的议论不为人所接纳。多年的芳草恐怕化为萧艾，明白道出自己希望将归幻灭，所以缩手想回家了。可知这时任公已然有点失望，至少改革司法受到阻力。但是还想去改良币制，所以没有即刻回去。抱存是袁克文的号，世凯的儿子，当时总统府在中南海，所以袁抱存能在南海修禊。诗中说"主人盛跌宕，选胜作佳会"，如何将这个集会说成任公邀集的？诗中"欲穷视听娱，翻叹宇宙大"，似有讽告袁氏中国很大，不是一个人能控制。晋永和九年癸丑修禊以王羲之的书法而流传千古，民国二年癸丑修禊应以任公之诗而不朽。梁任公虽不惜以今日之我与昨日之我战，改变政治主张，而救国之心则始终不变，更使人永远怀念他牺牲的精神，永远不能忘记他的伟大人格。

附记：

《晋书·王羲之传》说他为右军将军会稽内史，人们用官衔称呼他为右军。姚鼐的《惜抱轩笔记》说，他是右将军，唐修《晋书》误作右军将军。据《王羲之传》记载，晋朝召他为护军将军，他不就，求为宣城太守，朝廷不允，改用他为右军将军会稽内史。照《宋书·百官志》的记载，护军将军三品，右将军也是三品，右军将军四品，王羲之不肯就护军将军，晋朝给他一个闲职，似乎无降级之理。姚惜抱说他是右将军，应当是对的。但《世说新语》采用《十八家晋书》的资料，在唐修《晋书》之前，也称羲之为右军。据《晋书》卷七十九《谢玄传》肥水战后，谢玄进号前将军（三品），称病请解职，改授左将军（三品），会稽内史。《世说》称玄为谢左军，由此可知，左将军、右将军称左军、右军，并不等于称左军将军、右军将军。

1973 年，癸丑，三月初三日清明，牟润孙谨以此文纪念梁任公先生诞生一百年。

（原载《明报月刊》总第 89 期，1973 年 5 月，页 7—10）

林纾逝世六十周年

民国十三年甲子(1924)10 月 5 日林纾(琴南)死于北京,今年是他逝世六十周年。

林纾,福建闽县人。在辛亥革命之前,林氏颇提倡变法维新,以图自强。辛亥革命后,从民国二年至十一年,林氏前后共十一次去拜祭崇陵(清德宗的陵)。林氏三十一岁光绪八年壬午(1882)中了举人。那年的福建主考官是礼部侍郎宝廷(竹坡)。他终生感念师门,不仅对宝竹坡始终敬礼不衰,与宝竹坡的两个儿子亲如兄弟,并照顾到宝家的后裔。林氏中举之后并未成进士,也未作过一天的官,但他怀念清德宗载湉,革命后立志为清王朝的"遗民",自比顾炎武。这种行动有些不伦不类,根本说不上民族气节。同时期名学者王国维因为溥仪请他教书,给王氏以小朝廷的南书房行走名义,便甘心去作"遗老"。林、王二人感念清王朝的心理,似乎颇相类似,都是"君臣之义重于夷夏之防"。这只能以陈寅恪《王观堂先生挽词序》来解释了。

以林纾这样一个重视旧礼教、深受传统伦理道德熏陶的人,在翻译西洋文学作品的时候,极力去寻找西洋人哪些行为与中国旧礼教、传统伦理道德有几多符合之处,加以颂扬,即使细微小节,也必夸张称赞一番,看到五四新文化运动,提倡恋爱自由,反对旧礼教,岂能不大肆攻击？

由于林纾坚决而顽强地维护旧礼教，他之反对语体文，是将文体的雅俗与"卫道"问题混在一起。他要保卫古文，更要保卫古文所载之"道"。读了林氏致蔡鹤卿(孑民)书，都会有这样的了解。

在新文化运动开始时，提倡语体文的胡适思想虽新，而未提倡反孔。林氏给蔡孑民的信，并未认识到北京大学与《新青年》杂志不能混为一谈，胡适的《文学改良刍议》既无攻击旧道德的话，首先提出打倒孔家店的，是吴虞(又陵)，难怪蔡孑民反驳林氏振振有词。

简单地说，文章是形式，是工具，是器皿。事迹、思想、学说，是内容，是实质，是物品。内容扩大了，实质变化了，物品增加了，旧器皿盛不下了，旧工具不够用了，旧形式不能不改革，是无可争论的必然演变。佛教进入中国后，不仅中国思想受影响，中国经学、文学也都受了影响，是人人都知道的事。龚自珍、谭嗣同、梁启超的文章，都各在不同程度上沾染些释家禅和子气，即是章炳麟的笔下，也贤者难免。

佛教进入中国，是和平的传教，影响已如此；西洋各种学说思想之进入中国，是多数随着政治、经济、军事侵略力量而来，向中国人威胁炫耀，在此情形之下，岂能对于我国文化各方面没有重大而剧烈的影响？文体的改变不过是其中一方面而已。

五四的语体文运动，应当说是中国文化受了西洋思想学说冲击后作出的文体改革运动。它的前奏曲，毫无疑问地是梁启超和其他一般维新人士在报纸杂志上所写的新文言。

戊戌变法失败后，梁启超亡命日本，用文言介绍西方君主立宪的理论学说，倘若梁氏写文章时只运用中国固有名辞或词汇，基本上不可能在文中完整而正确地表达出西方学人思想的原来意义。

如果梁氏当时写的是纯正古文，局限于古文文体之中，有些理论难以解说得清楚明白。

梁氏尽力介绍西方君主立宪等等理论学说,鼓吹变法维新,大量采用了新名词,这些新名词虽是汉文,却绝大部分是日本自西方翻译过来的。梁氏的文章既多新名词,又不拘拘于古文文体,所以只能称之为新文言。

文体改革,是工具因应用的需要而改变,是器皿因物质的增加而革新,是形式因内容的变化而祛旧。从鸦片战争以后,中国思想受到西方思想的冲击,发生了极大变化,甲午战争后尤为震动巨烈,表达思想的文体若总是僵硬不变,那才是怪事。

梁氏创的新文言正符合时代需要,他这初步文体改革,是温和的、缓进的,但不能说对古文没有改革。梁氏未曾大声疾呼明白地倡言改革文体,却带头地作了,人们也都接受了。反对梁氏的革命党执笔人,除章炳麟以外,都是写的新文言。林纾号称以古文翻译西洋文学作品,许多人也如此恭维林氏,但通过钱锺书的研究,实际上林纾的译文也是新文言而不是地道的古文。

钱锺书说:"林纾译书的文体不是'古文',至少就不是他自己所谓'古文'。他的译笔违背和破坏了他亲手制定的'古文'规律。"在这里,钱氏举出林纾讥讽袁宏道用"便宜人"三个字,说不可入文;而林氏自己在译《滑稽外史》第二十九章中用了"占其便宜"的句子。又说林纾《畏庐论文》十六忌之一四"忌糅杂",林氏解释说:"糅杂者,杂佛氏之言也……适译《洪罕女郎传》,遂以《楞严》之旨,掇拾为序言,颇自悔其杂。幸为游戏之作,不留稿。"钱锺书根据这些指出:"这充分证明林纾认为翻译小说和'古文'是截然两回事。'古文'的清规戒律对译书没有任何裁判权或约束力。"

钱锺书又举出林氏在译文中出现古文所绝不容许的"隽语"、"佻巧语",如:梁上君子、五朵云、土馒头、夜度娘,等等;"口语",如:小宝贝、爸爸,等等;以及外来的新名词,如:普通、程度、热度、幸福、社会、个人、团体、脑筋、反动之力、活泼之精神，可谓应有尽有(据钱锺书《旧文四篇》中《林纾的翻译》)。

钱锺书又说："在林译第一部小说《巴黎茶花女遗事》里，我们看得出林纾在尝试，在摸索，在摇摆。他认识到，'古文'关于语言的戒律要是不放松，小说就翻译不成。"由于译《巴黎茶花女遗事》是他第一次译书，所以他在摸索尝试之中，钱锺书看出他的摇摆情形，说既放不下古文架子，又要迁就译文，总是摆不平。钱氏说："这种此起彼伏的情况清楚地表现在《巴黎茶花女遗事》里。那可以解释为甚么它的译笔比其它林译晦涩、生涩、'举止羞涩'；紧跟着的《黑奴吁天录》就比较畅晓明白。"钱氏指出林氏经过第一次译书的摸索探讨，他知道"为翻译起见，他得借助于文言小说以及笔记的传统文体和当时流行的报纸杂志文体"。

《巴黎茶花女遗事》光绪二十三年丁酉(1897)译出。《黑奴吁天录》光绪二十七年辛丑(1901)译出。极可能在光绪二十四年戊戌(1898)之后，林纾读到梁启超以及其他人写的新文言，受到启发，才改变了译文的词汇句法。钱锺书虽未明白指出，但既说明林氏借助当时流行的报纸杂志文体，则不啻承认林纾翻译外国作品的文章受梁氏新文言影响。

讨论林纾翻译的文章很多，能如钱锺书这样清楚明白的，尚未见有第二个人。十分可怜，当初周氏兄弟仿效林氏用古文翻译外国小说，如果能对林译小说，了解到钱锺书程度，肯定《域外小说集》不会那么晦涩，以致无人愿读，销售不出。更可惜的，林氏未能明白文章只是载道的工具，所装载的"道"发生了变化，工具就不能不改革。有人说如果林氏更能理解到他所保卫的"道"必须改变，应当以夷变夏，才能适应时代，有光绪二十三年(1897)写《闽中新乐府》时的心态，能以不放松古文戒律便翻不成外国小说的教训，去深思、去探讨，他或者不至于反对提倡语体文，不反对新文化运动。不过，实际上这是绝对没有可能的事；从辛亥革命林氏便成为时代落伍者，如何能在八年后要求他接受新文化运动？

林氏虽不用地道的古文去翻译外国小说，有如钱锺书所指出的，但却常常以《左传》、《史记》、《汉书》比说西方小说家迭更司、哈葛德、森彼得等人的文章，说他们深通古文义法。

陈寅恪《论再生缘》说："至于吾国小说，则其结构远不如西洋小说之精密……凡吾国著名之小说，如《水浒传》、《石头记》与《儒林外史》等书，其结构皆甚可议……哈葛德者，其文学地位在英文中，并非高品。所著小说传入中国后，当时桐城派古文名家林畏庐深赏其文，至比之史迁。能读英文者，颇怪其拟于不伦。实则琴南深受古文义法之熏习，甚知结构之必要，而吾国长篇小说，则此缺点最为显著，历来文学名家轻视小说，亦由于是。一旦忽见哈氏小说，结构精密，遂惊叹不已，不觉以其平日所最崇拜之司马子长相比也。"

从来论林纾翻译小说的人并不重视这点。钱锺书虽提到了，但指出林氏为了使所译作品符合古文义法，却在译文添加了他自己的笔墨，这当然是林氏的缺点。钱氏的尊人钱基博著《现代中国文学史》在上篇中讲林纾的古文也提到了，不过没有像陈寅恪那样将中国旧小说的缺点说出来，林氏称赞外国小说家的原因，就不能使人明白了。

古文义法从语体文兴起以后就逐渐衰歇了，读古文的人已然日见减少，做古文的人更成为凤毛麟角，有谁有兴趣去讲古文义法！

无论写甚么体裁的文章都要有组织、有条理，不能是一堆散沙，也不能一团乱糟。古文可以因时代进展、思想改变而不写，这是历史演进必然的结果，文章义法绝不能随着古文不写而不讲。

当然，用陈腐的那一套古文义法名词"开场"、"伏脉"、"接笋"、"结穴"、"开阖"、"跌宕"、"波澜"……去教人了解文章的抑扬顿挫，也距离时代太远,非青年人所能接受。

我最欣赏的是林纾给吴汝纶《点勘史记读本》撰的《序》。其中说:"余谓《大宛》一传,震川氏不划断诸国,融为长篇,犹散钱贯之以绳。前半贯以张骞。骞卒,续以宛马。于是安息、奄蔡、黎轩、条枝、身毒之通,皆为马也。零落不相胶附之国,公然与汉氏联络矣。但观传首二语加以黄圈,此其证也。又《绛侯世家》,叙侯功颇简约,至亚夫事则文笔婉媚动人,犹欧西之构宇,集民居为高楼,扩其馀地成公园,以待游侣,此文字疏密繁简之法也。《彭越传》疏率若不经意,弗如淮阴之详,且与魏豹同传。然世称汉初功臣,必韩、彭者,几不得解。乃不知《高帝本纪》中累书彭越及梁地,以牵制项羽,使不得过成皋,厥功与韩信垓下之役实同。读《史记》者能于不经意中求之,或得史公之妙。"林纾对归震川(有光)评点《史记》的了解,洞若观火,绝非章学诚所能及。章氏以为讲史法不需讲文章义法。其实史料的安排运用即是史书的组织结构,其方法则是史法,与文章义法有类似之处或吻合之处。史书据史料多寡及史实的情况去组织,记事文章同史书差不多。理论文章要根据思想去安排,小说则要凭构想去描写,一虚一实不同而已。章学诚未勘破这一关,在《文史通义》中《文理》篇痛加贬斥。归有光、吴汝纶评点《史记》专论文章义法,不可能使研究史学的人重视他们的评点,是可以理解的。

林纾说《绛侯世家》叙周勃功迹颇简约,叙他儿子亚夫事,婉媚动人,说这是文字疏密繁简之法,亦未必正确。这极可能因为周勃功迹已于其他人的《本纪》、《世家》中附带着说得不少了,他本人的《世家》中就不必再详细重复。大约林氏一时疏忽,评文的措词遂不甚妥当。如这一类的小小瑕疵,很容易导致崇信章学诚的人们据为口实,用以攻击评点史书。但绝不能因此撰史就可以不讲文章义法,文章义法与史书组织结构方法有类似,有吻合,已如前面所述,岂可不讲!

到底陈寅恪是一代史学大师,他深深了解写文章、著史书要组织谨严、结构精密,他指出林纾深受古文义法熏习,知道称赞西洋结构精密的小说作家。换句话说,岂不是没有受过古文义法熏习,又非深通西方文学的人,写文章、著书就会结构不精密、不谨严吗?

林纾在若干翻译小说的序、跋、题词中论说古文义法处尚多,足见我国古代史学名著的文章义法与西方文学名著的组织结构颇有其相同相通之处。林氏这些议论,似乎不可以人废言。

1984 年 2 月 12 日

(原载《明报月刊》总第 219 期,1984 年 3 月,页 36—38)

题"蓬山话旧图"

这张照片,是民国二十年(1931)辛未旧历七月十五日,一群清代的翰林在北京石老娘胡同傅增湘沅叔住宅里摄照的,题名"蓬山话旧图"。用蓬山作翰林院的代称,自唐朝已是如此。《后汉书》列传十三《窦章传》(《窦融传》附)说:"是时学者称东观为老氏臧室,道家蓬莱山。(邓)康遂荐章入东观为校书郎。"东观是后汉中秘藏书之地。《后汉书》注说:"老子为守臧史,复为柱下史,四方所记文书皆归柱下,事见《史记》;言东观经籍多也。蓬莱,海中神山,为仙府,幽经秘录并皆在焉。"唐李白《泾川送族弟锌》诗有"蓬山振雄笔"之句,独孤及《奏和中书常舍人晚秋集贤院即事寄赠徐薛二侍御》诗有"汲冢同刊谬,蓬山共补亡"之句。李商隐《无题》诗有"刘郎已恨蓬山远,更隔蓬山一万重"之句。冯浩《玉溪生诗集笺注》说:"蓬山,唐人每以比翰林仙署,怨恨之至,故言更隔万重也。"可见只要有中秘藏书,东观、中书省、秘书省、集贤院、翰林院都可以称为蓬莱山或蓬山。李商隐登进士第为秘书省校书郎,调补弘农尉,他辞去尉官,后以书判拔萃,重入秘书省为郎,又以丁母忧罢。从此不能为清官(翰林),只能作俗吏(地方官),他想为翰林学士而不可得,怨恨之至,所以有"更隔蓬山一万重"之句。

蓬山话旧图

前排(自右至左)

吴震春　光绪戊戌二十四年,浙江钱塘人。

俞陛云　光绪戊戌二十四年,探花。

林开暮　光绪乙未二十一年。

蒋式惺　光绪壬辰十八年,直隶玉田人。

宝　熙　光绪壬辰十八年,正蓝旗宗室。

高润生　光绪庚寅十六年,固安人。

文　海　光绪己丑十五年,镶蓝旗满洲人(翻译)。

杨锺羲　光绪己丑十五年,正黄旗汉军人。

瑞　洵　光绪丙戌十二年,正黄旗满洲人。

马吉樟　光绪癸未九年,河南安阳人。

陈宝琛　同治戊辰七年。

柯劭忞　光绪丙戌十二年。

陈嘉言　光绪己丑十五年,湖南衡山人。

朱益藩　光绪庚寅十六年,江西莲花人。

吴　熙　光绪庚寅十六年,云南保山人。

李哲明　光绪壬辰十八年,湖北汉阳人。

吴敬修　光绪甲午二十年,河南固始人。

袭心钊　光绪乙未二十一年,合肥人。

秦曾璐　光绪戊戌二十四年。

孟锡珏　光绪戊戌,宛平人。

李端棨　光绪戊戌,端棻弟,贵筑人。

后排(自右至左)

章　梫　光绪甲辰三十年,浙江海宁人。

阿　联　　光绪戊戌二十四年,镶红旗满洲人。

李湛田　　光绪甲辰三十年,直隶宝坻人。

张家骏　　光绪癸卯二十九年,河南林县人。

蓝文锦　　光绪癸卯二十九年,陕西西乡人。

张　濂　　光绪癸卯二十九年,直隶献县人。

商衍瀛　　光绪癸卯二十九年,正白旗汉军人。

张海若　　名国溶,光绪甲辰三十年,湖北蒲圻人。

史宝安　　光绪癸卯二十九年,河南卢氏人。

陈云诰　　光绪癸卯二十九年,直隶易县人。

张书云　　光绪癸卯二十九年,广西临桂人。

金兆丰　　光绪癸卯二十九年,浙江金华人。

林步随　　光绪癸卯二十九年,则徐曾孙,侯官人。

郭则沄　　光绪癸卯二十九年,侯官人。

邵　章　　光绪癸卯二十九年,浙江仁和人。

袁励准　　光绪戊戌二十四年,号珏生、中舟,宛平人。

林世焘　　光绪甲辰三十年,广西贺县人。

邢　端　　光绪甲辰,贵阳人。

文　斌　　宗室,光绪戊戌,正蓝旗人。

傅增湘　　光绪戊戌,四川江安人。

　　清光绪三十一年废科举,从此不再有由八股出身的翰林。后来虽然有考试留学生之举,中式的也称为翰林,但由旧科举制度出身的翰林却不承认他们。这些硕果仅存曾入翰林院供职的蓬山群仙,在辛亥革命后二十年既有"而今老矣"之叹,对于过去一段玉堂金马的旧事也颇有不能忘怀之感。傅氏题这张照片为"蓬山话旧图",推想其心意或者就是如此? 1967年我过日本京都,在京都大学平冈武夫教授书斋中见到这张照片,因为它颇有历史价值,要求借印,承他慨然应允。据平冈教授说,这张照片是他向傅增湘借印来的。

这张照片前后两排共有四十一人,前排廿一人。科名最早的是同治七年戊辰科进士的陈宝琛,福建闽县人。那一科的状元是洪钧(著有《元史译文证补》,是中国人用外国史料研究蒙古史第一个人,作过出使英法德钦差大臣),同榜的翰林还有吴大澄、张人骏、陶模,都作过封疆大吏,陈氏却官运不亨,早年和张之洞、张佩纶同有清流之名,因为保荐过唐炯、徐延旭,甲申战争失利降五级调用,退隐归里。宣统元年己酉,才起用为山西巡抚,没到任又留他候补待郎入直毓庆宫,革命后作到太傅,溥仪的师傅。这个人虽效忠清室,却是复辟派中比较明白的人,不主张急进,更不赞成溥仪去作满洲国傀儡皇帝。在他诗集中颇有几首为伪满而发的感慨之作。

在陈右边坐的是马吉樟,河南安阳人,是光绪九年癸未进士,著有《金文考释》。与朱祖谋(彊村)、严修,为同年翰林。陈的左边是山东胶县柯劭忞凤荪先生,是光绪十二年丙戌进士。柯先生经、史、小学、诗文、金石无一不冠绝当时,可惜他的著作流传太少(《续四库提要》经部易类几全部出柯先生之手,庶可稍补此憾)。这一榜成翰林的还有词人冯煦、著《明诗记事》的陈田、著《汉书补注》的王荣商,以及民国总统徐世昌。

在这照片中,坐在马吉樟右边还有一个满洲正黄旗瑞洵景苏,也是丙戌进士,他就是武昌起义时,弃城而跑的清吏瑞澄的弟弟。瑞景苏认为他哥哥对不起清廷,说起此事,总是惶惭无地自容,引以为"耻"。坐在瑞洵的右边是杨锺羲子勤,汉军正黄旗人,光绪十五年己丑进士,作过江宁知府,和盛昱伯羲是表兄弟,在端方幕府多年,著有《雪桥诗话》,是一部有关清代政治学术的重要史料书。入民国后,杨氏曾在刘翰怡家作客,替刘办嘉业堂刻书的事。这一榜的翰林有藏书家李盛铎木斋、诗人曾广钧重伯、江标建霞、目录学家叶昌炽菊裳,都是些名士。坐在杨氏右边的是文海星阶,镶蓝旗满洲人,是己丑科翻译进士。坐在柯先生左边是陈嘉言梅笙,湖南衡山人,也是己丑科进士。坐在文海右边是高润生雨人,河北固安人。坐在陈嘉言左边是朱益藩艾卿,江西莲花人,其左是吴焜子和,云南保山人。高、朱、吴三个人都是光绪十六年庚寅科进士。朱也是溥仪老师,称少保,名气不如陈太傅高,听说颇通医道。庚寅科的榜眼是文廷式道希,学问很渊博,著有《纯常子枝语》。因为是教过珍妃,德宗想重用他,遭受那拉氏(慈禧)压迫,一生未得志,是流传人口的晚清历史上有名故事。这一榜中成翰林的有梁任公先生好朋友夏曾佑穗卿先生,夏穗卿是受进化论影响编写中国历史教科书第一个人。同年翰林还有俞明震恪士,是俞大维的父亲。坐在高润生右边的是宝熙瑞臣,清宗室,正蓝旗人,再右是蒋式惺性甫,河北玉田人。坐在吴焜左边的是李哲明,湖北汉阳人。宝、蒋、李都是光绪十八年壬辰科进士。宝熙的孙子后来改姓华,他的孙女就是台湾师大教授许世瑛的夫人,据许夫人说他们是豫王多铎之后。蒋式惺作过御史,曾参过庆王奕劻,后来和乐亭的史履晋创办北京电灯公司。在《辅仁学志》某期载有王重民钞录的蒋氏一篇文章,考证马氏《玉函山房辑佚书》,他说马国翰所辑佚书,确是出于马氏自己之手,不是钞袭章宗源的,文章作的很好。蒋氏与先君是朋友,可惜笔者小时没有向他请教过,不晓得他有学问。壬辰科的榜眼是《晋书斠注》作者吴士鉴绚斋,探花是《明粤东遗民录》作者陈伯陶子砺,同榜还有《蒙兀儿史记》作者屠寄敬山,以及张元济菊生、蔡元培鹤卿两位名人。坐在李哲明左边是吴敬修念慈,河南固始人,是光绪二十年甲午进士,这科的状元就是张謇季直。同榜的翰林还有梁士诒燕孙、熊希龄秉三,两个民国的国务总理;还有戊戌政变参掉礼部堂官的王照小航、名学人广东南海桂坫南屏、名御史江春霖仲默。坐在蒋式惺右边的是林开謩贻书,福建长乐人。坐在吴敬修左边的是龚心钊勉斋,安徽合肥人,都是光绪二十一年乙未的进士,光绪二十五年己亥清廷曾经有意要林氏在弘德殿行走,作大阿哥的师傅,因为林贻书的父亲林天穆是同治穆宗的师傅。林氏极力推辞,得以脱身。杨锺羲是林氏乡试中举的老师,林氏年长于杨二岁,而终生执弟子之礼甚恭。笔者和杨子勤的儿子杨鉴资交好,对林氏轶事稍有所闻。这一年同科翰林,还有李瑞清梅庵,革命后自号清道人,是张大千的老师。名御史赵炳霖竹垣、胡思敬漱唐。坐在林的右边是俞陛云阶青,浙江德清人。再右是吴震春雷川,浙江钱塘人。俞陛云是俞曲园之孙,彭玉麟的孙女婿,他儿子就是俞平伯。吴震春是燕京大学校长。坐在龚心钊左边是秦曾璐彦侗,江苏嘉定人。再左是孟锡珏玉双,河北宛平人。再左是李端棨子遇,贵州贵筑人。俞、吴、秦、孟、李五人都是光绪二十四年戊戌科的进士,俞是探花,那一科状元是夏同龢。李端棨是李端棻的兄弟。光绪十五年己丑梁启超在广东乡试中第八名举人,那年是李端棻作广东学政,极赏识梁,以其姊妹许字启超,光绪十七年梁氏入京结婚李氏。梁夫人是李端棻的姊或妹就不知了。

后排二十人,后左起第一立着的便是藏园主人傅增湘沅叔,四川江安人。傅的右边是文斌伯英,正蓝旗宗室。向右隔二个人带眼镜的是袁励准珏生,宛平人。右边起第二个人有络腮胡子的是阿联简斋,镶红旗满洲人。傅、文、袁三个人也是戊戌科进士。傅沅叔在民国作过教育总长,正逢上五四运动,是民国有名的版本学家,也是第一大藏书家,著有《藏园群书题记》。袁励准能写字会唱昆曲,极为风雅,他的侄女和师大教授陈均致平结婚,陈夫人的女儿就是女作家琼瑶。站在袁氏右边的是邵章伯绚,浙江仁和人。邵的右边是郭则澐啸麓,福建侯官人。再右是林步随季武,福建侯官人。再右是金兆丰瑞六,浙江金华人。再右是张书云慰农,广西临桂人。再右陈云诰紫纶,河北易县人。再右史宝安吉甫,河南卢氏人。史的右边隔一个人,带眼镜的是商衍瀛云亭,汉军正白旗人。再右是张濂仪周,河北献县人。再右是蓝文锦云屏,陕西西乡人。再右是张家骏毓皖,河南林县人。邵、郭、林、金、张、陈、史、商、张、蓝、张十一个人都是光绪二十九年癸卯科的进士。邵是《四库简明目录标注》作者邵懿辰的孙子,通版本目录之学。商衍瀛是商衍鎏的哥哥,就是商承祚锡永的伯父。郭则澐在民国作过总统府秘书长印铸局长,是个幕僚高手。林步随是林则徐的曾孙。癸卯科的状元是王寿彭。同榜翰林还有陈敬第叔通,广东增城的赖际熙,顺德的温肃,温肃、王国维曾在甲子前同时被召入南书房为溥仪讲书。赖太史在港大教过书。陈氏在1949年后极受尊敬,是人人皆知的事。

　　站在文斌的右边是邢端冕之,贵州贵阳人。再右是林世焘次煌,广西贺县人。照片后排站最右的是章梫一山,浙江海宁人。章氏左边隔一个人是李湛田丹孙,直隶宝坻人。商衍瀛的右边是张国溶海若,湖北蒲圻人。邢、林、章、李、张,都是光绪三十年甲辰科的进士,次年废科举,这算是最末一科了。章梫草书写得很好,是出名的遗老。张海若是张国淦的弟弟,能用笔画出汉瓦及造象的拓片,隶书很有名,酒量甚好,人极淡雅。这一榜的状元是刘春霖,探花就是商衍鎏。榜眼是广东清远朱汝珍隘园,著有《词林辑略》。笔者考证这张照片,多取材于他的书。同榜之翰林中,有名的人还有谭廷阎孔殷。

　　到了今天,这张照片中人物,似乎无有一个人还生存着。在这四十一人中,学者、诗人、文人、教育家、藏书家、书法家,颇有几个人值得景仰,照片也足以留为纪念。就以风骨而言,如陈宝琛、章梫等人,又岂可多得?(虽然他们所讲的伦理道德今日不能再提倡,而忠于个人信仰,不为功名富贵改变志节,至少是做人的基本原则。)由这张照片可以看出人才与中进士成翰林无多大关系,不中进士,不成翰林者,不见得不能作大事。中进士成翰林后,平庸无所表现的,则大有人在,科举又岂可不废?

(原载《明报月刊》总第87期,1973年3月,页17—21)

北京学林话旧

——跋钱玄同给魏建功的两封信

我最近得到一本石印钱玄同墨迹，是钱氏给魏建功的书札，想是钱先生逝世后，建功替他印的。薄薄的一本，其中颇有些话涉及北京学术界五六十年前的往事，在今天来谈，已有隔世之感。我虽及见钱先生，也和建功是朋友，却也有若干词句不能完全了解。衰病无聊，检出其中两封我能谈的写上几句，或者可供治近代学术史的人参考。

给顾颉刚先生父亲祝寿的信

这封信是为给顾颉刚先生父亲祝寿写的。

两个胡同字样均用○○代替。钱氏自号疑古，这里改署"疑言"，想是取"疑古人之言"的意思。

信末题"他们的端午"，表示那天是阴历五月初五。钱氏是新人物，不愿过旧历的节日，所以称之为"他们的端午"。他们者，顽固守旧派也。

信封题"六、十二"。检朔闰表，民国十八年（1929），己巳，旧

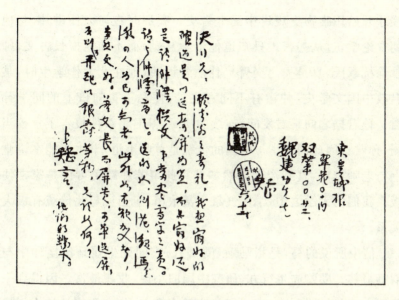

影印原信之一

历五月初一,是阳历 6 月 7 日,端午节旧历五月初五,是 6 月 11
日。钱先生误记 6 月 12 日为端午。看这封信的邮戳,似乎是民
国二十一年 6 月 12 日;而仔细考证,却不然。二十一年旧历五
月初一是阳历 6 月 4 日,五月初五是 6 月 8 日,与此不合。在这
封信的前边一封是十八年 4 月 27 日写的,后边一封是 7 月 12 日
写的,还说明是旧历六月初六。民国十八年六月初一是阳历 7
月 7 日。初六恰是 7 月 12 日。这封信编在两信中间,其为民国
十八年写的,绝无疑问。邮戳的 12 字样,或者是指时间? 称建
功为"天行",取自《易经》"天行健",借"健"为"建",天行即成为
建功的别号。

　　信中的仲澐即范文澜。范文澜字仲澐,北大中文系毕业,从黄
季刚先生治《文心雕龙》之学。黄先生南下后,北京各大学设《文心
雕龙》一课,多请仲澐主讲。我在辅仁与他同事时,他即开"中国文
学史"与《文心雕龙》等课。民国二十五年(1936)他任河南大学教

授才开始用唯物史观讲中国上古史。我那时在河大任讲师,与他朝夕论学,过从甚密。只知道他治学甚勤,而不知他擅长古文,师承馀杭章氏,真是失之交臂!仲澐告诉我,他在北大作学生时,某君教中国文学史,仲澐有不同意之处,便私下告知班上的同学孙君。孙君据之向某君发问,连续的质疑,某君将事件报告了学校当局,孙君竟因此而退学。中国的传统是尊师重道,学生不能在讲堂上与老师辩论,直到今天依然如此。此事若在欧美可说是家常便饭。我们的大学之中,学术气氛不甚浓厚,应当说与此传统有极大关系。

信中所说的马,是指马廉(隅卿)。玄同先生在马氏昆仲中与隅卿最熟。隅卿先生行九,研究中国旧小说,收藏最富。因得到一部明本《三遂平妖传》,以平妖堂为其书斋名,住在孔德学校。他排行第九,我师事马鉴(季明,燕京大学国文系主任)先生,所以称隅卿先生为九叔,常常到孔德学校去请教。

仲澐这篇寿序,极力恭维颉刚先生在古史上辨伪的成就说:

> 书不可尽信,孟子于《武成》取二三策而已。秦氏燔书,旧典零落。两汉经师蔚起,捃摭焚馀,笃守残缺,缀葺不遑。黠诈者蹈隙作伪,苟便私意,淆乱弥甚。自是以来,沿为风习,烟瘴蔽塞,不可清梳。顾君颉刚,专精国学,辨正古史,推压偶像,剥剥神哲。非立异以鸣高,将求理之安切。故好之者,比于执锐陷阵,学林之骁将;而墨守之士,则相视骇愕,大以为怪。顾其人实恂恂懿雅,不以锋棱震物。凡与之游者,见其心意诚挚,久而益亲,知其必有世德积善,所以涵咏陶铸之者甚厚。与夫器小易盈,衒奇哗众者,殆不可同日语也。今年春,颉刚自粤北来,友好留居旧都者,闻其至,皆欣然走访无虚日。高谈今古,备及身世。得备闻其尊人子

虬先生硕德美行,而后知曩之忖度果信。

钱先生首倡为顾封翁撰寿序,就表示出他们二人关系的密切。顾先生的古史辨伪工作虽是受到胡适之的启发,而钱先生对顾先生的鼓舞协助更为绝不可忽视的事。

崔适(觯甫)是俞樾(曲园)先生的弟子,好今文经学,极佩服康有为之说。任教北京大学,著《史记探源》、《春秋复始》(均由北京大学出版)。既坚持刘歆伪造《左传》之说,发挥刘逢禄(申受)的议论,更指出刘歆如何的窜乱《史记》,凡《史记》足以与《左传》或古文经典相证明之处,均是刘歆窜入,须一一将它挖掉。钱玄同深受崔觯甫的影响,大攻击古文经学。

钱先生在燕大兼课,每逢出城到燕大,下课之后,必往海甸成府胡同顾先生住处长谈。我1929年入燕京国学研究所,导师是颉刚先生。时常在颉刚先生座上遇见玄同先生,听到他口若悬河,高谈疑古之论。这篇寿序虽出于仲澐之手,而文中的议论必定是钱先生指示的。

顾先生民国十八年(1929)应燕京大学国学研究所之聘再来北京,执教于燕大历史系。在此之前,他在广州中山大学任教,寿序说"今年春颉刚自粤北来",更足证明此信是民国十八年写的。

寿序末尾署名的是马裕藻、马衡、马廉、董作宾、刘复、钱玄同、钱稻孙、徐炳昶、周作人、陈垣、沈兼士、吴肇麟、魏建功。

马裕藻,北大国文系主任,字幼渔(行二),马衡(行四),在北大教金石学,与马隅卿、马鉴(行五)、马太玄是弟兄。

董作宾字彦堂,曾在北京大学研究所国学门工作过,与台静农、庄尚严同事。董彦堂开始研究歌谣,后来参加安阳发掘成为考古学专家。静农从鲁迅问学,参加未名社,是新文学早期的名作家。庄尚严研究中国书画,后来进入故宫博物院工作。这里没有台、庄两君,

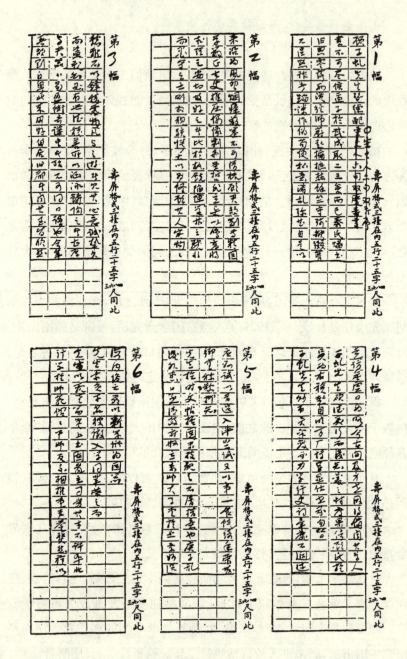

为顾封翁所撰的寿序(1—6)

第9幅　　　　第8幅　　　　第7幅

第12幅　　　第11幅　　　第10幅

寿屏格式三摇在内五行二十五字　以人同此

为顾封翁所撰的寿序（7—12）

是由于彦堂先生早年研究歌谣与颉刚先生研究孟姜女的故事,二人有共同嗜好的缘故。静农与鲁迅友好,颉刚先生与鲁迅则曾一度闹到要对簿公庭,台、顾之间自不会有甚么往来。尚严是静农的挚友,我之认识尚严,即由于静农。尚严恂恂如老儒,人很拘谨诚笃,不好交游,他与颉刚先生可能不会有何往来。

沈兼士那时正担任北京大学研究所国学门主任,他的长兄沈士远在北大教预科,相传他将《庄子·天下篇》讲了一学期,学生称之为沈天下。他的二兄沈尹默先生是名诗人也是大书法家,与苏曼殊、陈独秀友好。尹默先生介绍陈独秀给蔡孑民,蔡聘陈为北大文科科长(即文学院长)。陈又聘请了年青留美的胡适之任北大哲学系教授,于是引起了新文化运动。听说李大钊之进北大,也是尹默先生介绍的。据徐森先生告诉我,五四运动时,尹默先生对于这一群爱国学生所给予的精神上的支持和鼓舞,发生了很大的积极作用。在寿屏上署名的没有沈士远和尹默,那时沈士远到南京作考试院秘书长去了。如果不是尹默先生单独送礼,则是他与顾颉刚先生没有甚么交谊?胜利后,我任教上海同济大学,时时往沈先生处请教。尹默先生对我殷殷教导,奖掖有加,使我至今怀念!

刘复字半农,早期讲文学。留法研究语音学,得博士,回来后教声韵。徐炳昶字旭生,教哲学史。钱稻孙教日本文学。只有吴肇麟,我不知其人。

送寿屏的北大历史系教员兼任的有陈援庵先生,却没有主任朱希祖。如果不是朱先生与颉刚先生没有庆吊往来,即是钱、范等人没找他。

钱、魏都是教音韵的,建功出身北大,是玄同先生的学生。

参加祝寿的多数是国文系的人,也大半是新文化运动中人,钱、周、刘都是《新青年》的撰稿者。颉刚先生的古史辨伪工作在新文化运动中,有破旧开新的作用,因此就足以证明了。

这篇寿序引人注意的有下列三点:

一、钱玄同先生是提倡语体文的急先锋,在这里竟开起倒车来了,文章虽不是他写的,主意却是他出的。这应如何解释? 我想或者是因为用语体写寿序大概很不容易。他们诸位既不认识顾颉刚先生的父亲,寿文中要先恭维顾颉刚先生,再转到他父亲身上,说他如何地善于教养,才有这样一个好儿子。这样写法,用古文可以,用语体文则很难。既是应酬文字,又不在刊物上发表,就无妨复古一下。极可能钱先生是这样想法,没料到这篇寿序被魏建功印了出来,成了传世之作。如果玄同先生遇林纾(琴南)于地下,林氏极可能抚掌大笑说:"古文终不可废也,吾言果验!"如果遇到胡适之,钱先生也许解释说:"应酬之作,何必认真! 你给刘文典著的《淮南鸿烈集解》作序,不是也用文言吗?"这的确是因为时代的关系,无可避免的行为矛盾。此事现在已不会再发生,因为今天已经没有人为了称赞别人,而去称赞这个人的父亲或母亲了。

二、陈垣、沈兼士都是颉刚先生老师辈,范文澜、董作宾、魏建功是同学辈,马裕藻、马衡、钱玄同、刘复、徐炳昶、周作人等人虽未必是顾的老师,亦是适之先生的同辈,都为颉刚先生的父亲祝六十大寿。颉刚先生那时不过是三十五六岁,反映出来颉刚先生露头角之早,在学术界地位之高了。颉刚先生出身北大哲学系,他的贡献在中国史学,而北大史学系旧日的教师与他有来往的则不多。这一层颇足使人深思。

三、这篇寿序既未说颉刚先生父亲生日在何年月,撰序的年月也未写明。如果没有玄同先生给建功的信,则顾封翁哪年六十大庆,便无从知道,不能不说是白璧微瑕。或者稿尾虽没有年月,而正式写到寿屏上,在末行添了年月,也未可知。

最后应指出,寿屏第八幅,有"方将大用,而国体更易"两句,措词稍嫌不妥。顾老先生在前清不过由知县保升知州，说不上"将大用"。如果认为民国成立，顾老先生任浙江盐运使署科长，是屈居下僚，说"而国体更易"，以表示为顾老先生惋惜的意思，却因此沾上少许遗老口气。仲澐此处似乎失于检点，钱先生也未加以推敲，都显出了草率从事。

转告黎劭西请客的信

　　这封信写于民国十八年(1929)7 月 12 日即己巳六月初六日，检朔闰表，明确可信。信中将天行两字，合写为。先生两字均加"亻"旁，用以表示其为男姓。信封上，辇作，又楷又篆，邮差如何能懂？是派人送去的而不是交邮局。上面无邮票邮戳，信中又有"专人奉告"之语，皆可为证。署名"朋方"是"疑""古"两字的对转。"疑"在之部，"朋"在蒸部，"古"在鱼部，"方"在阳部，注在两个字旁边的小字说明是对转。

　　公是利公(黎公)。《说文》利字篆文作，此处是借利为黎，用来称黎锦熙(劭西)。黎锦熙，湖南人，北京师范大学国文系教授，与钱先生都是国语统一委员会的委员。不过改为，想是玄同先生认为利字应从力而不从刀，更与禾无关，所以写了个力()而加"亻"旁，却将写成了。用以表示其为人名。信中所称的白，为白涤州，萧是萧瑜，黎公同乡。孙是孙伏园，《晨报》副刊主编。马是马隅卿。陆法言兄弟疑是指陆宗达，王某则不知其为何人。白为北京旗人，在国语统一委员会与钱、黎共事，后来与刘复去内蒙古调查方音，二人同时因染斑疹伤寒，牺牲了性命。孙氏办《晨报》副刊，为众多新文学作家开辟了发表作品的园地。陆宗达字颖明，是黄季刚先生入室弟子，《广韵》极熟，所以称其为陆法言兄弟，在师大任教，与黎公同事。颖明是我挚友，入

影印原信之二

新春后已是八十老人，仍执教师大，神明未衰，著述不倦，堪称鲁殿灵光。

江浙人称沐浴为溚浴，即广东之冲凉也。故意将湖南读为 fǔlán（甫蓝），仿效湖南人读音，以表示幽默。王八即水鱼。隔卿行九，故以马九两字合写为馻。"马嵬坡"是三个人的姓，马是隔卿，嵬与魏通，即建功。坡在歌部,钱在寒部,又是对转。下面"玄"与"钱"是至真对转,"同"与"刘"是侯东对转。信中所说马侍郎,看后面其它的信可能是指马宗霍,称之为"侍郎"者,因他崇拜老师,事之如君也。马氏的"小学定律",并非马氏发明的,其说渊源于章太炎。章先生的《国故论衡》上册《小学略说》(浙江书局刻本,页5)说寒歌、真至、阳鱼、东侯、蒸之,均是阴阳声对转。想来玄同先生很反对太炎先生这个对转之说,于是指摘笃守师说的同门,借着写信取瑟而歌,出之以开玩笑的态度。傅孟真(斯年)在《中央研究院历史语言研究所集刊》第一本第一分册的开端,述说本所工作的旨趣,已对章氏这个对转学说大为攻击了(手头无原刊,不知是否记错)。那样态度似乎严肃一些。

1984 年 12 月 30 日

(原载《明报月刊》总第 230 期,1985 年 2 月,页 43—47)

谈故宫盗宝案

北京故宫博物院民国十四年(1925)10 月 10 日成立,距离今年整整是六十年。

前一年(1924)冯玉祥发动政变,直系政府倒台,由黄郛任国务总理摄政。冯在反曹锟、吴佩孚之前,与国民党人早有联络。他掌握到政权后,立即用黄郛主政;又于 1924 年 10 月 5 日命他的部将北京卫戍司令鹿锺麟将前清逊帝溥仪驱逐出宫。国务院随即宣布成立清室善后委员会,以李石曾为委员长,汪兆铭(易培基代)、蔡元培(蒋梦麟代)均是委员。黄、李、汪、蔡、易均是国民党党员,这都说明冯玉祥在政治上倾向党命。他在辛亥革命后十三年为革命事业完成最后一步重大工作,是出于酝酿很久的计划,而不是一时冲动。

由清室善后委员会到故宫博物院成立,都是受到冯玉祥国民军的支持。民国十五年(1926)发生"三一八"惨案,那时段祺瑞任执政,下令通缉共产党李石曾、易培基(其实是国民党),李、易二人避到东交民巷。故宫改交庄蕴宽,由陈援庵(垣)先生代表旧委员交代。援庵先生1924 年任清室善后委员会委员,1925 年改任故宫博物院理事。

十五年 4 月中旬冯玉祥部下国民军退走,北京落入直鲁联军掌握之中,段祺瑞下台,杜锡珪任国务总理摄政。7 月,国务院议决设立故宫保管委员会,以赵尔巽为委员长,孙宝琦为副委员长。8月3日,赵、孙宴旧理事谈接受故宫的事,陈援庵先生力主必须组织点交接收两个委员会,点一处,交一处,赵尔巽为之大怒。8月8日,陈援庵先生被北京宪兵司令王琦捕去。

张作霖是赵尔巽的旧属,王琦追随张宗昌更要听命于张老帅。援庵先生开罪于老帅的老上司,其被捕是事所必致的。

吴景洲先生撰《故宫盗宝案真相》一书(页85)并未说经任何人营救,援庵先生才获得释放。据我所闻是柯凤荪先生写信(或打电话)给张作霖,他们才将援庵先生放出来。

援庵先生被释放之后,宪兵司令部仍派人在陈先生寓所监视他的行动,达一个月之久,《二十史朔闰表》即在此时期内完成的。

十五年10月,奉军入京,庄蕴宽等人发起成立故宫博物维持会,汪大燮出任会长。12月1日,王琦又派副官去捕庄蕴宽,经摄政的国务总理顾维钧托卫戍司令于珍打电话给张作霖,庄氏侥幸逃脱魔掌。

十六年(1927)张作霖就任元帅后,10月,成立故宫博物院管理委员会。十七年(1928)北伐成功,10月5日,国民政府公布了故宫博物组织法,任命了故宫的理事。

从1925年到1928年,短短三年之中故宫博物院的组织改变了四次。一个文化机构因为政治的动荡不安,主管人员随着政治派系而变换,任委员或理事的不仅有官僚政客而且有武人军阀。1926年设立的保管委员会虽接收未成功,其中则有遗老赵尔巽、王士珍,官僚孙宝琦,复辟派袁金铠,清朝宗室载洵、宝熙等人。他们的意图似乎不要故宫博物院继续存在,而要将古物归还溥仪。后来由汪大燮、庄蕴宽发起组织的维持会,除未聘清朝宗室及复辟派之外,赵尔巽、孙宝琦、张学良、王琦都包罗在内,这是为应付当时的环境,尚可原谅。及至张作霖成立故宫管理委员会,其中委员勉强可以称为学人的仅有傅增湘一个,委员会发表干事中有俞同奎、马衡、沈兼士、袁同礼等是旧人,而且与学术有关,就说明在军阀心目中并没认清故宫博物院是个学术机构,不应当涉及政治。

据吴景洲先生说,奉系的农商部总长刘尚清、内务总长沈瑞麟到故宫视查。刘问吴先生说:"冯玉祥用骆驼盗运物品,有这事吗?"景洲先生否认并且指领他们看查点的封条和物品,告诉他们故宫查点规定如何详细,如何周密,监察制度如何严厉,防范如何谨慎。刘、沈两人看了各处的情形,都极口称赞,说我们今天才知道诸位的辛苦、外面传言的冤枉。沈瑞麟告诉吴说,载涛向张大元帅报告,说故宫藏有金锭三百万。景洲先生说如果故宫真这么多藏金,为甚么溥仪未出宫时,将他们祖宗相传的金册和编钟押给盐业银行,而不用这些金锭? 沈为之失笑(见《故宫盗宝案真相》,页107—108)。

自溥仪出宫后北京民间即盛传警察总监张璧进宫看桌上放着溥仪的帽子,帽上有一颗绝大珍珠,便将自己帽子摘下扣在溥仪那顶帽子之上,出门时随手抓起,将溥仪帽子偷走。这与国民军司令部失火断绝交通两小时,说成冯玉祥去偷运故宫宝物,都是当时北京民间流行的谣言。

一般民众智识低,无足深论,而故宫行政人员的安排在北伐成功后,亦颇有缺陷,以致造成盗宝冤案。

1928年10月国民政府任命理事中有蒋中正、冯玉祥、阎锡祥、何应钦、宋子文、李煜瀛(石曾)、易培基、张继等人,这样各方面都敷衍的理事会,实在有些不伦不类。再由理事会加推陈垣、沈兼士、马衡、李宗侗(玄伯)等为理事,并推李石曾为理事长,易培基为院长,李、易与张继为常务委员,李玄伯为秘书长。

主张将溥仪驱逐出宫,大约是黄郛、李石曾策动冯玉祥做的,不能说李氏无功于革命。李氏与吴敬恒、张继都是国民党中反共主要人物,很受蒋介石信任也是事实。用易培基(李玄伯的岳父)作故宫博物院院长,自己作理事长,他侄子李玄伯作秘书长,一定都是李石曾自己的设计。他以为这样安排,故宫博物院便入了他的掌握之中,他便可以操纵自如了。哪想到这里面埋下了一个定时炸弹!

李石曾深于黄老,能传其尊人李鸿藻的衣钵。他这位亲家易寅村院长则是个不能办事的书呆子,先师柯凤荪先生曾说过:"寅村是书生,岂能任院长!"(易氏校《三国志》曾向柯先生请教。)或者李正是想利用易氏好控制,能听从他的话,才用他作傀儡。

他这位侄少玄伯先生,我在台湾大学时候,与他同事。有关文化人类学的问题,尝向他请教,尊他为前辈。他是典型世家子弟,一位受过现代教育(留法)的大少爷,待人接物,彬彬有礼,很聪明,所缺乏的是勇敢果断的气质。

李石曾以易寅村作院长,不给陈援庵先生任副院长,甚至其中一个馆长也不给他作,将援庵先生为故宫与军阀奋斗的辛苦功劳一笔抹掉。当然由于援庵先生学问与办事能力都胜过易寅村、李玄伯,他们怕权力被夺了去。好在援庵先生并不热衷于去作这个文化机构的官,只是讨厌易寅村写的字。故宫博物院送来影印碑帖画册,面页上有易氏题的浮签,援庵先生接到手,一定即刻揭去撕掉,没有甚么别的表示。

张继则不然了,他也是大少爷出身,是个喜欢权势的人,官气很重(他父亲在清朝作过知府,是柯凤荪先生的盟兄弟)。李原来许张任副院长,后来却食言了。这使张不能不耿耿于怀。他的太太崔振华是女中豪强,张继很怕她。徐森玉先生告诉我说王静安先生有手校本《水经注》,王氏死后所有遗书为北京图书馆购得。张继是北京图书馆委员会的委员。王氏校本《水经注》在善本书库中,张委员借阅,图书馆焉敢不借。北京住屋中冬天皆生煤炉子,张继在炉旁看王校《水经注》，正在出神之际，没听见崔夫人说话，惹得崔夫人大怒，一把抢过书，扔到炉子里去，炉火正旺，一下烧了起来。张继救不及，于是王校《水经注》缺了一册！

这样的一位女强人往故宫博物院调查处分绸缎皮货的事，被故宫职员要门票得罪了。民国二十一年（1932）故宫博物院理事会决定南迁，张继主张文献馆迁西安，迁移费六万元，三分之一交给他，他是文献馆馆长，由他主持，理事会业已通过。其后李玄伯去了南京，与宋子文商议决定全部迁上海，取消文献馆迁西安原议。李玄伯在上海旅馆中遇见崔振华，崔质问他为甚么改变原案，双方冲突起来，李说崔不配管，崔用烟灰缸向李大少爷打了过来，玄伯抱头鼠窜逃回（见《故宫盗宝案真相》，页131—136）。

民国二十二年（1933）2月5日，第一批故宫古物开始南运，由吴景洲先生押运，这个日期，景洲先生没写明，我是依据那志良君所著《故宫四十年》（页62）的记载。古物运到浦口停留了一个多月，到了3月中旬才将古物运往上海。那志良君《故宫四十年》说："最后的目的地是哪里，没有人知道，因为政府也还没有决定。"《故宫盗宝案真相》说由张继提议，中政会议通过改运洛阳或西安。古物到了浦口，打电报问那两处，两处却没地方，又想留文献物品在南京，南京地方也不适合，最后还是宋子文回到南京，才作出决定，仍运上海。可见张氏夫妇对易寅村、李玄伯之间权力夺争在运古物到南方时已十分表面化。

古物南运共计五次，最后一次是1933年5月15日（见《故宫四十年》，页63）。

在第五批古物将运走时候，1933年5月1日南京最高法院派了个检查官到故宫博物院检查处分故宫物品的案卷，这是张崔攻击易、李开始动用到法律。在此之前，监察委员高友唐对故宫博物院处分金砂、金器的事曾提出过弹劾，但高氏所举证据不足，国民政府置诸不理。

处分物品案由崔振华告发,最高法院检察署署长郑烈提起公诉,主要是说易培基、李玄伯在故宫处分物品时购买皮货缎匹,价钱上占了便宜,先买定,后估价;又不在公开售货日子星期日购买。其实不在星期日购货的,尚有其它别的政府要员如张学良、顾维钧等人以及外国公使,因为星期日人多,地位特殊的人不愿拥挤,所以允许这种人物不在星期日买物,可以从容挑选。至于价钱则是先估好,并非后估。不过由于故宫处绸缎货有个规定,购货二千元以上者七五折,三千元以上者七折。李玄伯先买了二三百元的货,后又买二千五六百元的货,合乎七五折的规定,有人建议不如加买二三百元的货,凑足三千就合七折的规定了。李玄伯听从了这个建议,最后一次购买又不是星期日。这就是李玄伯的缺点。以上是据《故宫盗宝案真相》的记载。我听别的朋友也告诉我说,玄伯在故宫处分物品时买了些便宜货。

这件案子如果追究下去,本没甚么大不得了,李玄伯却感到十分惊慌。易培基虽提起反诉,向行政院、司法行政部反诉崔振华与郑烈,但是并没有甚么反应。马衡、袁同礼出来调停,崔振华说只要易院长辞职,以后万事全休!景洲先生知道之后,力劝易不可以辞职;纵要辞职,一定等讼事弄明白之后。而易到底听了李玄伯的话,辞了院长,李也辞去了秘书长,理事会开会决定由马衡接任院长。

马衡要易交代,由景洲先生代表办理。到了上海从库房抽出二十六箱点验。金器二十三箱一件不缺。珠宝则开箱一看,所谓珠都是水晶、玛瑙、蜜蜡之类,所谓宝都是点翠珐琅之类,仅有黯淡无光东珠三颗是纬帽上拆下来的。马衡还要全部细点,景洲先生不肯继续,始作罢。

民国二十三年(1934)11月江宁地方法院起诉易培基、李宗侗等九人以假珠调换真珠九千六百零六颗,以假宝石调换真宝石三千二百五十一颗,拆去珠宝配件者一千四百九十六处,盗取米珠流苏及嵌珠宝手镯等类为数甚巨,均占为己有,这显然就是根据这次移交的点验。据《故宫盗宝案真相》,易、马交代在上海点验是民国二十二年(1933)夏秋之交,而起诉则在一年多之后。

这事本是冤枉的,因为那些珠宝在故宫点查,并没检验是否真伪,即匆匆装箱南运。及至易、马新旧院长交代才开箱检验,如何能知是原来就是假货,还是故宫博物院接收以后换的?

到了民国二十六年(1937),由南京地方法院再起诉易培基、李宗侗、吴瀛(景洲),说他们三人侵占故宫的书画五百九十四号,古铜器二百十八号,铜佛一百零一尊,玉佛一尊,秘书处装箱南迁古物十二号,图章三号。所持理由为故宫古物,均经清朝皇帝大臣鉴定,不应有伪品在内,而现在竟发现了伪书画、伪铜器,以木泥佛像冒充铜佛像等等,认为都是被易、李盗换去了。又因为秘书处自行装运古物为弊端重重,指出其中铜器、书画皆有调换之号。

吴景洲先生从开始即主张易、李二人不可畏缩,要挺身而出面对事实,在法律之前,辩明是非曲直。李玄伯却始终畏首畏尾,不敢出头。并且死拖着他岳父不叫他露面,要走弯曲迂回的路,找人调解。结果使易培基含冤而死,他也永远背着一个盗宝的罪名,十足地表现出大少爷胆小怕事的怯懦形态。

我听陈援庵先生说过,故宫盗宝案绝对是冤枉的,这是不可能发生的事。援庵先生甚厌恶易培基,还说这样公道的话。徐森玉先生对于易培基的学识也大不以为然,也对我说这实在是件冤案。

吴祖刚是我中学最要好的同学,景洲先生是他伯父。胜利后,我任教上海同济大学,在徐森玉先生座上,才认识景洲先生。景洲先生撰这本《故宫盗宝案真相》虽揭发了张继、崔振华攻击易、李的阴谋以及李玄伯的怯弱,理直气壮的侃侃而谈,叙述他所受的委屈,但反驳法院起诉的理由,尚嫌说得不够充足。景洲先生的话应当以那志良君的话来补充,才可以使人心中的疑团涣然冰释。

那志良君是援庵先生的学生,民国十四年(1923)1月援庵先生介绍那君进入清室善后委员会工作,从此任职故宫博物院,一直随着古物南迁到台湾,现任台湾故宫博物院古物组组长,著有《故宫四十年》一书,由台湾商务印书馆出版。

《故宫四十年》说:"故宫文物,有些具有原签的,签上的名称,每被查报物品的人采用,这是靠不住的事,例如玉器,有的利用玉皮,使器外部分呈黄色,乾隆时并喜欢烤皮子的办法,把一部分表皮烤成黄色,凡是这种玉器,太监们在器上贴的小黄签,都称之为'汉玉',时代相差一千多年。书画中这种情形更多,我记得古物馆中保存着一大箱画轴,是由景阳宫提出来的,看签子都是唐宋名迹,事实上都是明清所作伪品,这一箱并未运来台湾。"

又说:"在一般人的看法,故宫里的东西,一草一木,都是宝贝,绝不会有伪器……殊不知故宫里的东西,与一个大家庭一样,有宝贝,也有劣货,有真品,也有伪器。我举一个例子,在故宫瓷器中,竟发见过一件'大明康熙年制'的碗,宫中瓷器,向由官窑烧造,怎能发生这种重大错误呢? 如果研究故宫里面伪器的来源,可以知道是有两条路子的:第一,是太监的偷换。上面所说大明康熙年制款的瓷器,不可能是官窑中的错误……这必是太监偷盗了真器,拿一件东西来填数。……第二,是大臣们的蒙蔽。大臣们进贡的东西……他们自己也不知道甚么是真,甚么是假,只听信幕僚们与古玩商勾结,以假为真,拿去充贡……只要把太监们疏通好,就绝不会发生问题。于是宫中的伪品渐渐地多了。大臣们故意以伪品充贡的例子,并不是没有,清朝的高士奇,是康熙时的显贵……他就经常以伪品充贡。"(见《故宫四十年》,页41—42)

谈到伪器时那君也讲了用翻砂制的古铜器,与熏染方法制的古玉器以及在无铭文铜器上刻上铭文,冒充商或周铜器等。这些话虽不一定为盗宝案而发,但如客观地分析一下那些珠宝是不是起初送进宫来就用的是假货,或者后来为太监们所偷掉换了?法院是否查过,作过科学分析?盗宝案发生后二十多年那君在台湾写《故宫博物院三十年之经过》说了两点意见,到他写《故宫四十年》时又提了出来。第一:他说易先生如果真作了这种事,他便是故宫的罪人,如果没有这回事,不但是故宫博物院的损失,也是国家的损失。那君随着古物装箱南迁,看着易、马交代,法院检查,又随着古物进入内地,胜利后回到南京,再迁台湾,四十多年始终未离开南迁的古物,他都不能肯定易、李盗宝。他虽表示在他的立场,对此案不便多论列,内幕如何,他也不知道究竟是怎么一回事。看那君说故宫之中也有劣货,也有伪器,又说太监偷换、大臣贡假货等情形,已显然可以明白当初李玄伯匆匆将未审核的太庙祭器和珠宝装箱南运,铸成了大错(见《故宫盗宝案真相》,页179—180)。据那君说有位故宫职员萧乡沛因为将一项破纬帽上的珠子拆下来,珠子包好南运,破帽留在原处,竟因此以毁坏公物罪,判了徒刑。

第二:书画法院是请黄宾虹作鉴定。那君说:"故宫博物院有书画审查会,时常有绝对相反的意见。法院只请了一位黄宾虹先生担任鉴定,难免发生错误。例如宋拓道因碑,是经审查委员会一致认为真迹,而影印发行的碑帖,被认为是伪物,而把它另封起来;又如宋元宝翰册及元名家尺牍册,也是委员会审定的真迹……也被另封起来;尤以马麟《层叠冰绡》,是有名的珍品,有著录可查,也被另封起来。其实画的真伪,不是问题的中心,检查易案,着重在他是否有侵占嫌疑……倘若是一幅伪画,而收藏家如项元汴、梁清标、安仪周……等人的收藏印不假,或清室的鉴藏宝玺不假,或乾隆的题识不误……这一幅画的本身,无论假到甚么样子,是与易先生无关的,因为法院查的是易案,而没有替清室算旧帐,也没有替古人算老帐。法院的人对于这种情形,或未必清楚,黄先生是书画鉴赏家,当然应当知道,不晓得黄先生没有说,还是法院没有听他的话,像这样情形的画,也被另封了不少。"(见《故宫四十年》,页 64)

陈援庵、徐森玉两先生只说故宫盗宝是冤案,并未详细解释,看了那君这番话,我才恍然明白,说易氏偷书画是由于法院的检查书画弄错了方向。太庙祭器珠宝方面既是李玄伯将未经审查的东西装箱,因疏忽而惹了麻烦,可见铜佛、玉佛的掉换,在故宫古物严密点查条例之下,易、李两人如何能去进行? 大成疑问。可能也是曾经点收,而未加审查的对象,其中就有从前为太监偷换过的东西在内。

据《故宫四十年》说:台湾将"中央博物院"、故宫博物院成立联合理事会,第七届理事中有李宗侗,大约是在 1963 年。1964 年成立故宫博物院管理委员会,委员之中也有李宗侗。可见这件冤案国民党当权的人是晓得的。至今李家盗运古物到法国之说,虽然中国驻法大使顾维钧已证明无其事,法院派人去查,亦查不到甚么,而似乎仍有人在相信。无怪乎景洲先生痛恨李玄伯的懦弱,但是他哪里料得到为他们洗刷沉冤的,却是他素日所不喜欢的陈援庵先生的学生故宫小职员那志良。

那君的《故宫四十年》虽非为盗宝案洗冤而作,但其中详细说明每组点查古物实际情况,足以证明盗宝为不可能发生的事,又说明故宫里面物品并非件件皆真,更足以为易、李诸人洗冤。读者试将那君的书与吴先生的书对读,即可知那君是此案被告辩护的最好证人。那君在"一般人的看法,故宫里的东西","都是宝贝,绝不会有伪器"句下说:"如果负责保管的人,不把审查工作做好,便有被人扣上盗宝的帽子的危险。"这几句似乎是因易案有感而发?

　　就法院所举盗宝案全部侵占物品而看，其数量之巨，涉及范围之广，断非由易、李、吴三个人在短期内能办到。如果他们从进入故宫便做盗窃工作，便要将所有开会、办公、应酬等事项完全置诸不理，埋头专门去干偷运抵换工作，这是绝对不可能的事。易、李在故宫完全掌权，是 1928 年 10 月以后，这其间他们究竟有多少时间可以去作盗窃工作，才可以获得这么多东西？而且如果偷窃行为长期进行，故宫其他人员如何能丝毫不知？法院起诉时并没考虑到这些方面，而《故宫盗宝案真相》书中也未从这方面去反驳。我读了吴先生的书，认为有这点意见可以提出来补充。

1985 年 4 月 8 日属草，15 日脱稿

（原载《明报月刊》总第 233 期，1985 年 5 月，页 11—14）

说胡适的提倡语体文

——跋《胡适之寿酒米粮库》

　　这是民国十九年(1930)胡适之四十岁生日,钱玄同、魏建功等人给他祝寿的文章。替胡适之祝寿,如果写篇文言的寿序送给他,等于和他开玩笑,没有人会去作这样的蠢事。用语体文写寿序是从来未尝有过的。魏建功写的这篇《胡适之寿酒米粮库》,虽避开寿序之名,实际上即是寿序,自不待说。不过,这个题目不能使人一目了然,过分的标新立异。如果以《贺胡适之先生四十岁生日》为题,岂不胜过这样堆砌?

　　为了使人明白,必须加以注解。米粮库是北京地安门(俗称后门)内,一条胡同的名称。1930年胡适之住在米粮库四号。在彼时是"今典",到现在已成"旧典",非注不明。这就犯了胡适之《文学改良刍议》第三"不用典"的戒。

　　"胡适之"人名,"寿酒"物名,"米粮库"地名,三个名词堆在一起,如何联系?又犯《刍议》第六"不做不合文法的文字"的戒。它虽有意仿效旧小说的回目标题,也不当如此费解!

　　此文结尾说:"如今为纪念'人''事''地',便写下恁个题目。"建功想是自知会引起别人的疑问,所以作了解释。仔细看去,有了人、事、地,而没有时间。题目上不写年月尚可,不说四十岁生日,则不知纪念的是甚么?真是疏忽得不可原谅!

影印《胡适之寿酒米粮库》（一）

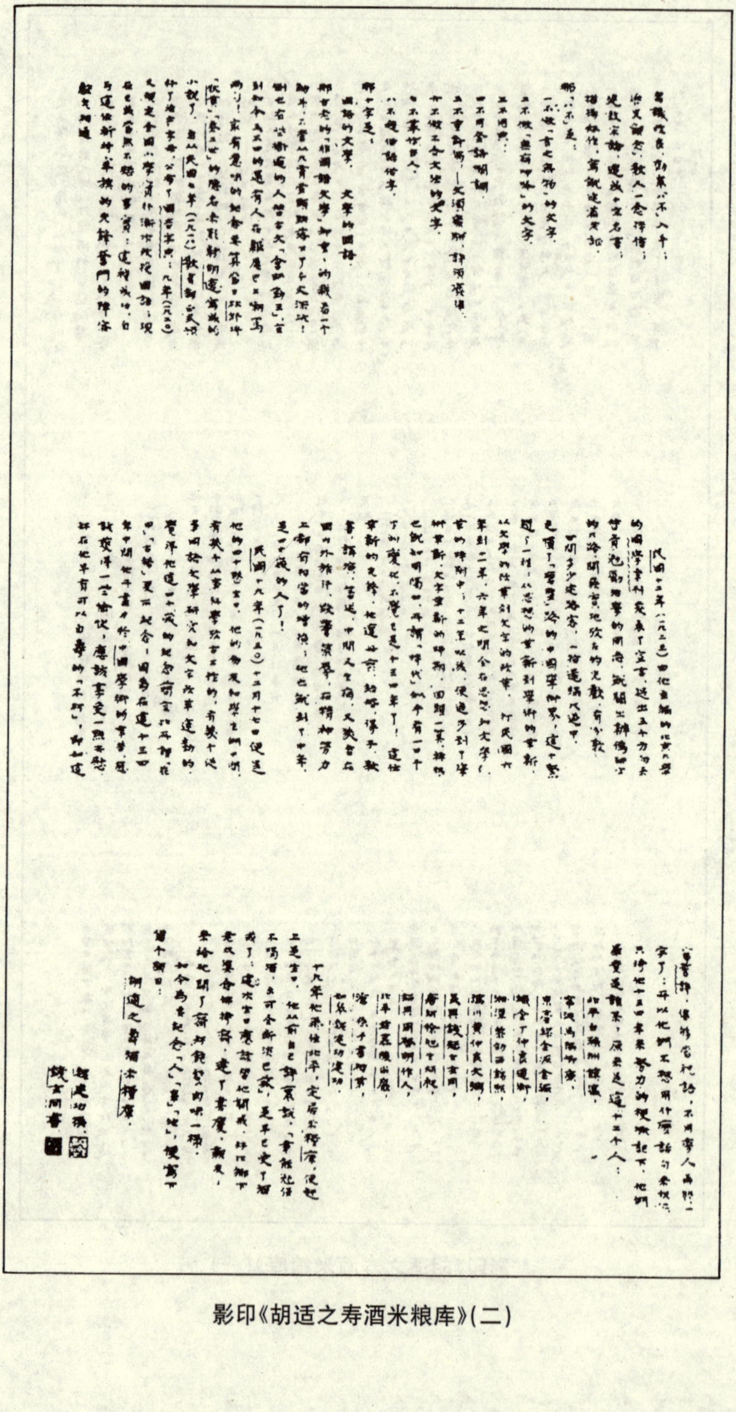

影印《胡适之寿酒米粮库》(二)

建功的文章写得很详尽，从胡适之出生说起，将他四十岁以前的行事都说到了，等于是胡先生前半生的传记。

建功写这篇文章在五十五年前，今人读起来，谁都觉得它与现代语体文有些距离。首先，引人注意的，它含有大量的旧通俗小说词汇和句法，现代绝对没有人这样写了；其次，它的词汇语法欧化成分稀少到几乎找不出来；这样的文章即在五四语体文运动开始起步时也极少见。

为甚么胡适之提倡语体文能成功，晚清的文人们提倡改革文体不能成功？

建功没说明白。解答这个问题，应当先看看朱自清、胡适之的议论。

朱自清《论通俗化》说："文体通俗化运动起于清朝末年。那时维新的士人急于开通民智，一方面创了报章文体，所谓'新文体'，给受过教育的人说教，一方面用白话印书办报，给识得些字的人说教。"又说："这种白话只是给那些识得些字的人预备的，士人们自己是不屑用的。他们还在用他们的'雅言'，就是古文，最低限度也得用'新文体'，俗语的白话只是一种慈善文体罢了。然而革命了，民国了，新文学运动了，胡适之先生和陈独秀先生主张白话是正宗的文学用语，大家该一律用白话作文，不该有士和民的分别。五四运动加速了新文学运动的成功，白话真的成为正宗的文学用语。"

朱自清这篇文章是看了胡适之的《五十年来中国之文学》得来的灵感。胡先生在那篇文章中说："二十多年以来，有提倡白话报的，有提倡白话书的……他们的最大缺点是把社会分作两部分：一边是'他们'，一边是'我们'，一边是应该用白话的'他们'，一边是应该做古文的'我们'。我们不妨仍旧吃肉，但他们下等社会不配吃肉，只好抛块骨头给他们去吃罢。"胡先生这篇文章写于 1922 年，朱自清的文章大概写于 1946 年以后。

余英时在《中国近代思想史上的胡适》一文中指出胡适之在美国受了民主的洗礼,改变了"我们"士大夫轻视"他们"老百姓的传统心理,才毫不迟疑地以白话文学代替古典文学。这一全新态度受到新兴知识分子和工商阶层的广泛支持。

认为胡适之没有将自己和老百姓隔开,划为"我们""你们"两个阶层,他没有自己作古文,而教老百姓做白话文,所以他提倡语体文成功。胡适之自己只说大概,朱自清、余英时则详细说明了。

朱自清还说:"胡先生等提倡的白话,大概还是用语录和白话小说等做底子,只是这时代的他们接受了西化,思想精密了,文章也简洁了。他们将雅俗一元化,而注重在'明白'或'懂得性'上……然而'欧化'来了,'新典主义'来了,这配合着……知识阶级生活欧化或现代化的趋向,也是'势有必至,理有固然'。"

余英时说新兴知识分子支持语体文,这一点很重要,如果当时只有《新青年》杂志上几个撰稿人写语体文,而没有五四以后众多的青年写语体文,语体文如何能提倡得起来? 当时这些以身作则从事提倡语文的人,都是教书先生。胡适之是北京大学哲学系名教授,跟他站在一条战线上的陈独秀、沈尹默、钱玄同、周作人等人都是北大教授(鲁迅在北大兼课),这是提倡语体文最有利的条件。这些人的言论,本来对学生们很有影响力,他们又在当时极受青年欢迎的《新青年》杂志上发表鼓吹新文学的文章,就制造了新兴知识分子(学生)接受他们不写文言改写语体文主张的基本有力因素。

朱自清说语体文西化,是思想精密了,又说,语体文欧化是配合生活欧化或现代化的趋向。这是他对语体文的形成,认识得比较深入,才得到的了解。胡适之主张"不做言之无物的文字"是他《文学改良刍议》中的第一戒。"物"是指内容而言。既是许多人文科学、自然科学的内容都来自欧西,因此其中众多词汇欧化,理论结构欧化,最后必至文章趋向欧化。"物"是欧西来的,要"言之有物"就要"言"有些欧化才可以说得明白。朱自清说"势有必至,理有固然"的确是对的。不过"言"有些欧化则可,过分欧化,则不成为中国的"言"了。

五四以后的语体文与宋明理学家的语录不同,与旧日通俗小说也不同,而且逐渐倾向欧化,是有目共睹的事。

胡适之开始提倡语体文时候,毫无疑问,他希望做出来的文章,是合乎逻辑的中国白话文,是每个认识字的中国人都能懂的文章。发展下去,因为语法倾向欧化,又加入许多外来的词汇,以致形成另外一种文体。这应当说与胡先生最初的构想,颇有出入。三十多年前朱自清了解到这一层;建功为胡先生祝寿时,还未认识到旧通俗小说中的词汇,多数已受到时代淘汰不再流行。他这篇文章虽是用白话写的,却染有古老的气息,缘故即在于此。

晚清开始接受西学,大量输入新名词,那时梁任公写的文章,其中充满新名词。为了适应新的语法,他对于古文句式也略加以变化,因此就产生了新文言。

新文言一直受人们的欢迎,报纸杂志上的文章无不是新文言。近代许多写学术文章的人,如果他们用文言,也是新文言,而非古文,陈寅恪先生的文章就是很好的例证。

新文言诞生于戊戌变法(1898)的前夕,直至五四(1919)新文学运动兴起后,新文言的地位才逐渐向下降落。语体文完全取代了新文言,是近三十多年的事。

新文言是适应时代的需要而产生的,是由于西学输入,为了介绍那些新输入的西学而产生的。我们不能不说梁任公是识时务的俊杰,是擅长写合于时代文章的才士;如果梁任公不是生在晚清时代,没接触过西学,没有变法维新的思想,纵使他是能文之士,也绝对写不出受人欢迎的新文言。

五四前夕,中国接受的西学,质与量各方面都比晚清扩大了增加的幅度,输入新名词的方面更为广泛了,新文言已负担不了这个大量介绍西方思想学术沉重的任务。更主要的是五四时代的青年知识分子,对当时的政治社会等等腐败落后现象都十分不满;已建立了民国,经过了革命,还谈甚么变法维新!这时陈独秀在《新青年》杂志上,以"科学""民主"相号召,恰好和这群青年知识分子的愿望相呼应。

胡适之提倡的语体文,一方面它可以替代新文言,接过新文言负担不了的大量介绍西方思想的新学术任务,一方面为了宣传"科学""民主",客观上实在需要一套新的语言,给有新思想的人使用。以语体文表达新思想比新文言更精密、更适合,逻辑性更强。朱自清说"接受了西化,思想精密了",凡是对中国近代思想史、文学史有认识的人,都会承认这是胡适提倡语体文成功的主要原因。

胡适之所讨论死文学与活文学的问题,实际上是合时代需要与不合时代需要的问题。他在五四前夕提倡语体文,正合于时代的需要,于是他成功了。梁任公在晚清没鼓励别人写新文言,只是自己写新文言,因为合于时代而成功。看了梁任公的历史,就可以推想到胡适之成功的原因,不仅是不分"我们""你们"两个阶层那么简单。

五四时代顽固守旧的人,坚决拥护古文,以林纾出面反对语体文为例证,即是说明文言白话之争,实在是新旧思想之争。语体文既在五四时代适应需要而产生,早已取代了古文,只要不是思想陈腐僵化的人,谁都不会再反对语体文。可见文体改变,即是思想改变的具体表现。胡适之提倡语体文能成功,证明了五四时代中国青年思想由旧转新的彻底。

为胡先生四十岁祝寿的十二个人是白涤洲、马隅卿、缪金源、丁道衡、黎锦熙、黄文弼、钱玄同、徐旭生、周作人、庄尚严、孙楷第、魏建功。

十二人之中,惟丁道衡我不知道。黄文弼曾参加徐旭生领导的西北科学考察团,对于高昌古迹作过调查研究。忘记他是北大研究生,还是在研究所国学门工作。孙楷第(子书)北京师大国文系毕业,在国语大辞典编纂处工作,是研究小说的专家。子书收藏的书,听说已经散失,十分可惜! 他同王有三(重民)至好。有三 1975 年逝世,子书已八十多了。缪金源在中法大学服尔德学院教国文,我 1924 年听过他的课。其他的人在《北京学林话旧》一文中谈过,此处不再赘及。

1985 年 1 月 24 日

(原载《明报月刊》总第 231 期,1985 年 3 月,页 45—47)

我对胡适的新认识

胡适之逝世已有二十三年了,我对他的了解并不比别人多。在北京时候,有人请客,我曾与他同过一次席。我到台湾后,为讨论《折可存墓志铭》中宋江擒方腊的问题,和在美国的他通过信。他有一次从美国回台湾,台大同人公请他,我参加过,个人也拜访过他。我同他的来往只限于这些。他如至今仍健在,不翻日记,大约不会记得我这个人!

我在燕大国学研究所,虽然导师是顾颉刚先生,研究的题目却不是古史,而且后来时常从陈援庵先生问学,对于顾先生日形疏远,从来未请颉刚先生介绍我去见胡先生。足见我少年任性,不会处世。颉刚先生提拔的同辈都早已蜚声中外,只有我这不肖的门生辜负了顾先生赏识。

我与魏建功、台静农友好,郭绍虞、傅斯年都曾请我去教书,这些人都是写语体文的健将,我则在到香港以前总是写文言,也许这更拉长了我与胡先生之间的距离;虽然胡先生的著作与他标点考证的小说我都看,我也不反对语体文。

前两天友人送给我一本《胡适之先生晚年谈话录》。这本书并没有加工去描写,却生动地将胡适之的性格丰度如实地勾画了出来。读了它,眼前就好像有个活的胡适之在行动在说话,十分吸引人,使我不忍释卷,仔细地读了好几遍。

胡适之平易近人，和蔼可亲的印象，是我第一次与他同席吃饭就有的。

初次见面，他问我是甚么地方人？我说："福山。"他说："啊！同默人先生不是一县？"我回答说："是，他是栖霞。"我那时刚离开研究所，在高中教国文。他已是世界闻名大学者，竟然想到我们同宗学者默人先生（牟廷相）作话题，对我敷衍几句，我岂能不由衷的佩服他学识渊博与应酬周到！

后来再见到他，觉得他谈话间流露出锐敏的机智依旧不减当年，而那平易近人态度，则更觉得其温柔敦厚了。

读了《胡适之先生晚年谈话录》，我恍然大悟！原来胡先生不仅未尝反孔，他还熟读《论语》、《孟子》，他读书作文与做人处世随时奉行孔子之教，无时不以孔子为准则。他口中的圣人，即是用以称孔子，与以前的老师宿儒并无区别，但他反对那些讲理学、自称继承道统的人。

依照《晚年谈话录》的次序，胡适之所引《论语》里的话与胡适之的解释，选钞几条在下面：

页4："'六十而耳顺。'……从来经师对于耳顺的解释都不十分确切的。我想，还是容忍的意思。古人说的逆耳之言，到了六十岁，听起人家的话来已有容忍的涵养，再也没有'逆耳'的了。还是这个意思比较接近些。"

页13："'晏平仲善与人交，久而敬之。'……久而敬之这句话，也可以作夫妇相处的格言。所谓敬，就是尊重。用现在的话来说，就是尊重对方的人格。"

页49："'食不厌精，脍不厌细'这两句话是圣人最近人情的话，全世界二千多年的哲人中，没有第二人说过这些话。孔夫子的'不撤姜食'，是要用姜来减腥气的。又说'割不正不食'；如果今天碰到这盘'狮子头'，不晓得孔夫子怎样？孔子是很讲究吃的；这是圣人最近人情的地方。"

页 110："我们的圣人孔夫子在二千五百年前，就提倡'有杀身以成仁，毋求生以害仁'，这是我们的传统。在中国历史上有独立的思想、独立的人格而殉道的不少。方孝孺就是为主张，为信仰，为他的思想而杀身成仁的一个人。"

页 114："孔子对他学生有浅的说法，也有深的说法，如对樊迟，资质差一点的，他就说'仁'是'爱人'；但对颜回，天分很高的，另有一种说法。如'有杀身以成仁，毋求生以害仁'，这个'仁'字是说人类的尊严。'仁以为己任'的'仁'字，可以说是代表真理。"

页 117："凡是有大成功的人，都是有绝顶聪明而肯作笨功夫的人，才有大成就。不但中国如此，西方也是如此。像孔子，他说'吾尝终日不食，终夜不寝以思，无益，不如学也'，这是孔子作学问的功夫。"

看了以上诸条已可明白胡先生对《论语》所下的功夫的确并非等闲。他一再说他的文章是从《论语》、《孟子》学来，确有道理。这本《谈话录》不过是由 1958 年 12 月 5 日到 1962 年 2 月 24 日，实际上不过三年零两个月而已。这里面《论语》出现次数已达十次以上，这并非天天记的谈话录已如此，可见决非出于偶然也绝对不是造作。

《谈话录》页 254 提到戴季陶说胡适之打倒孔家店。胡先生说："我在《吴虞文录》序文里说吴虞在四川只手打孔家店，并不是我去打倒孔家店。"说胡适之在五四时曾主张打倒孔家店，是违背历史的。胡适之自己固不能承认，即在当时出版的报纸杂志书籍上亦找不到这样的文献证据。

胡先生受到别人的批评，胡颂平为他不平，说："我常说我读《论语》，在先生身上得到了印证，他怎么会说先生'离经叛道'呢！"胡适之说："这是人家说我的话，某君也跟他们一样的骂我。他说的'道'，是他们的所谓'道'；他说的'经'，是他们所谓的'经'。"这就表示胡适之并不认为他自己叛了孔子的"道",离了孔子所讲的"经"。

1962年1月24日胡适之说,前几年他到台中,农学院请他去讲演。他与孔达生(德成)同车,在车上胡对孔说:"我还是讲我们的老祖宗吧。我们的老祖宗孔夫子是近人情的,但是到了后来,人们走错了路,缠小脚、八股文、律诗、骈文,都是走错了路。""我讲演之后又到东海大学去,吴德耀又要我讲演,我婉谢了,但他开一个茶会招待我,我把刚才演说的要义又说了一遍。"(《谈话录》页292—293)

胡适之认为孔子近人情,孔夫子在《论语》讲的许多道理他认真地实践履行。譬如对于不懂的学问他很坦白说不懂,金文、甲骨他说他文章中没有引过,因为不懂。句中有几个认不得的字,他是不引的。他又说他对于小学功夫不深(页44)。这真是做到"知之为知之,不知为不知"了。他反对乱写草字,要别人费时费心思去推想,这是对别人不负责任(页8及页234)。他屡次提到这点,表示他的"诚"、"敬"、"不苟且"的修养。

他很反对宋明理学,但他在日常生活上要实践《朱子小学》所提倡的勤、谨、和、缓四个字,他说这四个字本来是教人作官的,他拿来作为治学的方法。在四个字下面,他都加以注解。我看不仅他治学,他做人也不外这几个字。他注解说:"谨,就是不苟且,要非常的谨慎、非常的精密、非常的客观……和,就是不生气,要虚心,要平实。"他还说:"这本《小学》,我从少时都会背得出来的。"我想他的品德修养与他小时读这本《朱子小学》有很大的关系(页242—243及页142)。

最足表现他笃守地道儒家传统之处,就是他讲究"克己"(页108—109),如果不能将"克己复礼"从孔子讲"仁"的思想中去掉,就应当承认胡适之不仅未离经叛道,还很服膺孔圣人,虽然他反对把几千年老东西搬出来,问高平子的孙子甚么叫"为天地立心"(页67)? 也反对那些拍胸口自以为道统在他那里的人(页241—242),指明:"越在边疆,越是守旧。台湾、香港,在整个中国来说都是边疆的地方,也都是保守的地方……所谓礼失而求诸野,因为边疆往往有保守的精神。凡是民族主义运动都带有保守性,而且排外的,他们总认为老祖宗的东西是应该保守的,这不仅是国民党如此,全世界都是如此的。"(页24)他公开地说:"过分颂扬中国传统文化,是有流弊的。"(页247)这些都为胡适之招来不少的批评和攻击。我反复地看了《谈话录》,觉得胡先生虽然不要人宣扬理学,他却大背其《朱子小学》,极力称赞孔子。他说:"我们看二千五百年前的孔子,他的思想那么的平实,真像师生谈话那样和易可爱。"这是他反对对于某些思想宣传崇拜狂热的话。

我终于明白了他做人愿意效法孔子诚实谨慎,克己忠恕公平,做学问则要接受客观的西方科学方法,坚决反对再去讲宋明诸儒的理学,并且认为这与缠小脚、作八股、写骈文同样是中国文化里面要不得的坏东西。缠足与八股之应当废弃固勿待论,将宋明理学当作中国思想史去研究,我想胡应当不会反对。就是有人喜欢作律诗、写骈文,胡先生也不应当反对。八股虽可不去作,但研究它、了解它,以备将来写历史用,还是需要的。如果说复兴中国,必须提倡宋明理学,儒家的学说重在躬行实践,过去理学家亦非徒腾口说。若是有许多人都能如胡先生那样作大使而夫人不管事(页18),作研究院长而不带一个人,做北大校长也是如此(页10),做大官不要人服侍(页33),要职员分层负责(页59),为推荐研究员去外国写英文信不顾个人病体自己动笔修改(页141—143),为故宫博物院盗宝案洗冤,不念李石曾的旧恶,说公道话(页153、270、271、282),甚么事都替别人想(页173)。这样一个人虽不宣扬理学,我想不出他的道德比哪位讲理学的人物有逊色?何况以胡先生之翩翩丰度洋博士,力倡婚姻自由竟能与婚前未谋一面的旧式乡间妇女厮守一生,尤足为高唱存天理、去人欲的理学家楷模。

最后更需要指出胡适之对于国民党在台湾的行事并非没有批评。

《谈话录》开始说这么多（十三个）大法官，我认识一个外，其馀诸人连我也不知道，是否当过法官（页2）？对于台湾任用法官的资格表示怀疑。接着又说，没有容忍就没有自由。容忍比自由更重要（页3）。这话是对自己说还是对统治者说，我看不明白。

1959年12月23日说："横写不能自右至左，如果遇上数目字，譬如23，是读二十三，还是读三十二？我曾写信给'总统'，请他不要管这些事。到现在还是这样写法。"（页35）可见蒋的固执。

29日说："当领袖的人应该培养一二个能干而又忠心国家的人可以继承他，到了适当时候，推选这个人出来，还应全力支持他。一个领袖不能培养几个人，这个领袖是失败的。"又说："如果修改'临时条款'，不如修改'宪法'，比较合理些。"（页37）胡先生为甚么这样讲，怎会不知道蒋早已培养了接班人？

1960年2月6日说："一个爱国的人，不能把自己看得太重。"

3月12日说："吴君又问：'"总统"的连任三任是不是他自己的意思？'"胡氏说："不知道。如果不是他自己的意思，我想人家不会这样做的……凡是做过大领袖的老一辈的人都是如此，不能说是错的，问题是在'修宪'，尤其是为了三任连任问题而'修宪'，这是把大门打开了……你既然为连任三任而'修宪'，他们就为创制权、复决权等问题而'修宪'了。"（页53）前面说不如"修宪"，此处又说"为连任三任而'修宪'"是错的，可见胡适之以为"宪法"不易修改，可使蒋氏知难而退。殊不知"立法委员"、"国大代表"国民党都占大多数。胡先生到此仍说"修宪"足以引诱别人利用此种权力来向统治者争权，以之为警告。他并未认识到台湾的民主政治组织与美国有极大距离。胡适之的话，不过是书生一厢情愿之见而已。

7月8日说："凡是文化的接触，都是各取其长的。譬如我们穿的鞋子……又如女子剪发，或是我们日常用的钟表，都是与西方文化接触之后自然而然的普遍起来,没有谁来反对。这些都是由下面渐渐的实行,而不是由上面来推行的。日本的文化不如我们高,就是他的一切都是由上面压下来的,可是最近数十年来,我们反不如他们了。"(页80)台湾设立甚么中华文化复兴委员会,成立孔孟学会,极力宣传旧道德以之为反共的工具,想是胡适之大不以为然,才说出这样切实合理的话,可惜,众醉独醒,反招来围剿。

12月23日说:"听惯夸奖的话的人是不会接受人家批评的。正像某先生只喜欢听人的恭维,不听我们的话是一样的。"(页100)

1961年6月13日,看到陈诚"副总统"给阳明山会谈人士邀请书上,有"政府自迁台以来,以待罪之心情,作赎罪之努力"的话,说:"我们好久没有听到政府能说这种话了。在南京快要撤退之前,那时'总统'还没有引退,听说有人劝他下个像从前'罪己诏'一类的文告,不曾被他接受。我过去也曾劝过'总统'……他是不能接受我的劝告的。"(页198—199)

10月2日说:"'人苦不自知',这是没有办法的呀……"(页240)

1962年2月24日下午六时多在招待"中央研究院"院士酒会上说:"我去年说了廿五分钟的话,引起了'围剿',不要去管它,那是小事体,小事体。我挨了四十年的骂,从来不生气,并且欢迎之至,因为这是代表了'自由中国'的言论自由和思想自由。"讲到这里,声调有点激动,接着说:"海外回国的各位:'自由中国',的确有言论和思想的自由。各位可以参观'立法院'、'监察院'、'省议会'……非常自由……还有台湾二百多种杂志,大家可以看看。从这些杂志上表示了我们言论的自由。"(页318)说到这里,突然把话刹住,也许感到不适了,忙接着说:"今天我们就说到这里,大家再喝点酒,再吃点点心吧,谢谢大家。"这时正是六时三十五分,胡适之忽然面色苍白,幌了一幌,仰身向后倒了下去,从此一瞑不视,再也不用遇到烦心的事就坐下来作点小考证。做小考证他说等于去打牌，甚么都忘了，可以解除烦恼（页213）。这次胡适之得大解脱，一切烦恼尽去了。

胡适之十分重视科学建设。他在1959年4月对于国内以兰州为中心，开发西北石油，颇为欣赏（页19）。足见他是一个重客观、承认真理的人（页19）。

胡适之对批评他的人、攻击他的人的容忍，似乎有些超过了限度，不答复那些无礼貌轻薄的诋毁，是不屑于与他们计较，这种宽容的丰度，是可赞赏的。他自己的主张他自己既认为是正确的，纵使过去发表过文章，也应当重新加以阐述。何况有人攻击批评，一定是他自己的理论说明有所不足，才引致别人误解，在责任上也应当详细补充解释，不应置之不理。这一缺点，尚不算严重，也许他只学孔子而没学孟子，而且有些地方像受了老子的影响。

最使人遗憾的，他的确作到"富贵不能淫"，对于国民党中有些人他也是"威武不能屈"了，而对于蒋介石则并不能完全坚持这个原则。为了停办《自由中国》，为了雷震被捕，他都很痛苦，而他不能说甚么。蒋为了连选三任而"改宪"，他也只能说些空言迂谈而不敢阻止。他说："政治的事情，执政党方面有克己自省功夫的很少，在野党方面能有克己自省的功夫的更少。总之，有高度修养的人，才能够有自省的功夫；能够自省，才能够平心静气的听别人的话，了解别人的话。了解别人的话，乃是民主政治最基本的条件。"（页191）这样几句话，他都不敢用自己名义发表，要毛子水在《新时代》一卷五期写社论时写出来，为在阳明山会议之前给蒋介石看。胡适之未免太懦弱了！这是爱护国民党，爱护蒋介石，为甚么不敢说！他实在是忠厚正直的好人，只是缺乏刚毅的勇气。我读了这本《谈话录》，对他既佩服又惋惜！

1985年7月9日

（原载《明报月刊》总第236期，1985年8月，页27—29）

蓼园问学记

我能略窥史学门径,是受先师陈援庵先生的教诲,已撰文记述,无待再赘。先师柯蓼园先生对我治经史之学亦启迪良多,师承渊源,未尝一日或忘。今年是柯先生逝世五十周年。爰记侍坐蓼园问学的大略,以表思念的衷曲。柯先生名劭忞,字凤荪,别号蓼园。山东胶县人,生于道光三十年庚戌(1850),卒于民国二十二年癸酉(1933)。

蓼园先生的嫂子是我远房祖姑母(柯敬孺先生的夫人),所以论亲戚,柯先生长我两辈。我二十二岁(1929)入燕京大学国学研究所。先师陈援庵先生对凤老的哲嗣柯昌泗(燕舲)夸奖过我。1931年(辛未),柯先生在家讲学,我始得执经问难,受业于柯先生。那年他已八十二岁,我才二十四岁。由于蓼园先师和先父交谊甚笃,自我十六岁先父弃养后,凤老即对我十分照顾,而我并未将自己研究晚明史的文章向先师去请教,所以我读书治学的情况先师并不知道。凤老听到援庵先生赏识我的话,十二分高兴,晚年讲学,许我列入门墙,成为蓼园门下最小的弟子。事隔五十多年,当时的同学,我只记得周叔迦,其馀的人都忘记了他们的姓名。

蓼园先生博闻强记,治学方面至为广泛,经、史、小学、诗文、金石、历、算,均有极精深的造诣,为钱大昕后第一人。可惜先师的著作编写成书，印行流传的寥寥可数。《新元史》问世后，人们才开始注意他。其实先师之学，岂只局限于元史之中而已。何况撰《新元史》时，所引中文以外的史料，全部是通过辗转翻译而来的，人名地名的对音往往发生舛错，为人所讥议。依据《新元史》中的讹误，以衡量柯先生在学问上的成就，不能不说是失之于以偏盖全，亦可说是见微瑕而弃拱璧。章太炎评《新元史》说："柯书繁富，视旧史为优，列入正史可无愧色。"足见凤老在元史方面的成就为与他政治见解相反的章太炎所赞赏。

凤老有一次闲谈时，问我说："你知道我平生用功最多的是哪一部书？"我在此之前，知道先师少年时候为两《汉书》、《文选》都作过补注。先师经史之学与治两《汉书》，盖上绍家学。凤老的父亲柯蘅先生，是陈寿祺（恭甫）先生的学生。《清史列传》卷六十九说他"从寿祺受许郑之学，著《汉书七表校补》二十卷"。先师的祖父柯培元先生曾在台湾作官，著《喀玛兰志略》（大约柯蘅先生随宦到福建，因而执赞于闽侯陈恭甫先生门下）。我那时刚刚问学于先师，如何能了解先师用功最多的是哪部书？先师说："我四十岁之前，集中精力为《文献通考》校注。不只校勘出《通考》刻本之误，也校出马贵与编撰之误。自有《通考》以来，不用说校，就是从头到尾读一遍者，不知有谁？后来由于捻军战事影响，稿本全失，遂改治元史。"凤老于清光绪十二年（丙戌，1886）中进士，官翰林院编修。蓼园先生成翰林后，《永乐大典》尚有八千册存在翰林院，其中有世上无刻本流传的元代各家文集及《元经世大典》，先师遂抄录其中有关元史材料。稍后又得读柯逢时（巽庵）所藏《经世大典》原本二三十册，于是奠定了撰《新元史》的基础。

我曾问先师何不撰《新宋史》而著《新元史》？先师说："只将旧史删改而找不到新材料去增补，则大可不必另撰新史。《宋会要》我见不到，何从撰《新宋史》？"徐松自《永乐大典》中抄出《宋会要》，柯先生当然知道，而《宋会要辑稿》印行，是柯先生归道山以后的事。清王朝自道光中叶而后,外患日深,有识之士研究西北史地成为一时风气,如龚自珍、张穆、何秋涛、魏源等人皆当时向这方面深入探讨而有成就的人(只龚氏书未成)。先师受他们的影响,是顺理成章之事。

先师出殡之后,学术界开会追悼他。江瀚(叔海)先生在会上致词说:"凤荪先生为经世致用之学,上绍亭林(顾炎武),薄戴(震)、段(玉裁)、钱(大昕)、王(念孙、引之)而不为。民国初年设地政讲习所,请柯先生批改学员课卷,柯先生往往批上千数百言,指陈历代土地政策的利弊得失,如数家珍,无一字不说中肯綮。足见柯先生的典章制度之学的精湛。若非将历朝史志及《通典》、《通考》等书烂熟于胸中,积蕴了丰富的知识,岂能有如此的表现!"我听了叔海先生一番话之后,才恍然明白了蓼园先师治学的主要宗旨与趣向。魏源、龚自珍等人是清学后期的经世致用派,他们研究西北史地正是为了解西方过去情况,凤老与他们在以经世致用为治学之目的这一方面可以说毫无二致,而在经学上的持论与观点,则柯先生与龚、魏以及其后康、梁等人走的是截然不同的两条路。

蒋复璁曾向柯先生请教,问治史应从何书入手?柯先生说:"你先去读《通鉴》。"他听了之后极不以为然。三十几年前,蒋与我在台湾大学同事,谈起此事,悻悻然说:"我岂能不知道读《通鉴》?"我那时用《通鉴》与正史对读,寻求《通鉴》的取材来源,以研究它的剪裁、取舍、组织、安排等等问题,已经用功数年,了解到柯先生教人读《通鉴》,正是要人通过这个途径去学习温公的史学。蒋氏不能体会先师深意,反而误会了。我自不便加以解说。我因此更发现每朝重大政治、经济、法律各项制度的创立改变,《通鉴》没有漏过一条,的确能举出历代兴衰治乱的本源。凤老治史学又侧重于经世致用,所以教人读《通鉴》为治史学入门之阶梯,可惜他未详细说明,听者遂不能领悟他的意旨。

蓼园先生讲学,开宗明义说:"吾人治学,当讲宋人之义理,清人之考据,不可学阮元(芸台)。阮氏全讲错了。"阮芸台跟着戴震(东原)走。戴东原标榜训诂明,则义理明。攻击宋儒不讲训诂,要人读古书,必须先去讲明古书的训诂,才能了解古书的义理。这话本来不错,但研究一本书的理论,探讨一个人的思想,要从整部书全篇文章去探讨,虽然不可不认识书和文章中所用的字,绝不能只从其中若干字去追求,更不能从若干字原始意义去追求。戴东原为打击宋儒,就说宋儒不讲求训诂之学,宋儒讲的义理不正确。他撰《孟子字义疏证》,表面看是从理学的训诂去攻击宋儒,反对宋儒去人欲存天理的议论,实际上则是反对清世宗(胤禛)、高宗(弘历)以理学统治人民。戴氏不敢明白指斥皇帝以宋儒所讲的理学去统治人民,宋儒在戴氏笔下就成了代罪的羔羊。戴氏抨击宋儒的义理之学,只能说戴氏所讲的义理与宋儒不同而已。阮元笃信戴氏,专心致志从字的训诂去讲求义理,作了《性命古训》等文章。凤老不说戴东原错,而说阮芸台错。毫无疑问,柯先生早已明白戴东原所说"以理杀人",是指皇帝而言,而不是指斥宋儒。傅斯年撰《性命古训辩证》,批评阮氏的误谬,则是凤老去世后数年的事。傅氏不可能受先师的启发或影响,为不待言的事。由此可证客观的理论,实事求是的治学态度,认真去研究,总会得到同一结论。

先师至老记忆力一直不衰退,以八十二岁高龄为我们讲《春秋》,先《左传》,次《公羊》,最后《穀梁》,经、传、注、疏,手不持卷,背诵如流。发挥《穀梁》传义,详尽明白,结语总是说《穀梁》义最深厚。自从刘逢禄(申受)极力攻击《左传》,说左氏不传《春秋》,龚、魏诸人极力提倡今文之学,申明《春秋》、《公羊》大义。其后康有为采廖季平之说,利用何休解《公羊》黜周王鲁、孔子当素王,著《春秋》乃为汉制法等等非常异义可怪之论,以推行变法维新,于是《公羊》之学大盛。柯先生虽未对学生们明白指斥康有为的学说,而他之著《春秋穀梁传补注》,主要是针对着刘申受以来盛极一时的《公羊》学而作,希望能补偏救蔽,其意愿甚为明显。《补注》卷二,桓公二年"孔子故宋"。柯先生说:"《史记》'《春秋》据鲁、亲周、故殷'。此《公羊》家三统之义,然《公羊传》无故宋明文,惟《穀梁传》有之。据此,知二传互为详略。至何休说黜周王鲁,则《穀梁》无此义也。"既说《公羊》、《穀梁》二传互为详略,又说《穀梁》无黜周王鲁之义,可见柯先生不排斥《公羊》,只是不同意何休的黜周王鲁那一系列学说。《补注》卷九,宣公十六年夏"成周宣榭灾"。《穀梁传》说:"周灾不志也。"柯先生指出:"成周灾犹言京师灾。旧疏徐邈所据本云:'周灾至。注云:重王室也。'今遍检范本皆有'不'字,则不得解与徐同。疏'至'字乃'志'字之误,徐本无'不'字耳,徐本是也。外灾不志,宋为王者后,则志,周灾,则志。"宋为王者后,而记其灾,是"故殷"。称成周为京师,记周之灾是"亲周"。证明了黜周之说为何休一家之言,非《春秋》大义所在。

先师在《穀梁传补注》中不仅不排斥《公羊》,也时时引《左传》以为左证。柯先生的经学既能通其大义微言,又不废考据。此短文所不能详,容别为一文略述区区所得闻知的一鳞半爪。

凤老极称赞郑杲(东甫)先生的春秋之学,与郑氏交谊甚笃,《穀梁注》中颇引郑氏之说。在门人中则甚称赏陈汉章(伯陶)先生。屡次说:"当代经学,伯陶第一。"陈伯陶先生入京师大学堂受业于柯先生,后来任北大教授。陈伯陶先生记忆力也很强,大约他与柯先生谈论经学时能应对如流,别人很少能在柯先生说到某句经书,当下就接着说出下句和那些注疏等辞句的。据在北京大学听过汉章先生讲中国古代史、中国哲学史等课的人,如顾颉刚先生和亡友范文澜先生都告诉我:伯陶先生上课的确不带书或笔记,在黑板上写出来经书子书,回去核对原书一字不误。

我能知道治旧学的门径,是受梁任公先生影响,从十五岁读他的《国学入门书目》后,《清代学术概论》、《清代学者治学总成绩》都是我很崇拜信奉的书籍。到我受业蓼园先生门下，便时时往太仆寺街柯先生家中请益问难。我曾问过柯先生若干问题，从以下所举问答故事中可以看出先师治学的态度与识见。

我问柯先生："您著《新元史》，为什么没有《艺文志》？"凤老说："你知道不知道《汉书·艺文志》所根据的是汉中秘藏书目？我找不到元内府藏书目，何从为之撰《艺文志》。"我才恍然了解《汉书·艺文志》并非西汉一代所有的书籍目录，而是仅限于汉代中秘藏书。本来读了《汉书·艺文志序》即应认识到这一体例，而我那时读书不细心，竟视而不见。得凤老启发我对于各史艺文志、经籍志的体例才知道如何去注意，为我研究目录学开了一条很重要的门径。

我因为梁任公很推崇焦循（里堂）的《雕菰楼易学三书》，就问柯先生："清儒讲《易》的书，是不是以焦里堂为最好？"柯先生说："焦氏的学说并不完全合于易理，他的书不算最好。"我问："那末清儒中何人讲《易》最好？"柯先生说："若讲汉《易》，当推张惠言的《虞氏易》为上乘之作。"后来，我细读焦氏之书，了解他用比例之法去解《易》，只能解释《易》中某些部分，若用它来贯穿全书，则确有牵强或窒碍难通的地方。张惠言（茗柯）所讲《虞氏消息》，虽也不能尽纳全书于虞氏义例之中，但他能阐明虞氏之学，不背汉儒家法。凤老说它是讲汉《易》上乘之作，张茗柯的书真是比惠栋的《周易述》条理清楚。《续四库提要》（东方文化委员会编）中经部易类的提要全部出于柯先生之手，其中的评论皆极平允适当。

任公先生说王鸿绪将万斯同的《明史稿》据为己有。有一次我对凤老说到此事。柯先生说："你听谁讲的？"我告以梁任公的书如此说。柯先生说："不然！徐元文请万季野修《明史》，万先住在徐氏家中，后住在王鸿绪家中，钱名世为其助手，口述笔削撰成《明史稿》。王鸿绪据万稿加以删改，另成《明史稿》，与万氏撰的并不全同。"后来我看到黄百家、全祖望、钱大昕所撰万氏墓志铭和传,果然与凤老述说相同。只是阮葵生《茶馀客话》、《清史稿·万斯同传》所记载的有合有不合。北京图书馆原藏有《明史稿》抄本一部,相传为万斯同史稿。李晋华作《明史纂修考》尝及之,信为真本。是稿抗战前已南迁,无由考校,未敢武断其真赝。后来邓之诚获得《明史列传》残稿六册,经侯仁之与康熙刻本王鸿绪《明史列传稿》逐一考核,断定为王氏过渡稿。侯仁之的结论是:王氏的《史稿》不尽采万传,《明史》也不全据王稿,但残稿之中必有本诸万稿的地方(侯仁之的文章发表于1939年第二十五期《燕京学报》上,题为《王鸿绪明史列传残稿》)。先师之说于是得到了实证。杨椿抨击王氏,妄删史稿,世于鸿绪颇多訾议(见《孟邻堂文钞·再上明鉴纲目馆总裁书》)。而后魏源承其馀绪,斥责王氏说他攘善而不遂其善,盗名而适阻其名(《书明史稿二》),任公先生是采用了魏氏这一说。

梁任公、胡适都极恭维章实斋的《文史通义》,我受梁胡二人的影响,也跟着他们崇拜章实斋。我问凤老:"讲史学,是不是应当以章实斋之说为准绳?"柯先生说:"不对,他讲错了。"我心中颇不以为然,又不敢问章氏如何错了,只说:"那末,讲史学应当读什么书?"柯先生说:"刘知几其庶几乎。"我三十多岁后读书较为深入,开始了解《文史通义·言公篇》所讲古无私家著述之事,与另些篇说史学宗旨在于致用。这些说法尚属正确,其馀的议论都可商榷。"六经皆史"这个说法在他之前已有人说过,钱锺书《谈艺录》中举出七个人说过"六经皆史"同样或类似的话,均在章氏之前。我在明何良俊《四友斋丛说》中也找到一条,与章氏同时代的钱大昕撰《廿二史札记序》,其中有"经与史岂有二学哉"的话。"六经皆史"不能算章氏自己的发明。最重要的是史出于巫,春秋时代巫史尚不分。《左传》、《国语》中,占卜与祭祀的事皆由史主管,讲解灾异天道的事,也是史的职责。对于这些,章氏都不能详加分析,所以他未指出史与巫的发展关系。司马迁在《太史公书自序》中为什么要说他是重黎之后，为什么要表明司马氏世掌天官，章氏都没有交代。《文史通义》中有《易教》、《书教》、《诗教》、《礼教》诸篇（章氏自定本《文史通义》无《礼教》篇，刘翰怡刻《章氏遗书》始据抄本增入），而无《春秋之教》篇。他说孔子学《易》是学《周礼》，又说"周官之法废而《书》亡。《书》亡而入于《春秋》"。既将《易》、《礼》与《书》相混，又以《春秋》为《书》的支裔而不是史书鼻祖。章氏只明白史与经同源而未找到经史同源的原始原因，也未探讨明白经史在什么时候为什么分开。他把古代史官抄集的典、谟、训、诰编成的《尚书》当作古代之史，亦即先王之政典。他说：《书》撰述无定法圆而神，司马迁而后惟纪事本末体例最近于《书》。他实在未能了解司马迁所创的纪、表、书、列传、世家体例的真正意义，更不用说《春秋》大义了。柯先生说他讲错了是很合理的批评。刘知几著《史通》，虽也不能讲明史的起源，但对于传统史书的体例还能了解，批评各家得失也未过分。梁胡二氏以及其他的人，认为纪事本末之体近似于西洋人写历史的体裁，看到章实斋说纪事本末圆而神，立论与西洋人的史书写法相符合，就大力为章氏揄扬。胡适将"六经皆史也"说成"皆史料也"，章氏的本意胡氏都误会了，自无从分辨章氏的误谬。章氏之学是出自《汉书·艺文志》与《周礼》，看他的《校雠通义》即可明白。汪容甫讲古代学制与章氏的学说颇有雷同之处，可惜汪氏的书并未能问世，只保存下来目录，是他儿子记下来的。如果汪氏之书能完成，我相信一定能超过《文史通义》，因为汪氏精通《左传》、《周礼》，其馀群经诸子之学也比章氏高明得多。

柯先生诗文都达到第一流水准，有《蓼园诗钞》、《续钞》流传于世，王国维说："学杜者(李)义山而后有(陈)后山，千年皆得蓼园。"推崇备至。我曾问柯先生："您的诗有刻本，为什么不印文集？"柯先生怫然不悦说："天下哪有以文章为学问的。"说完又莞尔微笑地说："近代我岳丈和我的世伯都提倡作古文。"原来柯师母正坐在旁边。先师成翰林后丧偶,吴汝纶(挚甫)将比柯先生小二十岁的女儿许配给他,足证吴挚甫很早就赏识柯先生。先师口中的世伯是指武昌张濂卿(裕钊)。吴张皆是桐城派古文大家。先师自称为梅曾亮(伯言)弟子(当然是私淑梅氏),然而他不屑局限于桐城派之中,更不标榜文以载道的旗帜。先师愿作学人,而不愿作古文家,才对我那样讲。如果将论经史之学的文章编成集子,柯先生岂能不允许?

先师精通文字训诂之学,对于《说文》、《尔雅》皆有独到的见解,盛赞陈玉澍的《尔雅释例》。教学生用《尔雅》证许《说文》为治小学入门之阶。姜忠奎曾列蓼园门墙,他的《荀子性善证》柯先生并不甚以为然。他讲转注,是否得凤老之传? 我就不得而知之了。蓼园弟子据我知道陈汉章而外,有著《西夏记》的戴锡章(海珊)和经学家胡玉缙(绥之)。至于余嘉锡(季豫),则为凤老典试湖南时考中举人的门生。柯先生丧礼时,弟子公祭,撰祭文者为吕式斌,主祭是余嘉锡,一共二十馀人。杨树达也参加公祭,据他自己说,他哥哥(?)也是凤老在湖南取中的门生。那时,以我为最年少,如今撰文纪念先师,大约蓼园门人惟区区尚存。翘首北望,追怀仰慕之情,固不能尽抒,而先师的学问博大精深,又岂是谫陋如我的人能尽窥其堂奥? 惟盼先师晚年所校的几部经书稿本尚存人间,还能找到,为之出版,则岂仅我这个不肖门人欣喜欲狂,即对我国传统学术的裨益也匪浅尠。谨在此馨香拜祷,祈求这事有实现之日!

1983 年 1 月 25 日

(原载《明报月刊》,总第 207 期,1983 年 3 月,页 46—48。原题为《纪念柯蓼园先生》)

附录一

名学人的联语

柯劭忞字凤荪,别号蓼园(1850—1933),山东胶县人,博闻强记,经史、小学、词章、金石、历算、诗、文无不贯通,是清末民初杰出的学者。光绪丙戌(1886)进士翰林院编修,曾任贵州学政,湖南主考。平生著作流传不多,印出来的,《新元史》而外,只有《穀梁传注》、《蓼园诗钞》、《续钞》及《新元史考证》、《续四库提要》经学类一部分而已。

蓼园记忆力极强,许多古书随口说出,滚瓜烂熟。八十二岁时讲《春秋》,面前空无一册,手里也不拿书,依次背诵《左传》、《公羊》、《穀梁》经、传、注、疏,加以讲解,然后大发挥《穀梁》的义理,说:"《穀梁》义最深厚!"他极称赞他的门生陈汉章(伯陶),说"当代经学,伯陶第一",就因陈也有他那么强的记忆力①。

蓼园诗作得极好。王国维(静安)说:"学杜者,义山(李商隐)而后有后山,陈师道千年乃得蓼园。"对他推崇存至。

蓼园1933年(民国二十二年)逝世。各学人送的挽联很多,其中最工整妥贴的是《雪桥诗话》作者杨锺羲(子勤)的一副:"馀事作诗人荔裳贻上以还尚有元音存正始,毕生勤述作默深敬山而后能持史笔补

---

① 京师大学堂开办时,蓼园任监督。浙江象山陈汉章伯陶,学问甚好,大学堂请陈去作教员。陈君听说大学堂毕业后,赏进士出身,就辞教员不作,情愿进学堂当学生,所以列入蓼园门下,执弟子礼。后来陈君到底作了北京大学教授,教中国上古史及中国哲学史。听过陈君课的北大学生范文澜等人曾告诉过我,陈君也是博闻强记。讲书时,并不带书或笔记,引用经史、诸子均写在黑板上,当时记笔记的学生回去用书核对,一字不差。问他某典故、某句成语,出自何书,能随口举出古书的篇名卷数。听了他学生说的话,才明白只有陈君可以与柯先生不看书而谈经学,旁人则无法与蓼园应付。柯称赞陈的主要缘故即由于此。

佚书。"上联以宋琬、王渔洋两位山东诗人称赞他的诗,下联用魏源、屠寄两位研究元史的人比说他著《新元史》,颇为得体。徐世昌与柯是丙戌同年进士,两人交谊甚笃。徐挽柯的联却不见如何好:"风流洛下耆英会,佚遗金源野史亭。"浓厚的遗老口吻。上联说两人交游,下联说柯任清史馆总纂。

成多禄在蓼园生前送给他一幅对联,是成自撰自书的。柯将它悬挂在客厅:"横云新史稿,借月旧诗名。"诗与史均称颂到了,而且遣词也十分适当。蓼园文章作得甚好,但他不愿意人家说他是古文家,虽然蓼园续弦夫人是吴汝纶的女儿。成多禄恭维他在诗与史两方面的成就,大约很合他的心意。

章炳麟(太炎)送蓼园的挽联是"家有异书征一朝阙史,国多遗老知宰相非才"。上联说蓼园得到洪钧《元史译文证补》的未刻稿,有了新材料所以能著《新元史》。其实这并不十分公平。蓼园成翰林在庚子之前,看到了《永乐大典》八千多册中所保存的《元经世大典》与元人文集,才发心著《新元史》,用许多功力去搜集难得的史料,岂是仅仅得到洪文卿未译完的拉施特书译稿,就够著史之用?至于说"宰相非才"那是骂当时国民政府的行政院长。

北大教授黄节(晦闻)同柯并不认识。蓼园的大儿子柯燕舲曾读书北大国文系,后来又在北大教书,所以也给了黄一份讣闻。黄晦闻送的挽联是"已矣写经人谁与后来如大义,阒然相见礼有如异代不同时"。蓼园晚年校勘《十三经注疏》(听说《尔雅注疏》已脱稿),所以上联那样写。蓼园以清遗老自居,晦闻早年就从事革命,志趣完全不相投,岂仅不曾相见而已!下联那样断然的口气,显然要表示界限分明。

陈垣(援庵)挽蓼园的联说"公穀二经皆成齐学,宋元新史尽属君家"。上联因为胶县春秋时代为齐地,柯注《穀梁》、《公羊》本是齐人之学。下联是因为柯维骐有《宋史新编》,其实《宋史新编》比《新元史》相差甚远，援庵将二柯并举不过为属对方便而已。

援庵虽是史学大师而擅于作对联，他自己撰联说："百年史学推瓯北，万首诗篇爱剑南。"他对于赵翼（瓯北）的《廿二史札记》十分推崇，在北大、师大、燕京、辅仁都指导过学生研读《廿二史札记》。他深爱陆游（放翁）的诗，曾选过《剑南诗钞》。抗战前某一年援庵患牙病，找北京牙医朱君（忘其名）为他疗治。痊愈后，援庵送朱君一副对联："著书难比习凿齿，知味何如齐易牙。"习凿齿东晋大史学家。援庵自谦说自己著的史书比不上习凿齿，有如吃饭比不上齐国易牙那样知味。另一面史学家著书写稿的收入比不上牙医的收费，坏牙拔掉补上新牙，吃饭便可以知味了。语意双关，又合史学家送牙医身分，真是绝妙佳联。

（原载《镜报月刊》第 13 期，1978 年 8 月 1 日，署名"樊申"）

附录二

孔德成的亲戚

本月 7 日《新晚报》刊载了中国新闻社发的孔子七十七代后裔孔德懋偕子回乡的新闻，8 日的《大公报》也刊载了。

新闻中提到孔德懋的女儿柯兰、儿子柯达《重访故乡曲阜》一文，由柯兰执笔。那么，孔德懋的丈夫是柯凤荪（劭忞）先生的儿子柯昌汾，柯兰、柯达是蓼园老人（凤荪先生别号蓼园）的孙女孙子，可以肯定无疑了。蓼园老人有三个儿子，即昌泗（燕舲）、昌济（莼卿）、昌汾，均吴夫人（吴汝纶女）所生。昌泗解放不久即逝世，昌济解放后尚有考释金文的著作出版，昌济、昌汾是否尚生存？殊使人怀念！昌泗的儿子柯大诩是我的学生，读书极聪颖，如果健在，也应当是六十左右的人了。

蓼园老人是山东胶县人，柯兰说重访故乡曲阜，大约是因为代母亲执笔之故。

蓼园老人寓北京西城太仆寺街，与"衍圣公府"比邻，不过孔令贻中寿早殁，儿女婚嫁均不及见。

柯兰文中说："母亲看着桌上的摆设，告诉我，这些是从前你舅母的陪嫁。"她的舅母自然是指孔德成（达生）的夫人。孔德成的夫人是孙家鼐的曾孙女，孙家鼐儿子传檥，孙子多煐、多煃，均见《清史列传》卷六十四《孙家鼐传》。多煐字静庵，是我最要好的朋友。静庵的儿子名芳，解放前，即听说思想很前进，目前不知情况如何？多煃字德符，他的女儿即孔德成夫人。

孔德成有两位姐姐，一个与冯恕（公度）的儿子结婚，一个与柯昌汾结婚，如今只提蓼园老人的儿媳孔德懋，嫁到冯家的那一位，极可能已不在了。

（原载《新晚报》，1979 年 9 月 11 日，署名"舒充"）

敬悼先师陈援庵先生

先师陈援庵先生于今年六月廿一日归道山，噩耗传来，我这远居香港的老门生为之涕泪纵横，悲伤不能自已。海天遥隔，既无法奔去拜祭，更说不到服丧庐墓。这些年来，因为时局关系，连信都不敢通，只是寄去过两篇文章，每逢兴念及此，甚觉愧对先师，无地自容。

我在民国十八年考入燕京大学国学研究所，那年先师整五十岁（先师生于清光绪六年十月初十日，按中国算法，今年九十二岁），是辅仁大学校长兼燕大国学研究所所长。从那年起，我追随先师达十馀年之久。民国卅五年我到上海同济大学教书，每年暑假中北返省亲，不过留居廿馀日，必有五六回在兴化寺街励耘书屋重亲他老人家音欬。民国卅八年春天，中央研究院在南京开院士会议，先师前往参加会议，我从上海赶去陪侍了几天，没想从此竟成为永诀。

我虽是励耘书屋的弟子，实在是不肖之徒，学问疏陋，既未能窥见夫子之门墙，岂可妄谈宫室之美。我在哀痛之馀，谨举出三点，以追念先师的伟大。

（一）先师民初当选为众议院议员，于民国二年到北京。民国十一年一度出任教育部次长代理部务。辞职以后，已四十馀岁，从此绝意政治，闭门著述。成《中西回史日历》及《二十史朔闰表》，旋受聘北京大学,充任研究所国学门的导师。其后又担任辅仁大学校长。民国十八年《元西域人华化考》发表,蔡孑民先生称为石破天惊之作,日本东洋史权威桑原骘藏博士在日本《史学杂志》发表书评,极力称誉。此文上篇载于北大的《国学季刊》,下篇印在《燕京学报》,后来汇为一编,木刻行世;前六、七年哥伦比亚大学教授 L. C. Goodrich 将它译为英文,距先师此文脱稿已四十余年,足证其书之有价值,经过这么多年后还受学术界重视。

先师清末中秀才,入民国后又去作官,已走上知识分子学而优则仕的传统旧路。四十余岁后,竟翻然改辙,视功名富贵如敝屣,回到作学问的路,成为一代史学大师。在现代从政人物中极难得、极少见。抗战期间,留居北平,闭门著述,绝不与敌伪人物往来,大节凛然,世人有目共睹,无待我多说。《通鉴胡注表微》撰写于沦陷期,出版则已在胜利后。此书最末是《货利篇》,对于贪污的风习抨击甚力,对于执政者好货足以杀身亡国,说得尤为痛切,有些处显然不是专为敌伪而发。在《民心篇》的开始说:

> 民心者,人民心理之向背,大抵以政治之善恶为依归。夷夏之防,有时竟不足恃,是最可惕然者也。故胡恒注意及之。孟子曰:"三代之得天下也,得其民也;得其民者,得其心也。"恩泽不下于民,而弃人民之不爱国,不可得也。夫国必有可爱之道,而后令人爱之。天下有轻去其国者,而甘心托庇于他政权之下者矣。《硕鼠》之诗人曰:"逝将去汝,适彼乐国。"何为出此言乎? 其故可深长思也。

先师撰写《胡注表微》,主旨虽在于借《通鉴》的胡三省注以发挥民族大义,而《民心篇》同《货利篇》,用意却不完全为指摘日本和伪组织。如

《通鉴》卷六十一载汉献帝兴平二年,曹操欲取徐州。荀彧请先平兖州,曰:

> 前讨徐州,威罚实行。其子弟念父兄之耻,必人为自守,无降心。就能破之,尚不可有也。

胡注说:

> 徐州子弟有父兄之仇,必不服于操。纵破其兵,犹不能有其地也。

先师说:

> 此内战也。外战犹有民族意识为之防,内战则纯视民心之向背。或为操谋,亦尝于民心上用工夫矣。

我们如果能想到《表微》完成于胜利之初,那时外患刚刚平息,内乱犹盛,就可恍然明白先师说这话的意思。

《通鉴》卷二五九载唐昭宗景福元年,安仁义破孙儒五十馀寨,儒众多降于行密。胡注说:

> 孙儒以十倍之众攻行密,其智勇亦无以大相过,而卒毙于行密者,儒专务杀掠,人心不附,又后无根本。行密虽为儒所困,分遣张训、李德诚略淮浙之地以自广,又斥馀廪以饲饥民。既得人心,又有根本,所以胜也。

先师说:

> 饥者易为食,不必其躬行仁义也,稍胜则人归之矣。此其道
> 甚浅,履行之而有效者也。

这又是说明内乱中得人心而胜利的例。先师在《表微》中多次阐发民
心向背之理,谆谆劝执政者要以人民为重。《表微》所强调者虽是民族
意识,却更反复力言恤民之道。对于残民以逞和横征暴敛的举动,斥
责甚厉。《表微》的《货利篇》开端说:

> 今天下攘攘者,果为生活而已乎? 抑尚有无厌之求乎? 胡身
> 之目击当时好货之习,不可向迩,其注《通鉴》,于唐德宗及五代时
> 事,寄慨特多,亦乱极思治之意也;故《表微》以是终也。

先师说胡身之乱极思治,又说今天下攘攘者尚有无厌之求,故《表微》
以《货利》终篇。这是他老人家目睹当世人的贪财好货流弊无穷,既已
抗战胜利,更希望那些人改变好货的风习以企求国家的太平,岂非乱
极思治?《表微》一书现在人人可读,我不必多事征引。由此可见先师
不仅个人淡泊于货利,更深恶那一些贪污的人。最近二十年来,他老
人家思想如何,我虽不能详细知道,但我敢断言先师反对残民以逞反
暴虐政治的思想,决无甚么改变。从《胡注表微》一书的议论来看,就
可以证明先师是一个极尊重人民的史学家。一个作过高官的人,曾立
身于人民之上的人,改行去作学问并不难,能自动达到这个境界,似乎
很稀少? 所以 1950 年以后,先师的著作均可一字不改,在大陆上照旧
印行。也许应当说公道自在人心。这是先师的伟大之第一点。

(二)先师早年奉基督教,后来在燕京大学教书,作辅仁大学的校

长,受过天主教的封爵,和基督教新旧派都有相当深的关系和渊源。
但从他的著述和行事中却表现有极浓厚而强烈的中国民族文化精神,
丝毫不见他有甚么新旧基督徒气息。他在辅仁大学时,曾为司铎书院
讲院讲演佛教能在中国传播的原因,陈述僧徒们入中国后,如何去读
中国书,吸收中国学术思想。自魏晋南北朝以来和尚们能讲中国经
学,深通中国史学,会作诗文和士大夫谈玄说名理,至于能绘画写字的
和尚直到明清还多得不可胜数。不仅他们能翻译内典,撰写僧传,对
于中国的经学、小学、文学、艺术也都有极杰出的人材,佛教因此才在
中国生了根,变成中国的佛教。先师多少年来都是这样说这样写,劝
基督徒治中国传统学术,去学僧徒在中国传教的方法。方豪在天主教
修道院作修士时好读先师著作,偷偷和先师通信,成为励耘书院私淑
弟子。他之讲中西交通史和宗教史,确可认为是得先师之传。尤其难
得的,他是个天主教神甫,持论和先师相同,知道尊重中国文化。《新
会学案》中,当列方司铎为第一传人。功不唐捐,得有方氏,先师已可
告慰;但有无别的神甫和修士也能如此作? 可惜笔者见闻寡陋,不甚
清楚。

　　先师主持辅仁大学,聘用教中国文史的教员,极为认真,由他自己
选择,与傅斯年主持台湾大学时作风相同。他老人家之提拔人才,超
越学派观念,极力揄扬不甚知名的饱学之士,如余嘉锡、伦明、柯昌泗、
张星烺等人都是由他的关系而被人发现。邓之诚、张尔田之到燕京大
学教书,也出自先师推荐。冯承钧的译书,得到先师援助,我在另一文
中已说过。闵尔昌《碑传集补》出版和蔡上翔《王荆公年谱考略》重印,
都是先师在燕京研究所时主张的。还有些关于文化工作的推动,一时
既不能备举,而我也不能全知。最应当提出来的,先师自己主持辅仁
大一的国文的教学,教员由他聘定,课本由他自选。每年暑假前全体
一年级学生国文考试由他自己出题,指定几个人分阅,然后他老人家

亲自校阅一遍。一本《大学国文选》之外,还有一本《论孟一脔》,均由先师自己选定。这些办法和后来傅斯年主持台湾大学大一国文的教学一模一样,不过傅氏选的是一本《孟子》一本《史记》而已。笔者在这两间大学都教过大一国文,所以我记得很清楚;他们从不在国文一课中谈甚么学术思想以及国学、国故之类,他们虽不主张每个青年要读经书,却认为《论语》、《孟子》应当选给学生读。先师曾这样说:"在中国语文里有许多词汇是出自古代经书,成为我国语文的主要传统,尤以《论》、《孟》为最重要,所以我要选些给学生读。"民初在众议院里,有人提出以孔教为国教,因为遭受到反对,没有能通过,我记得先师也是反对者之一。我知道五四时代新青年那派人打倒孔家店,反对孔子学说时,先师并没有表示赞成和反对。在《元西域人华化考》中,他老人家所说的华化,正是指出西域人来到中国后,舍弃其原有的宗教、礼俗、学术而治儒家之学。华化一词,其定义,显然是接受孔子的学说。先师主张信仰自由、思想自由,在他一生所有著作中对于任何宗教,没有一句攻击和诽谤的话,这是谁都知道的事。先师的中心思想是儒家,所崇拜是孔子,他虽没明白说出,而从《西域人华化考》到《胡注表微》,都可以证明他思想的趋向和内容。他对于五四时代疑古学派过分地怀疑古书,甚不以为然。只看他称赞伦明先生《续书楼读书记》,将它刊载于《辅仁学志》就可以明白。伦先生所谓《续书楼读书记》,就是《续四库提要》。那篇文章是《尚书》部分,自毛奇龄以下,反驳阎若璩《尚书古文疏证》的若干部书之提要,皆包括其中。先师尝举湖南陈运溶的《太平寰宇记辨伪》为例。杨守敬在日本宫内省图书寮得见宋本《太平寰宇记》,其中有五卷半可补中国通行刻本《寰宇记》的缺佚,杨氏将其仿印,收入《古逸丛书》。陈运溶竟然说它是出于杨氏伪造,依照阎氏辨伪古文《尚书》的途径,用孙志祖《孔子家语疏证》体例,每句都给它找到出处。实际上这书的宋本今日仍完完整整保存在日本,决无半点可疑，好多中国学者到日本去得见过原书，战前北平图书馆摄有全分照片，笔者亲见其物。不用说缺佚部分，就是有刻本的部分，可以校正金陵局刻本及万氏刊本《寰宇记》脱误之处亦极多极多。陈氏治沿革地理之学，颇有成绩，此书则极为荒唐。由此足以知道随便说某一本古书出于伪造，是何等的危险，所以先师以此为戒。笔者一直相信《尚书》古文部分，是东晋时，孔安国得到残缺不完整的古文《尚书》，将它汇辑在一起。为了连缀成文，字句间可能有所添改，以致改变了本来面目，使人生疑（孔安国为东晋人，由他编古成古文《尚书》，是陈梦家首先考证出来的）。其中有真史料是毫无疑问，如说它全部出于伪托，恐有些过分。先师和陈寅恪先生谈学极相契，对于当时疑古学派都很不以为然，读寅恪先生的《元西域人华化考序》，就可以明白。笔者关于这方面见解，实出自先师启迪，人们因为援庵先生不讲古史，以为他外行，其实他仅是不作专题研究而已。先师是基督徒，又是学西医出身，洋化的渊源不可谓不深。他老人家对于儒学的尊崇，对古代经典的认识，岂是五四以来一般崇洋人物所可同日而语？这是先师的伟大之第二点。

（三）先师治学从考据入手，受西方汉学和日本东洋史学影响极深。早年治中西交通史、元史和宗教史，有许多很著名的论文，无须我详细介绍。他老人家仅通日文，并不通英文。到撰写《元西域人华化考》时，在文章中讲元代西域人如何华化为全篇重心，在观念上已远远超越一般治中西交通史者，决非只知西化东渐和考据零星人名地名的文章所可比拟。另一点，所援引的材料全部是中国的，多数文集，那时只有《四库全书》钞本。先师尝对我说：我这篇文章是完全用中国材料来讲中西交通史，要写出欧美汉学家和日本东洋史学家所写不出的作品。果然，先师达成了他的愿望，《元西域人华化考》出版后，受到国际间重视至今不衰。

　　先师在清代学者中受钱大昕影响最深,也最崇拜钱氏,他老人家收藏钱大昕书写的函札、题跋、条幅及楹联等,恐将近百件,而且件件皆是精品。先师不主张写一条一条的笔记,他说那只是第一次的作品,应当多作两次,归纳起来,求出其中的条例,成为有系统的著作。他老人家对于俞曲园的《古书疑义举例》赞不绝口,认为是著述的最好体例。在《燕京学报》上发表《史讳举例》一文,专讲避讳学上种种原则,说明它是历史学的主要辅助科学之一,取材多出于钱大昕的《廿二史考異》、《十驾斋养新录》等书,体例则学自俞氏。其后用元刻本的《元典章》,作《元典章校补》,又利用校补的材料作成一部《元典章校补释例》,解说校勘学的基本方法和原则,是一本专讲校勘学的书。清儒校勘古书的工作极盛而甚为精密,但专讲校勘学的书,则未之见(王念孙《读书杂志》校《淮南子》末卷虽举了些古书谬误的通例,王引之《经义述闻》中亦有《通说》两卷,而均非讲校勘学的专书。俞樾的《古书疑义举例》,合言训诂校勘的通例,界限亦欠明晰)。先师之作,首开风气。其后成《旧五代史辑本发覆》及《元秘史译音用字考》,亦用这种体例,皆是从繁复的材料中归纳出原则通例。

　　说到校勘史书,《元典章》而外,先师曾用《通典》和《册府元龟》校补《魏书》和《周书》的缺叶,使张元济、傅增湘等专讲版本的人大为惊叹。先师常说清儒利用《太平御览》以校群经诸子及《史》、《汉》,《册府元龟》则足以校诸史,清人尚未能加以利用。先师用《册府》校八书(《宋》、《齐》、《梁》、《陈》、《魏》、《齐》、《周》、《隋》),颇有收获,本意欲成《南北史合钞》。李清映碧的《南北史合注》曾收入《四库全书》,后被撤出,存于大高殿。先师曾见其书,认为它编撰不佳,故欲合二史(《南》、《北史》)八书为一编,校勘不过是这个工作的开始。清修《四库全书》时,重辑《旧五代史》,虽说采自《永乐大典》,而百分九十出自《册府元龟》。先师用《元龟》和辑本《旧五代史》相校,发现其中所有指斥契丹为夷狄胡虏字样，以及说到契丹如何屠杀汉人的记事，几乎完全被删改掉。这是四库馆群臣畏惧清乾隆皇帝，怕触犯忌讳，对于古代史籍进行毁坏的铁证。世人迷信《四库全书》，以为乾隆皇帝如何如何地稽古右文，提倡中国文化，实在他是在摧残中国文化。先师之所以撰写《旧五代史辑本发覆》，主要用意除了指出《旧五代史》辑本中的缺陷，更要证明清代文字狱的淫威如何祸及中国古籍。听说校勘《旧五代史》的工作，后来有我许多同门和再下一代的门生们多人参加，而由先师领导。这事现在不知进行得如何？先师逝世后，我想他们一定可以继续完成。先师对于乾隆皇帝改《辽》、《金》、《元史》译名一事，十分痛恶，谆谆教诲学生，一定要用原译名，常说："这应由政府明令公布，改回原书的译名。"所以他老人家看见学生引书称《宋史》为元托克托撰，一定加以斥责，决不宽恕。从这些事上看，就可知道先师华夷之辨的观念是如何的强烈。

自抗日军兴，先师虽未随政府迁往西南，由于老人家的民族意识深厚，抗敌之念无一日或忘，日日思索在本身工作中有何可作的报国工作。开始时因为研究清顺治皇帝（世祖福临）出家的问题，先师得到木陈老人道忞和尚的《北游集》，同《汤若望传》互相印证，知道顺治皇帝曾经剃过头而并未出家，死后是火化的。由此更深入搜求才知道在北京武英殿东西两庑中存有《嘉兴藏》，其中有不少明末清初和尚的语录。蛛网尘封，蚊虫甚多，多年没人进去看过。先师带着助手，预先服下奎宁，入内钞录，发现明末清初不肯屈服于满清的人士，遁入空门的人，如何心怀故国，如何志图恢复。以这些语录与明末清初的笔记文集互相考证，成《明季滇黔佛教考》、《清初僧诤记》两书。题目是佛教史，实际上讲的是外族入侵下反抗者的活动。那时政府迁于西南，和明末情形相类似。借着佛教以谈爱国思想；继此以后，写《南宋初年河北三道教考》，述说金人入侵中原，不肯屈服于女真的汉人，如何避世于道观之中,如何用道教以保存中国文化,其用意正是相同。《三道教考》所用的史料,是先师预备写《道教志》,多年来搜集了不少碑文,存而未用,忽然在其中发现了这些民族意识,于是撰写成为一部伟著。

先师治宗教史和中西交通史,受日本人或欧西人的影响是真的事实。但自《元西域人华化考》以后,在老人家讨论这类问题的著作中,无一处不是表现发扬中国文化和爱国思想;而先师教学生,只教如何去利用史籍,从来没有教专去注意材料。(半年多以前,香港有人在报纸上写过一短文,说援庵先生教人不可不读《大秦景教碑》,笔名是福山。因为我原籍山东福山,人们多误以为是我写的。我既未闻先师曾有此言,也未写过那篇文章。)即后来刊印的辅仁大学讲义、《佛教史籍概论》,也未尝离开这种宗旨。先师本来在北大、燕大、辅大均讲过"中国史学名著评论",可惜讲义未尝印行。读《佛教史籍概论》可以入研究佛教史之门,更可以明白中国史学体例,足补未听"史学名著评论"课程的遗憾。

先师最后一部名著是《通鉴胡注表微》,胡三省身遭亡国之痛,在《通鉴》注中有微言大义,申明民族思想,从来未经人阐明。老人家从《日知录》中窥见其奥秘,乃撰写成这部书,借以说明自己的爱国思想。其中某一条注文,是指宋代或元初某一些事,人们虽费尽心思也不能想到。先师探源索隐,可以说无微不照,恰恰如他所论。即此可知其对于历代史书史事之熟,这种如数家珍的指证能力,断非临时翻书所能办。人们说他专研究元史,这句话有语病,应当说先师早年专治元史,或由元史入手。尚有说他研究五代史的,也应改为校勘《旧五代史》才比较正确。先师对任何一代历史都极熟。他老人家曾多次讲《廿二史札记》,纠正赵翼之误引原书处甚多,能不遍读正史?他之不局限于专治某一史,只看其教"中国史学名著评论"就足以证明了。

中国史学出于《春秋》,从未脱离过批评历史,褒贬现实。自满清雍正、乾隆统制思想而后，人人不敢触及现实，所有治史学的人都逃入考据之途。五四而后，史学与西方汉学相结合，更变本加厉，治史的人纷纷去考据琐碎的小问题，追随着洋人走。先师在这个风气下，首先顾到中国文化，后来又专去发扬民族思想，申明华夷之辨，针对现实。在抗日战争期中，走上讲《春秋》大义之途，有《胡注表微》之作。对于我们这群人时时宣扬《春秋》胡传，为辅仁学生们讲《日知录》和《鲒埼亭集》之外，并且讲《公羊》讲《穀梁》。卅八年在南京最后见面时，我问老人家还要写些什么，他说要注解两部书，一是《日知录》，一是《鲒埼亭集》。顾炎武、全祖望不仅是有民族正气的学者，更是记载现实，讨论现实，关怀民生利病的学者，援庵先生对于这两位学人如此的崇敬，其志愿如何，不问可知。可惜，经过廿多年，终于未见他老人家写出这类著作来。真是中国史学上无可补偿的损失。由于先师的提倡和以身作则，中国史学将来必可走上明古知今，申明《春秋》大义的途径，恢复中国史学本有的传统。这是先师的伟大之第三点。

中国民族的成分本来极其复杂，为了民族团结，实在不应自己在国内划分为若干种族。先师对于氏族之学极有研究，我在燕京大学时由先师指导作的论文题目，就是《历代蕃姓考》。先师说："每一个中国人，虽然各有其汉姓，其实并不见得其祖先就是汉人。"如李太白和白居易的祖先皆来自西域，元稹是拓拔氏之后，李光弼是契丹人。在历史上，这样的例子，多到指不胜屈。先师以为我们应当说明我们中国人是混合了许多种族，构成为一个民族，而不要去划分甚么汉、满、蒙、回、藏，以免为野心家所利用，造成国家分裂。老人家在这方面为国为民的苦心孤诣，堪称为卓识远见，可惜知道的人更少了。

先师民国二年就到北京去，抗战前为了修《新会县志》，曾经南来过一次，但住了很短的时间就回北京；此后因太师母之丧，仿佛又回来过几天。因此他虽是新会人，对于广东影响似乎不太大。他不是留学生,在崇洋派的心目中并不十分受重视,他作《元典章校补释例》时,自称是土法,实在是慨乎言之。从先师最后所采取治学途径看,这个土产的史学家必可成为中国现代史学上承先启后的大师,是可以断言的,更是崇洋派人物所梦想不到的。这是由于他老人家在学术上表现所获致的,事实可以证明于将来,决非我个人偏私阿好之言。笔者在上海教书时,先师就有"吾道南矣"的话。说句狂妄的话,我愿化悲哀为力量,今后将以我有生之年,传播先师的学说,以期无负于他老人家的教导。

1971 年 8 月 21 日

本文承王德昭先生校阅一遍,多所指正,谨此志谢

(原载《明报月刊》第 6 卷第 10 期,1971 年 10 月,页 15—19)

励耘书屋问学回忆

——陈援庵先师诞生百周年纪念感言

先师新会陈援庵(垣)先生诞生于清光绪六年(1880)旧历十月初十日(新历 11 月 12 日),今年 1980 年 11 月 12 日是先师诞生一百周年纪念。1971 年 6 月 21 日先师逝世后,我曾写过一篇《敬悼先师陈援庵先生》的文章,刊于《明报月刊》6 卷 10 期,即 1971 年 10 月号。此次为了纪念援老诞生百周年,我已写了一篇为钱大昕所著《潜研堂文集》、《十驾斋养新录》表微的学术论文,用以怀念先师。许多为筹备先师诞生百周年纪念会工作的人士认为我应写一篇回忆追随先师受业问学的文章,才足以表示思慕之忱。

诸位的意见很合情理。我得列励耘书屋门墙,侍坐问难几达二十年之久,平生能略窥史学门径,皆拜先师之赐。藉着纪念陈先生诞生百周年纪念的机会,将个人所学到的尽量说出来,既有学术上的必要,也有道义上的责任。

1932 年我在燕大国学研究所写完硕士论文,完成学业,离开燕大。陈先生认为我年纪轻,还不可以去教大学,介绍我到中学教国文。于是我进了辅仁附中,一直作了四年国文教员。先师时时对我说不能教国文,如何能教历史?国文不通的人,如何能读史书?那时候中学用的国文课本,是文言语体合并选在一起。所谓文言,今日称之为古汉语。先师又时时以教学相长勉励我,要我好好备课,说:"讲国文要好好去研究训诂,更要紧的是读音,读错了字则无以追改。"经过四年时间在陈先生不时训诲之下,我对于要讲的文章,每个字的读音、训诂,以及文章的结构组织,都仔细用功去追求,它的效果真是很大。当时对于学生起了甚么作用,我不知道;我自己则因此改变了囫囵吞枣、不求甚解、匆匆翻书的坏习惯。以后遇见要精读的书,肯去细心体会,养成一字一句读书的习惯,其基础确是在这四年里养成的。回念先师栽培教导之苦心,终身难忘。

一字一句细心读一部书,说来很平常,作考据而急功近利,希望速成的人,多数办不到。只是翻书查书找材料,赶快写论文以图发表成名,谁耐心去作笨功夫?此风五四以后为最甚,我就是这样写了几篇文章考进燕大国学研究所的。先师深知当时风气之恶劣,也了解当时我的学问不够坚实,所以用这样方法来纠正我、引导我。教人用极平常的方法,而其影响则极为巨大。不鼓励年青人乱写论文,而要他们用功打好治学的根基,这是先师与五四以后在高级学府执教文史的时髦人物不相同之处。

先师要我作学术研究,但一再告诫我不可乱发表文章,说:"写学术文章,不可不力求慎重,对一个问题没研究成熟,就拿出去发表,将来极可能有悔其少作之感。"这话确有其至理,尤其五四以后,许多人凭着一时的灵感,或抓着少许稀见的史料,讨论一些狭窄而琐细的问题。这样的人竟凭一篇文章,一跃而登龙门,成为学者。如果要他去教国文,一定念错字,讲历史则不能抓着系统。先师大约甚不以这个风气为然,不过口头则很少表示。只看他将一个默默无名、苦读《四库提要》、终日伏案一丝不苟地给《提要》作辨证的余嘉锡,请到辅仁大学作国文系主任,就可明白他治学问的态度是多么认真了。

先师自言少年治学并未得到甚么大师指引,只是由《书目答问》入手,自《书目答问》而《四库提要》,以此为阶梯而去读他所要读的书。他研究任何题目,必先罗列必须要读的书目;他教学生也是从目录开始,如"史学名著评论"、"佛教史籍概论"等课都是。他自己治学从目录入手,而走上成功之路,所以教学生也要他们由目录入手,希望每个人都有把钥匙。他认为治学不但要知古,更也要知今。先师非常注意日本或欧美的汉学家有甚么著作论文发表,他自己时时看日本所编的杂志目录索引,也告诉学生要时时留心国际学术行情,甚以闭门造车为大忌。

先师教学生作研究工作,最重要的是寻求史源,如果研究唐以前的历史,学生引了《资治通鉴》,他一定要问为甚么不引正史,是否见于《通鉴》而正史中没有?或者研究南北朝时期的历史,引用南、北史而不检对八书,他一定不放过。即使研究唐史,引《通鉴》,而不检寻两《唐书》,他亦不能通过。先师曾多次讲《廿二史札记》,要学生们用正史去核对,结果找出不少引书之误。先师盛赞冯桂芬的《说文段注考证》,认为冯氏能追根寻源核对原书找出段玉裁引书无心之误,以及段氏有意的改古书以就己说之谬,认为冯氏之作,大可为考证史源的人作示范之用。

先师经常鼓励学生以《史记》与《汉书》相对勘,他主张用墨笔钞录《史记》中与《汉书》相同的几篇纪、传,然后用红笔依照《汉书》去改,这样就可以看出两位大史学家剪裁字句、安排材料的异同来了。他更主张将《三国志》与《后汉书》相同的传,也这样比对一番。他说前人有"《史》《汉》方驾"、"班马异同",我们可以动手作一部,更可以作一部"陈范异同"。他从不空谈史学方法,只教人追寻史源,比对史书,其用意即在于使学生通过实践去了解治历史途径的各种方法。

我学了先师的方法,以正史与《通鉴》相比对,不仅了解了《通鉴》

的史源,更进一步认识清楚司马温公如何剪裁史料,如何安排史料,如何组织成书,同时也了解了他的史料取舍标准。我之能窥见涑水(史学)之堂奥,实在是基于陈先生的启发。我运用先师的方法在台湾、香港教了若干学生,有人因而进入史学之门。他们的成就纵有高低之不同,甚或他们不提个人治学渊源于励耘书屋,而他们之受援庵先师影响,则是无法涂饰或擦掉的。

先师最称赞汪辉祖,认为他的《元史本证》作得好,以纪、传、表、志互相考证,不出本书之外,找出它本身自相矛盾之处,作者当无辞以自解。我教学生以本证治史,有一个治《明史》而大有成就的,也有一个考证《清史稿》而成学的。

先师不主张发表孤立琐碎的考证笔记,认为必须将它们合在一起归纳出条例来,找出系统来,才堪称为著作。他著《史讳举例》、《元典章校补释例》、《五代史辑本发覆》,都是他个人对这一主张的实践。细心去看先师的著作即可见先师极讲究著作体例。他对于方东澍的《书林扬觯》大为赞赏,就因为谈了好多著书体例,我之读《书林扬觯》即是受先师的启迪。不过先师认为方氏的书尚不能算十分完善,曾说过想另写一部《广书林扬觯》。前些日子得先师的长孙智超世兄来信,说找到陈先生为撰《广书林扬觯》抄的全部材料及编写大纲。可惜他的发现,是在今年五月初我离开北京之后,我没有看到这部分遗稿。当年侍坐励耘书屋时我确曾和先师谈过这个问题,其中细节则已记不清楚。如何整理它,以完成陈先生的遗志,惟有赖智超世兄努力了。

先师对叶昌炽的《藏书记事诗》颇为爱好,不过批评地说:"他找到了这么多材料,却用诗表示出来,未免减低了价值。"显然是惋惜叶昌炽缺乏史才。真的,如果叶氏用那些材料写一部《中国藏书史》,在学术上的作用一定要大过今天。陈先生对叶德辉的《书林清话》也说:"书是很好,只是体例太差。"从此两段谈话中,就明显地透露出来先师是如何重视著述体例了。如果想寻觅援庵先生讲求著述体例之说，肯定要在《广书林扬觯》之中去找了。

援庵师对清人校史多用《太平御览》而很少用《册府元龟》认为是一件憾事。他曾用《元龟》和《通典》校补过《魏书》、《周书》的缺叶，在校勘史书工作上是值得大书特书的事。他曾对我说以《册府元龟》校《旧五代史》，纵不参考《永乐大典》亦可有很大收获。可惜他用《元龟》校勘的《旧五代史》，听说此次标点"廿四史"时因为他的校勘记字数多，遂舍而不用；原稿竟不知放在甚么地方，真是万分遗憾！先师读书有所见必加眉批于其上。他在文革时虽未受冲击，他死后因有遗言将所藏字画均送交国家，因此他的字画都被文物局取去，他所常读的书有眉批的归了何处？至今我也未能问明白。

先师所藏字画极大多数与历史有关，尤其是学术史，应从速将它集中在一起，公开展览，并且影印出版，供人研究，庶几可不负先师捐献之苦心。至于他所批的书，更应由公家集中保管，找专人整理，看看有无钞录在一起、编为笔记公诸于世的必要。拙见如此，想来为先师诞生百周年纪念会担任筹备工作的诸位人士也一定会考虑我这一提议。

先师教导学生平易近人，只是给了一些规矩，主要的使学生实事求是，脚踏实地用功读书，就如上面我所陈述的。我所得自励耘书屋的并没有甚么秘诀，只是极平常却极重要的规矩。离开了这个规矩，便不能走人史学正途，正所谓"可使之成方圆，而不能使之巧"，励耘书屋学风之可贵应即在于此。

先师很少批评人，时常诵"不薄今人爱古人"这句诗。五四以后，梁任公、胡适都大捧章实斋，我曾问过先师："章实斋学问如何？"先师笑着说："乡曲之士！"我当初不明白为甚么说他是乡下人，后来看到章氏著《史籍考》，自称仿效朱彝尊著的《经义考》，却不知朱氏之书是仿自僧祐的《出三藏集记》，所见不广，岂不是乡下人？先师时常说："读书少的人，好发议论。"我读了钱锺书的《谈艺录》才知道六经皆史之说除袁枚持论与章氏相类似之外，经即史之说，早于章实斋的有七个人之多，在钱锺书所举之外我更找到明人何良俊《四友斋丛说》，其中也有"史之与经上古原无所分"的话。先师说读书少的人好发议论，其意在指章实斋或是章实斋所恭维的郑樵均有可能。先师治学谨严而不好发议论，治学、教人均笃守规矩，著述则必自有义例而成系统。称之为民国以来史学开山大师，当不为过誉，即润孙在本文所举出的几点，已可知其沾溉后学匪浅。

有关先师平生行事及史学造诣，已陈述于《敬悼先师》一文中的，即不再重叙。所憾者润孙对援庵学问的认识，仅限于此，说不上足以发扬励耘书屋之传，希望同门诸位先进多予指正！

1980 年 6 月 28 日晨脱稿于九龙寓所

附记：

先师自撰一联，其句为"百年史学推瓯北，万首诗篇爱剑南"。他劝学生读《廿二史札记》已如上述，他还选了一部《剑南诗钞》，不知这部稿本现在流落何处？

（原载《明报月刊》总第 179 期，1980 年 11 月，页 82—84）

从《通鉴胡注表微》论陈援庵先师的史学

绪　言

　　新会陈援庵先生（垣）诞生于清光绪六年（1880）旧历十月初十日即阳历 11 月 12 日。1980 年 11 月 12 日是陈先生诞生一百周年纪念。我于 1929 年考入燕京国学研究所，陈先生任所长，我之受业于援庵先生从那时开始。1971 年 6 月 21 日先师逝世，我曾撰《敬悼先师陈援庵先生》一文。先师逝世我未能谒灵吊祭，至今抱恨。今年他的诞生百周年纪念会，我也不能去参加，虽然写了纪念的文章，惭歉内疚的心情，总无法弥补。从 1972 年回北京之后，多次听到家人们朋友们转述援老在解放后怀念我，希望我回去的话，都为之凄然泪下。

　　我写这篇纪念先师的文章，自知不能阐述援老史学的精蕴，所敢自信者，此文之作绝不逾越苏东坡祭欧阳永叔"不以其私哭先生"的宗旨。我何敢妄攀东坡，援庵先生在史学上的成就与造诣卓然百世楷模，中外景仰，说他为近代中国史学史写下新的一页，断非过谀，岂仅笃于师弟情谊的人思慕追怀而已！

　　侍坐励耘书屋时，先师曾问我："你知道我自己最满意的著作是哪一部?"我说:"想来是《元西域人华化考》?"先师抚髯微笑,一再颔首。及至《通鉴胡注表微》脱稿,援庵师常引陈寅恪先生在《元西域人华化考序》所说:"挚仲洽谓杜元凯《春秋释例》本为《左传》设,而所发明,何但《左传》?"以自评他的《胡注表微》,显明援老自己最满意的著作,《华化考》之外又加上《表微》了。诚然,《通鉴胡注表微》所发明,岂仅限于《通鉴》胡注范围之内,援老史学晚年所达到的最高境界也藉着它表现出来。

顾炎武的《日知录》、全祖望的《鲒埼亭集》,先师均曾在辅仁大学为史学系高年级学生及研究生学生讲过。这两部书先生均为之校笺,可惜未及脱稿,遽归道山。听说遗稿已在整理,殷切盼望能早日问世。

说到先师的史学,我并不足言窥见宫室之美,"偃鼠饮河,不过满腹",升堂入室尚差得很远,虽写了几篇追念先师的文章,均难免管窥蠡测之讥。

《通鉴胡注表微》既是援庵先生自己定稿的最后一部著作,又可以从其中看出陈先生的治史方法与他绝大部分史学理论,所以纪念陈先生诞生百周年,即以谈《通鉴胡注表微》为主。

援庵先生的治史方法

陈先生极注意研究史学的方法,他能读日文书,通过日本人的翻译,他读了西洋人的《史学方法论》,确是事实。他年青时候学过西医,对于西洋科学方法曾经接触过,至少,生理学、人体解剖学、内外科医学,他都应当学过。虽然后来他改了行,他曾受过科学洗礼,则是毫无疑问的事。他和胡适很友好,但他从不谈什么科学方法,只讲史学方法。他分析史料的细密谨严比受过西洋史学方法训练的人只有过之而无不及,他著的《元西域人华化考》,日本史学家桑原隲藏博士当时就极力称赞他的研究成果与方法,出版四十年后美国汉学家、哥伦比亚大学教授 I. C. Goodrich 将它译成英文。由此足见不仅陈先生研究的成果足以使外国治中国史的人佩服,即其研究方法亦同样为现代日本、美国史学界人士赞赏。

可惜陈先生并未写一部史学研究方法论。援庵先生治史由钱大昕入手。钱大昕为乾嘉考据史学大师,考据学分析史料与西洋史学家分析史料在方法上并无什么分歧,不过因地区、民族、习俗的不同,所需辅助科学有些出入而已。譬如欧洲人以纹章作家族的徽号,于是有纹章学,援庵先生因纹章联想到中国的避讳,于是作《史讳举例》。《通鉴胡注表微》中有《避讳篇》,开首小序说:"避讳为民国以前吾国特有之体制,故史书之记载,有待以避讳解释者甚众,不讲避讳学,不足以读中国之史也。吾昔撰《史讳举例》问世,职为是焉。胡身之生避讳最盛之朝,熟谙避讳掌故,其撰《通鉴释文辨误后序》,谓'海陵所刊公休释文,以乌桓为乌元。宋朝钦宗讳桓,靖康之初,公休没久矣,安得预为钦宗讳?'即利用避讳以证史书伪托之一法。其注《通鉴》,以避讳为训者尤多。"陈先生为胡注作表微,同时讲史学研究法,由讲避讳一端即可知道了。

在《胡注表微》中陈先生讲到史学方法有许多处,在本文中不能一一列举,只选几个例于下。

"汉宣帝神爵元年,于是诸降羌及归义羌侯杨玉等怨怒。"(《通鉴》卷二六)《汉书》原文是"恐怒",胡注说:"作怨怒者,《通鉴》略改班书之文,成一家言。"《表微》说:"史作'恐怒',《鉴》作'怨怒',故身之释之如此。凡引书声明引自古人者,可略而不可改,裴松之《三国》注是也。未声明引古人而用其语者,可檃括成一家言,范蔚宗之《后汉书》是也。温公之《通鉴》,盖范书之类,亦即班书用《史记》之类。"这一引书义例,为中国史学家传统习用,而明白讲出如援庵师者则罕见。中国历代史书汗牛充栋,而讲史学方法之书则仅一部《史通》,如此曲折细微之处,《史通》亦略而不尽言。援庵师甚不赞成引用史料以"……"符号,表示删省,曾说:"史学家竟不敢删省前人之文,如何能自成一家之言!"所以陈先生在《南宋初河北新道教考》、《明季滇黔佛教考》、《清初僧诤记》中引书有省略而无改动。因为援庵先生认为他是在写历史,只要注明根据何在,就尽到史家的责任,删掉不必要的字句,是史家应作的事。

陈寅恪先生引书遇见删省地方用"(中略)"两个字,也不用"……"符号。两位陈先生颇有相同之意见,而处理方法则不完全相同。今天有人核对二位陈先生著作中的引书,发现有省略,认为治学那样谨严的大师引书竟有脱漏,觉得奇怪。陈先生这一条表微,应该叫研究史学方法论食洋而不化的人细细看看,多思索思索。

援庵先生因《史通·点烦篇》今日的流传的本子,只列出引的材料与要删去的字数,而看不出应删去哪几个字,在讲学时,命人将《点烦篇》油印出来,发给学生叫他们按《史通》所说应删的字数去删削。陈先生自己也照作一遍,再给学生讲解,哪个字可省。援庵师所作的示范,真是文省而意赅,而且与刘知几所说应删的字数吻合。援庵师常说:"你写一篇文章,应多看几次,为什么要用这个字应仔细想清楚,再去下笔。"

他教学生以《史记》与《汉书》对读。叫学生抄了《史记》与《汉书》相同部分,依照《汉书》去改《史记》,以寻求二家文字的异同。有时教学生抄了《三国志》与《后汉书》相同的传,同样去作异同的比较。通过这样的训练,如何引用史料,如何剪裁史料,如何写史书,便可不待讲而使学生自然明白了。

明白了这些,援庵师引用前人史书,所以有所省略之处,可不待多解释即知其理由。陈先生常说读史须"知其要删"。他教学生比较《史记》与《汉书》、《三国志》与《后汉书》的异同,即教学生作"知其要删"的功夫。

《表微》的《考证篇》小序说："胡注长于地理及考证,今日学者无不知,书名'表微',非'微'何必'表'也? 曰,考证为史学之门,不由考证入者,其史学每不可信。彼毕生盘旋于门,以为尽史学之能事者固非,不由其门而入者亦非也。兹特辑存数十条,以备史学之一法,固知非大义微言所在也。"援庵先生作《胡注表微》,用意在揭发胡三省在《通鉴》注中含蕴的思想。陈先生认为胡氏所注的虽是史书,却是借注史以发挥他的政治理论,并且蕴藏着反抗元王朝统治的思想。这样注古以论今(胡三省生存的当时),与著史以喻今,论史以讽今,那两个中国传统史学的特色相同。研究中国史学的人不仅要明白史书中的事,还应当去了解著史者论史者的思想与他含蕴于文字间的未说出的意见,所谓微言大义是也。援庵先生认为胡三省注史有微言大义,著书表而出之,却在其中设《考证篇》。先师知道别人不能明白其中的道理,所以自设问答,说明考证是史学入门不可少的手续,最后目的则在于明大义。治史不能始终盘旋于门,即陷于考据之中,而不向前进。

治史以明义虽是终极目的,而在作考证时,即不可不明义。"汉献帝建安十年,(杜)畿在河东十六年,常为天下最。"(《通鉴》卷六四)胡注说:"杜畿之子为杜恕,恕之子为杜预。余窃谓杜氏仕于魏晋,累世贵盛,必有家传,史因而书之,固有过其实者。"《表微》说:"此提示人读史必须观其语之所自出也。南宋仕宦之贵盛莫过于史氏,以史弥远之奸,而《宋史》不以入《奸臣传》,身之盖有先见矣。"这样的考证,是以事理去推想史料的来源而加以判断,事理即所谓义是也。

"魏历公正始八年,大将军(曹)爽用何晏、邓飏、丁谧之谋,迁太后于永宁宫。"(《通鉴》卷七五)胡注说:"据陈寿志,太后称永宁宫,非徙也。意者晋群臣欲增曹爽之恶,以'迁'字加之耳。《晋书·五行志》曰,爽迁太后于永宁宫,盖亦承晋诸臣所记也。"《表微》引《鲒埼亭集》

外编二十八及《潜研堂集》二为魏曹爽、唐王叔文、王伾等昭雪,与胡注互相发明。援庵先生云:"二家所论,意与胡注同,然胡注所用之方法是考证,二家则议论耳。"考证与议论相同,可知考证工作与明大义有不可分的关系。

"唐懿宗咸通元年王式平裘甫。"(《通鉴》卷二五〇)胡注说:"唐中世之后,家有私史,王式儒家子也,成功之后,纪事者不无张大,《通鉴》因其文而序之,弗觉其烦耳。"《表微》引朱熹撰《张魏公行状》,全依张南轩写来的材料去作,其后朱熹发觉不实,始后悔而已来不及改,又引袁桷《清容集》之说以为证。看了上引三条,《表微》所以设《考证篇》的理由,就可以了解得更清楚了。

援庵师教学生研究历史,主张由寻求史源入门,即先去找史书所依据的材料出处。《表微》中有一条很重要的例。

"(齐武平七年[576,陈太建八年])十月,己酉,周主自将伐齐……丙辰,齐主方猎于祁连池,癸亥,还晋阳……庚午,齐主自晋阳帅诸军趣晋州。周主日自汾曲至城下督战……遂克晋州……齐主方与冯淑妃猎于天池,晋州告急者,自旦至午驿马三至。右丞相高阿那肱曰:大家正为乐,边鄙小小交兵,何急奏闻! 至暮,使更至,云平阳已陷。齐主将还,淑妃请更杀一围,齐主从之。"(《通鉴》卷一七二)胡三省在"齐主从之"句下有详注。

胡注说:"审如是,则晋州陷之日,齐主犹在天池。天池在今宪州静乐县,至晋阳一百七十馀里,自晋阳南至晋州,又五百有馀里。齐主既以庚午违晋阳而南,无缘复北至天池。窃谓猎祁连池与猎天池,共是一事。北人谓天为祁连,故天池亦谓之祁连池。《通鉴》粹集诸书成一家言。自癸亥排日书至庚午,发晋阳,是据《北齐纪》。书高阿那肱不急奏边报,是据《阿那肱传》。书请更杀一围,是据《冯淑妃传》。合三者而书之,不能不相抵牾。"

《表微》说:"高似孙《纬略》十二,谓《通鉴》一事用三四出处纂成。此条即其例。然非逐一根寻其出处,不易知其用功之密,亦无由知致误之原也。"

先师教学生考证《廿二史札记》即用此方法,笺注《日知录》、《鲒埼亭集》亦用此方法。此条借胡注指摘司马光的错误,举出粹集史料成一家言的例证,也说明稍不细心便会发生抵牾。

既讲出要寻求史料来源,也说明应慎审安排史料。好学深思的人,必能从此得到极大的启示。

援庵先生的通史致用

我国过去无专门讲政治、经济诸学的书,一切治国理民之道,均载于史书,所以司马迁著《太史公书》要"通古今之变",司马光著书,宋英宗赐名《资治通鉴》皆表明鉴诚的宗旨。援庵师著《通鉴胡注表微》,所表而出之的微言多是含蕴而未明言的反元王朝统治思想,其中发明的大义则皆是治国理民的理论。

史学足以经世致用,自唐杜佑、宋司马光、李焘、徐天麟、李心传、陈傅良、王应麟、马端临以迄清初顾炎武、黄宗羲、王夫之等人发挥得十分尽致。西方史学目的在于归纳出社会发展定律,中国史学则在于求致用,所谓史学的大义微言即在发明古为今用之理,不在于求出社会发展定律。中西史学方法从分析史料方法上说,极容易找到相合一致的说法,至于讲求史事的大义,以期古为今用,则西方史学家至今所不能接受。

陈寅恪先生谓《资治通鉴》为我国第一部政治史,而西方史学家则看它为一堆编年的史料。中国史学家不菲薄西方的史学,可以接受社会发展的观念,但不愿完全舍弃传统,通古史以为今用的主张。援庵先师早期治史在方法上虽受日本与欧美的影响，所著《元西域人华化考》已然以只用汉文材料讲中西交通史而自豪。《华化考》全文更以阐述元代西域人舍弃原有的信仰、习俗、文学、艺术，改从中华文化学习中国的一切的一些事实为主旨，可见先师虽为基督教徒，开始治学即未尝过分崇拜洋人，而以元代洋人能向中国学习为可称赞的文化交流。

《通鉴胡注表微》属草于抗战中，书成在胜利后，其中充满抗日民族意识，援庵师已自言之，人人皆知，在《敬悼先师》一文，我曾作了阐述，可不再论。

援庵师在《胡注表微》中真的达到"古为今用"、"通史以经世致用"中国传统史学的目的，完成史学家应尽的责任，上绍司马迁、司马光以迄顾炎武之学。钱大昕深知这番道理，局限于时代不敢为，章学诚虽然能知史学之大义在于用，亦不能为。援庵师写出了《胡注表微》，表现出中国史学的功用，为中国史学家在世界上争回一口气！

"唐文宗太和八年，时李德裕、李宗闵各有朋党，上患之，每叹曰，去河北贼易，去朝廷朋党难。"司马光论曰："文宗苟患群臣之朋党，何不察其毁誉为实为诬……乃怨群臣之难治，是犹不种不芸，而怨田之芜也。"（《通鉴》卷二四五）胡注说："温公此论，为熙宁发也。"《表微》说："古人通经以致用，读史亦何莫非以致用？温公论唐事，而身之以为为熙宁发，陈古证今也。"熙宁为宋神宗年号，政治上党争正很激烈，援庵师在此段引《论语》"冉有曰，夫子为卫君乎？子贡问孔子伯夷叔齐何人也"一段记载，加以解释说："不问卫事而问夷齐，贤夷齐兄弟让国，即知其不为卫君父子争国。此史学方法也。"司马光论唐代党争，胡三省说是为宋代党争而发，援庵师指这种方法是来自子贡问孔子，以论古代的伯夷叔齐让国故事，以探求孔子对卫君父子争国的意见，真是论古知今的最好的方法。援庵师说"此史学方法也"，又说"通史何莫非以致用"，则《表微》之作，的确是上承中国史学传统。陈先生所谓史学方法，中国的史学方法也。"通史以经世致用"的宗旨，岂不是在此昭然揭开了！

"秦昭襄王五十二年，荀卿曰，故乱者乐其政，不安其上，欲其至也。"（《通鉴》卷六）胡注说："乱国之民，乐君之政，故不安其上，惟欲吾兵之至也。"《表微》说："孟子言诸侯之宝三，土地、人民、政事，徒拥有广土众民，而不能澄清内治，是之谓乱国。乱国之民，不能禁其不生异心也。"先师在此处痛哉言之，以告诫执政者。认识《表微》撰述时代的人，当可明白援庵先生这几句不正是为抗日战争而发？

"晋安帝元兴二年，楚王玄上表请归藩，使帝作手诏固留之……使百僚集贺……使隐居山林……使固辞不就……号曰高士，时人谓之充隐。"（《通鉴》卷一一三）胡注说："实非隐者，而以之备数，故谓之充隐。"《表微》说："凡非自有而假之谓之充，非自愿而强之谓之使。史文连用四使字……明皆非自愿也，假造民意之事，自古有之矣。"假造民意的事，自古有之。而辛亥革命后，袁世凯窃国洪宪称帝即大力假造民意以劝进，此后内乱外患中均有假造民意之事，所以援庵师慨乎言之。

"晋太康元年，孙皓与其太子瑾等泥头面缚，诣东阳门，诏遣谒者解其缚……"（《通鉴》卷八一）胡注说："武王伐纣，斩其首悬于太白旗，如孙皓之凶暴，斩之以谢吴人可也。"表微说："贼仁者谓之贼，贼义者谓之残，残贼之人，谓之匹夫，此义汉以后不闻久矣。身之昌言之，盖有鉴于金海陵王之凶暴，仅遇害而未明正典刑也。"援庵先师论史是站在人民的立场决不为统治阶级。这是司马迁上绍孔子修《春秋》"退天子贬诸侯"一系列相传下来的中国史学真正传统，先师虽表胡三省之微言，而所发明的大义则较胡氏更为庄严正大！

"汉和帝永元元年，何敞言诸窦专恣曰，臣观公卿怀持两端，不肯极言……"(《通鉴》卷四七)胡注说："此言曲尽当时廷臣之情,呜呼!岂特当时哉!"《表微》说："诸臣非不欲与国家同休戚也,政府既委其权于亲戚,有志节者相率洁身而退,所留皆自私自利之徒,终不以诸奸之吉凶为忧,而听其自生自毙。南宋此风尤盛,国所以日削而底于亡也。"先师借胡注而发感慨,这样的议论岂是无的放矢,今日读之仍觉得它可为执政者的鉴诫。

《表微》的《民心篇》小序说："民心者,人民心理之向背,大抵以政治之善恶为依归,夷夏之防,有时竟不足恃,是最可惕然者也,故胡注恒注意及之。孟子曰,三代之得天下也,得其民也,得其民者,得其心也。恩泽不下于民,而责人民之不爱国,不可得也。夫国必有可爱之道,而后令人爱之。天下有轻去其国,而甘心托庇于他政权之下者矣!"援庵先生这段话,今日读来,犹觉得它惊心动魄,足以发人深思。在撰《表微》时,他岂能预想到数十年后的事?

《表微》的《劝戒篇》小序说："劝戒为史家之大作用。古所贵乎史者,即取其能劝戒也……读书则可以古人之经历为经历,一展卷而千百年之得失灿然矣,故胡注于史事之可以垂戒者,每不惮重言以揭之曰,可不戒哉,可不戒哉!"援庵先生早年治史由考据入手,甚不喜发议论,到了著《通鉴胡注表微》,每借胡注评论及于政治,要人读史以致用,这几句话发挥《资治通鉴》的意义,亦即中国史学功用的意义极为详细明白。继此而后,先生遂专心致志去笺注《日知录》,可见他深明经世致用为中国史学的主要骨干,顾炎武在这方面是杰出的学人,《日知录》更是经世致用学说精华之所萃,以此为旁证,先师对于中国史学已达到最高境界自可推想而知道了。

中西史学如何结合,为当前一大课题,先师当年全力支持姚从吾留学德国,即希望他学会西洋史学方法与中国史学相结合,而结果并不理想,继姚而后的,虽也作了同样功夫,而最后目的始终无法统一起来。

援庵先生由考据及西方汉学入手,也学了西洋方法,而终于回到通史以致用中国传统史学路途上来。他早期研究宗教史、中西交通史,最后回到研究《资治通鉴》,讲传统政治史,讲传统史学方法,诚如向觉明(达)所批评,援庵先生成了"正果"。环顾近代史学家中能深明史学传统大义者,援庵师应居首位,虽然人们嫌他没出洋留过学,他自己也称他用的是"土法",但同辈之中出洋留学的史学家,陈寅恪先生而外,有谁足与先师抗衡? 由先师的成就看来,"土法"又岂可轻视!

1980 年 11 月 6 日

(原载《新晚报》,1980 年 11 月 9 日)

陈援庵先生的目录学

——《中国佛教史籍概论》读后

《中国佛教史籍概论》的内容

先师陈援庵先生深通目录之学,他自己治学由目录入手,他教学生也从目录入手。先师是史学大师,他在北大、燕大、辅仁都开过"中国史学名著评论"或"中国史学要籍解题"课程。我入燕大国学研究所后,就听过"史学名著评论",受益匪浅。

无论"史学名著评论"或"史学要籍解题"内容都离不开中国史部目录学。陈先生将讲课重点放在若干部史学名著上,讲论各书的体例、内容、特点、缺误、版本、注解等项,以及如何去利用或改作补注诸问题,对教导后学极有启发性,对中国史学史的研究更有重大价值。可惜先师生前未将它编定成书,受业的生徒们纵有笔记,想来既不会记得十分完整,也不可能全部保存下来。

所幸者先师有一部《中国佛教史籍概论》,于 1942 年自己定稿,1955 年出版。其体例与《中国史学名著评论》相仿佛,是抗战期间他在辅仁大学开课的讲稿,内容虽限于专讲佛教史书,而尝鼎一脔,亦足以知味。读了这本书，先师史学与目录学造诣是如何深厚，考据是如何精密，均应当可以见到了。

《中国佛教史籍概论》六卷，评论的书三十五部。读了先师在《缘起》中所说："中国佛教史籍之范围，略依《阅藏知津》，将此土撰述中之目录、传记、护教、纂集、音义等各类，顺撰著时代，每书条举其名目、略名、异名、卷数异同、板本源流、撰人略历及本书内容体制，并与史学有关诸点。"即可知道它的概略了。

先师讲此书于抗战期间，北京正沦陷于日人手中，其中不少论断，均为国难而发。这与先师撰《明季滇黔佛教考》、《南宋初河北新道教考》、《通鉴胡注表微》所表现的爱国思想，并无二致。

如论隋费长房《历代三宝记》说："本书之特色在纪年。自司马温公著《通鉴》，南北朝以宋、齐、梁、陈纪年，承学之士，以为当然。不知温公以前，《太平御览》、《册府元龟》等，犹以宋、齐、梁、陈为偏霸，为闰位。《元经》号称法《春秋》，尊中国，犹帝北魏而黜齐、梁，其他可知矣……《四库》编年类特著录《元经》，即以其进元魏为中国，可以悦时主耳。《三宝记》独不然，其纪年乃尊齐、梁而黜北魏。其卷三年表，晋后则继以宋、齐、梁，梁后即继以周、隋……其意以为隋承周，周承梁，实得中国正统。周虽不出于中国，而能奉玺归隋，则已将取之中国者还之中国。此固非僧人之所知，实当时之一般心理耳。"又说："隋之灭陈，中国之自相兼并耳，隋之灭周，乃为中国人复兴中国。故《历代三宝记》纪年之意义，实较《通鉴》纪年之意义更为重大。今失之于《元经》，而得之于《历代三宝记》，礼失求野。"先师夙不谈正统论，独在抗日战争中，坚持正统之说，正因为那时国难当头，以民族大义去振奋人心实有其应时的必要。先师之所以讲华夷正统之辨，应当这样去理解。现今汉民族与各兄弟民族的关系，只要求各民族亲密地互相结合共同维持一个统一的国家，而不要再去讲华夷之分。先师在日本人侵中国时,借着前人华夷正统之辨,去鼓吹爱国抗敌,他的理论是正确的,他的学说具有时代意义,不可与今天汉族与各兄弟民族关系混为一谈。

论唐释智昇撰《开元释教录》说:"总录卷四,于北凉之前,特补前凉一代,为前此诸录所未载……曰:'前凉张氏,都姑臧,从晋年号。自张轨永宁元年辛酉,至天锡咸安六年丙子,凡八主,七十六年……'张轨者,《晋书》八十六有传。永嘉之乱,中原沦陷,凉土与中朝隔绝,张轨父子崎岖僻壤,世笃忠贞,虽困苦艰难,数十年间,犹奉中朝正朔,此最难能而可贵者也。智昇为补一朝,殊有意义。"陈先生极力称赞智昇为前凉张氏补传之有识见,正所以用来鼓励在抗日战争中能保存民族气节的人士。

又说:"近人撰《晋书斠注》,于张轨孙《张骏传》,曾引近出之《流沙坠简》,书建兴十八年,知张氏迄骏之世,未尝建元,以证《玉海》谓骏改元太元之误。惜其未见《开元录》此节,张氏不独始称西晋愍帝建兴年号,其末仍用东晋简文帝咸安年号,此为稀有史料,不必于地下求之,特学人未之注意耳。"五四以后,研究历史的人喜欢引用新出土或新发现的材料,以自夸耀,先师这几句话,正是针砭当时学术风气而发。又说:"当中原云扰之日,凉州道俗,翻经不辍,试思湛露轩中,其好整以暇为何如也。"抗战时期,先师主持辅仁大学,校事犹依时按章报呈重庆教育部,一如张氏之奉正朔,师生讲习著作亦未尝中辍。"湛露"虽为凉州张氏之轩名,而"好整以暇"实为援庵夫子自道。

论唐慧琳《一切经音义》及辽希麟《续一切经音义》说:"《宋僧传》谓:'周显德中,高丽国遣使入浙,求其书不得。'所谓浙,指吴越国……麟所续者琳书,使麟不见其书,则又从何续起。希麟者,燕京崇仁寺沙门,其自序谓:'唐建中末,有沙门慧琳,栖心二十载,披读一切经,撰成《音义》,总一百卷……前音未载,今续者是也。'据此,则麟曾见琳书,知燕京有其本也……江浙无是书,燕京何得有是书,言宗教不能不涉及政治矣。慧琳《音》,大中中虽曾奏请入藏,然广明之后,长安送经兵燹,经典自易散亡,燕京地处边隅,人习'诡随之俗',金世宗所谓:'辽兵至则从辽,宋人至则从宋,故屡经变迁,而未尝残破。'琳《音》与圆照《贞元续开元录》之能保存,及传至高丽者,亦以此,此谈政治文化者所不可忽也。"援老深深伤叹北京人性情懦弱,很少慷慨激昂之士。所以举金世宗这段话,讲给学生们听。我个人去晋谒时,也如此谈过,其事虽已过去三十馀年,至今回忆起来犹宛如在目前,足见其感人之深。

先师提倡民族气节外,对政治的纷争扰乱,亦甚为不满。论《景德传灯录》引晁公武《郡斋读书志》说:"夫禅学自达磨入中原……学徒遍于海内,迄今数百年,临济、云门、洞山,日愈益盛。尝考其世,皆出唐末五代兵戈极乱之际,意者乱世聪明贤豪之士,无所施其能,故愤世疾邪,长往不返。而其名言至行,犹联珠叠璧,虽山渊之高深,终不能掩覆其光彩,故人得而著之竹帛,罔有遗轶焉。"陈先生说:"晁《志》撰于绍兴二十一年。晁氏之意,谓政治混乱之时,有气节之人,做事固不易,说话亦不易,只可出家做和尚去,此禅宗所以盛于五代也。一部《景德传灯录》,不啻一部唐末五代高逸传,惜乎欧、宋二公皆不喜佛,故《新唐书》及《五代史》皆阙失此等绝好资料焉。"自上述议论来看,可知先师四十二岁以后人民政府成立之前,绝缘政治,专心致志于教育著述,即因为他有其不能与时俯仰的气节,决不甘心作一个乱世官僚。

对目录学及史学的见解

在《佛教史籍概论》中,先师有关目录学及史学的话,极可重视。

论僧祐《出三藏记集》说:"本书……中间分四方式……三曰

总经序，七卷。经序即各经之前序及后记。为文一百二十篇。支那内学院所单刻者即前六卷，后一卷为此土纂集诸书，如祐自纂《弘明集》等。载序之外，复载各卷篇目。幸而《弘明集》今存，不幸而其书不存，吾人亦可据此篇目，略知其书之内容为何，此目录家亟当效法者也。明智旭撰《阅藏知津》即仿此。"又说："本书之特色，全在第三方式之经序，为其他经目所未有，可以考知各译经之经过及内容，与后来书录解题、书目提要等用处无异。其后记多记明译经地点及年月日，尤可宝贵。朱彝尊撰《经义考》，每经录其前序及后跋，即取法于此。《四库提要》释家类谓其取法《开元释教录》者，非也。"援老此篇详说《出三藏记集》的特色，指出释家在目录学上一大跃进。朱彝尊撰《经义考》即仿效僧祐，章实斋想效法朱氏的《经义考》撰《史籍考》，而不知竹垞渊源所自，正因为他读书不广博。援庵师尝说实斋是乡曲之士，其故想即在此。

援老论《开元释教录》说："《提要》……又谓'朱彝尊作《经义考》，多与此符'，其说亦不足据。《经义考》每经录其前序及后跋，盖取法《出三藏记集》。撰《四库提要》者只见《开元录》，未见《出三藏记》，闻人言朱取法释家目录，遂以为《开元录》耳。《开元录》前十卷以译人为主，与《经义考》之以书为主不同；后十卷虽以经为主，而不录经序及后记，又与《经义考》不同，正不必强为附会。"《提要》能知朱氏取法释氏，而未见到《三藏记集》，又不能仔细校勘《开元录》与《经义考》的异同，岂能不发生误解？

论《出三藏记集》又说："其中之经序及后记，皆为六朝人著作。严可均辑《全南北朝文》，将此书七卷全数采取，散入南北朝文中，可谓探骊得其珠者矣。文廷式《补晋书艺文志》释家类，大抵采自此书。其不采《历代三宝记》及《开元释教录》者，以此书撰自梁代，去晋世最近，较可信据。特未思及其撰自偏安之朝,文献未为该备耳。"称赞严铁桥探骊得珠,批评文芸阁思虑未周,都是示人以采用史料的途径,岂仅专为严、文二人而发。

又说:"至于本书经序及列传中,有涉及各朝帝王及士庶者,均可为考史资料……此书撰自裴注《三国志》后,为裴松之所未见,故魏吴诸僧事,可补《三国志注》者尚多。杭世骏撰《三国志补注》,未能采此书一条,此杭君之疏忽也。明末李映碧(清)撰《南北史合注》欲利用此等史料,合以八书,注南北史,实为卓识。惜其采取未备,又不讲著书体例,窜乱延寿原书,至不为世人所重。然则此等史料之利用,尚有待于后人也。"援老讲论佛教史籍,固欲为治中国佛教史的开一条入门之路,实际上更是为治中国史学的多增加一些史料来源,所以他很惋惜杭大宗未曾利用《出三藏记集》,更指出李映碧虽曾利用佛教的著作,所遗憾者,李氏未深通史书体例,以致《南北史合注》未能作好。《南北史合注》曾收入四库,其后又撤出存在大高殿,援老曾亲自看过,所以能作出这样的评语。

考证细密,指出错处

论《五灯会元》引《十七史商榷》说:"《新唐书》过誉南北史,平心观之,延寿只是落想佳。因南北八史,合有鸠聚钞撮之功,延寿适承其乏,人情乐简,故得传世。"陈先生说:"吾今于《五灯会元》亦云然,自南北史行,而八史多残阙;自《五灯会元》出,而五灯遂少流通,同一例也。"《五灯会元》是将《景德传灯录》、《天圣广灯录》、《建中靖国续灯录》、《联灯会要》、《嘉泰普灯录》五部书删烦就简,编成一部书。这与李延寿将南朝宋、齐、梁、陈书与北朝魏、北齐、周、隋书合编为南北史有些类似,所以援老引了王西庄论南北史之说,并指出与《五灯会元》

二者发生相同之影响。援老在讲"史学名著评论"时,极力提倡重新编撰《南北史合注》,并且指出沈炳震的《两唐书合钞》作得不够好,也应重作。在讲佛教史籍时,顺便将他对整理旧史的意见说出来,是很合理的事。

论《景德传灯录》说:"灯录又为谱录体,按世次记载,与僧传之传记体不同……自灯录盛行,影响及于儒家,朱子之《伊洛渊源录》、黄梨洲之《明儒学案》、万季野之《儒林宗派》等,皆仿此体而作也。"中国素来无学术史专书,最早的《渊源录》与《学案》实在是受了释氏的启发。陈先生明白指出它的由来,应是史学史研究者所公认的权威之说。

援老在《概论》中指摘《四库提要》的错误,不胜枚举。但他论《开元释教录》说:"《四库提要》成书仓卒,谬误本多。惟释家类著录十三部,存目十二部,谬误尚少,此必稍通佛学者所为。吾尝考之,四库馆员中以佛学名者无几,吾颇疑其出于历城周书昌永年也。"又说:"尝阅王述庵昶《春融堂集》四十五《再书楞严经后》,有云:'今天下士大夫能深入佛乘者,桐城姚南青范、钱塘张无夜世荦、济南周永年书昌及余四人,其馀率猎取一二桑门语,以为词助,于宗教之流别盖茫如。'此文撰于乾隆三十六年辛卯。昶时在云南军中效力,范以是年正月卒,世荦曾撰《楞严宗旨》,乾隆九年举人,当卒在前,永年则以是年成进士。越二年,即开四库全书馆。今《四库提要》'《开元释教录》'条下,注云'江西按察使王昶家藏本',而存目'《正宏集》'条下,则注云'编修周永年家藏本'。吾因此颇疑释家类提要出永年手,故舛误尚不多也。"《四库提要》分任纂修的学者很有些名人,周永年参加四库馆,明见乾隆三十八年七月上谕,而他担任修释家类提要,则是援老首先提出来,这一论断似乎很难找到反驳的证据。

援老考证细密,论周永年撰释家类提要,尚不足见其精妙,看他指摘出来的极小的错误,则不能不感到一般人的粗心大意。论《历代三宝记》说："周沙门《忘名传》略云：武帝世，沙门释忘名，俗姓宗，讳阙殆，南阳人……《佛祖统纪》续藏本卅八，乃云'梁补阙宗殆，以学行知名。梁亡，弃官出家，号无名'。频伽藏本《统纪》卅七，又作'梁补阙宗始'。按补阙之官，始于唐武后，梁时安得有补阙，僧人不学，殊可笑。忘名所著……集十卷，《隋志》以次后周仪同《宗懔集》后。宗懔者，亦南阳人……忘名即宗懔宗人，而姚氏引明冯惟讷《诗纪》、严可均《全后周文》均误亡名为俗姓宋，殊失其义。"补阙官名之误，自是僧人不学，而误姓宗为姓宋则不能不说读书人不小心。

严可均是清代名学者，辑《全上古三代秦汉三国六朝文》七百四十六卷，全书出于一人之力，自难免发生错误。援老举出其中极可笑者两条。

《续高僧传·拘那罗陀传》说："拘那罗陀，陈言亲依，译言真谛，谛止广州王园寺。时宗、恺诸僧欲延还建业，会扬辇硕望，恐夺时荣，乃奏曰：'岭表所译众部，言乖治术，有蔽国风，可流荒服。'帝然之。"援老说："此言真谛法师门徒僧宗、智恺等欲迎法师还建业，建业诸僧妒之，乃奏言真谛新译《唯识》等论，有乖治术，可流荒服，不令其还都。时称建业为扬都，扬辇即指扬都。《全陈文》十七乃以扬辇为人姓名，而载其奏流拘那罗陀文，于扬辇略历，注云未详，不知扬辇非人名也。"严氏误认地名为人名，由于他忘了"辇下"，或"辇毂下"，都是指都城而言。虽原文过于简奥，若出于不学之徒尚可谅解，铁桥精研小学，似不应颠顸至于如此。

《续高僧传·道庄传》说："道庄，建业人。初听彭城寺琼法师，禀受《成实》，宗匠师表，门学所推。琼后年疾相侵，将欲传绪，通召学徒，宗献顾命，众咸揖谢于庄，允当遗寄，琼曰：'庄公学业优奥，诚如弘选，然其首大足小，终无后成，恐其徙辙馀宗耳。'遂不行众议。"援老说："此宝琼法师批评道庄不足当遗寄也。《全后周文》廿二引此，乃作'宗猷遗琼法师书'，而于宗猷略历，无一言注释，不知宗猷亦非僧名也。《真观传》言：'观声辩之雄，最称宏富，自尔词人，莫不宗猷于观。'宗猷犹言推举耳。严君因有'允当遗寄'句，将'寄'字连下读，遂以琼语作遗琼书，此大误也。"严氏于此有二误，先则不识"宗猷"之义，其后则以"遗寄"接连下句。倘非先师细心校读原著，找出严可均误解文义，与误断句读之处，则这三个荒唐的错谬，不知要流传到几时了！

先师的撰《概论》，是学校讲义，为引导后学而作，又限于佛教史籍范围内，而其中订正儒、释典籍的讹舛，著作体例的失当，以及指摘前人引书的错误，解释文字的支离，胜义新说层见迭出。书内精核的考辨，置之《潜研堂全集》中，敢说毫不逊于钱竹汀(大昕)，岂仅与读已见书斋余氏(嘉锡)方驾而已！先师自己屡说："撰述必须认真，不可掉以轻心。"读了《佛教史籍概论》，愈使我相信援庵先生自定之稿，的确能实践他自己的话。

1981 年 6 月 23 日

(原载《新晚报》，1981 年 6 月 29 日及 7 月 10 日)

发展学术与延揽人才

——陈援庵先生的学人丰度

过去国内大学延聘教授，倘若不是办学当局自己去物色，就是出自别人的推荐。办学的人能完全以尊重学术为主，不存有派系、门户之观念去延揽人才，为数并不太多；而在学术界有地位、又有能力推荐人的人士，肯大公无私地以开展学术、发扬研究风气为目的去援引人才，不存心树立党派，就更难能而可贵了。

蔡孑民先生办北京大学之出名，由于他能兼容并包延揽各方面的人才，无待多说。蔡孑民请年青刚从美国学哲学回来的胡适之，接替博闻强记的古文经学家陈汉章先生教"中国哲学史"，不足为奇；他聘考不上北大的梁漱溟来北大教哲学，就不能不佩服他发掘人才、重学问而不重文凭学位的胆识，与用人不论派系、籍贯之伟大。

可惜北大国文系仍不免有被浙江同乡会、章氏同学会包办的嫌疑。形成这种状态，自有种种因素，不能说孑民先生存有什么偏私之心。不过必须指出，不论资格、不审查著作，办学的人不了解被请人的学术，滥竽充数的流弊，就容易产生。北大当年国文、历史两系有几位教授，不能算上等人选，其故即在于此。直到胡适作了北大文学院院长，国文、历史两系才有改革进步。

清华办国学研究院请胡适去主持,胡适推辞了,却举荐章太炎、梁任公、王静庵、陈寅恪四位先生。四个人之中,大约只梁任公与胡氏有来往,其馀三人对胡不仅没有交谊,而且论政论学的意见都相去很远,而胡适之推荐了他们。在当时社会上,章、梁二人名气最高;静庵先生虽已有著作出版,一般人很多对他缺乏认识;寅恪先生更是寂寂无名,也未曾有一篇著作问世。如果以高级学位为审查标准,四位先生无一能入选。若凭著作,寅恪先生必被摈诸门外。胡先生这次推荐,虽遭太炎先生拒绝,梁、王、陈三先生则都俯就了,他们在清华国学研究院导致的辉煌学术上成就,无可否认是影响深远巨大。追本溯源,绝不能抹杀胡适之以学术为公的丰度,是继蔡元培后第一人。香港大学在抗日战争前夕曾经想请胡适来担任文学院院长,胡适推谢,却介绍许地山来香港。许出身燕大,留学英美,研究比较宗教,通梵文,笔名落花生;未出国前是新文学运动健将。北京大学当时为全国首屈一指的最高学府,执教其中的人对教会学校,如燕大者,不十分看得起,胡氏则无此观念。我的老友张佛泉出身燕大,留美,写过许多政论文章,批评过胡适;胡却很欣赏他,也是胡氏介绍他到北大任教授。

钱穆在苏州教中学,他既未留过学,也未进过大学。钱氏写了一篇《刘向歆父子年谱》,刊登在那一年的《燕京学报》。1929 年郭绍虞、顾颉刚荐他到燕大国文系任讲师,胡适看到钱的文章,虽是对胡所倡导的疑古辨伪有些唱反调,他却大为称誉。1930 年由胡推荐,北大聘钱氏为史学系副教授。从此钱穆成为北大最受欢迎的教授,名满天下。郭、顾与钱氏交好,又共同教过中、小学,荐他到燕大,是可以理解的。胡适与钱素昧平生,只看钱这篇文章,即聘他进入北大,其为爱才重学,虽反对胡适的人也应当予以承认。

胡适之援引学人与蔡孑民似乎不同。他介绍陈寅恪到清华研究院,请钱穆教北大本科。他的尺度的确掌握得很有分寸。此外他聘用年青后进，没有不兼重学位与著作的。如吴晗清华毕业后，他就请他到北大，虽然吴不肯去。张谷若北大毕业，他请他翻译哈代的小说，又约他在北大教英文。假如吴、张二人成绩不佳，纵使有学位，胡氏也不肯理他们。胡适被人目为学阀，这些都是他招怨的缘由。

先师陈援庵先生极口称赞清代的朱筠（笥河）、阮元（芸台），说他两人能赏识治学有成绩的人士，为之揄扬推毂，对于乾嘉学术的发展，功不可磨，屡向我述说。可惜援庵先生官位不如朱、阮，在学术界的势力也不及蔡、胡。

援庵先生在北京大学授课时，余嘉锡（季豫）先生的儿子余逊（让之）是他的学生。援庵先生看让之的作业，觉得他学有渊源，与一般学生不同，便问让之从何人受业，让之说明幼承庭训。那时季豫先生正在赵尔巽家中课读，让之随侍在京。援庵先生向让之表示，希望能与季豫先生一见。后来季豫先生去看了援庵先生。二人谈到治学经过，原来都是由《书目答问》入门，再读《四库全书总目提要》才逐渐深入的。季豫先生不仅深通录略之学，更精于史部考据之学，二人志同道合，相遇恨晚。援庵先生对季豫先生既甚钦佩，于是逢人说项斯。辅仁大学成立，请季豫先生为国文系教授，后来任系主任、文学院院长，又兼任北大教授，都是出于援庵先生的推挽。

读过季豫先生的《四库提要辨证》、《余嘉锡论学杂著》等书的人，谁不钦仰余先生读书之博、考证之精？如果余先生不为援庵先生发现而加以援引，他能否在北京高等学府中立足，颇成问题。只看他平日所往还的人士，辅仁诸同事外，他校国文系的人，惟有清华及北师大国文系教授杨树达（遇夫），因为是湖南同乡，才相过从，就反映出余先生在北京之落落寡合。

张星烺（亮尘）是地理学会会长张相文的儿子，留德专攻化学，回国后任北京工业专门学校化学教授。援庵先生同张相文是朋友，张亮尘翻译了《马哥孛罗游记》,援庵先生看到,极度称赏,介绍给燕京大学国学研究所出版(燕大国学研究所经费来自哈佛燕京学社)。由此张氏兴趣转为研究中西交通史,撰成《中西交通史料汇编》。援庵先生介绍张氏任燕京国学研究所研究员、辅仁大学史学系教授兼系主任。一人而曾任文理两科教授,以我孤陋所知,大约以张亮尘为第一人。张氏之得识援庵先生,虽因其尊翁相文先生,如非援老爱才若渴,汲汲鼓励通外文研究蒙古史与中西交通史的专门学者,我相信亮尘先生不会走上研究中西交通史的路。

冯承钧(子衡)留学法国,回国后,任职教育部。曾译黎朋《群众心理》等书,列入《尚志学会丛书》,商务印书馆出版。其后他病瘫痪,失业,在家译法国汉学家沙畹、伯希和等人著作。冯氏口述,其子笔授,以稿费谋生。这些文章都是法文,载于《通报》与《亚细亚学报》等杂志,是北平图书馆所藏。馆长袁同礼不允外借。援庵先生知道此事,出面说:"我替他借,由我负责!"那时援庵先生是北平图书馆委员会委员长,袁同礼自不能违抗。冯氏之能完成译事,实出于援老的挺身仗义相助。冯氏本不治中西交通史,也不治蒙古史,因为长期翻译汉学家的论文;而这些汉学家论文的内容不是讨论蒙古史,便是中西交通史,他终日与之为伍,不断接触,便由外行变为内行,终于导致他也走上研究蒙古史与中西交通史的路上来,成为内行。援老之支持冯子衡,我不仅听向觉明(达)说过,也有目睹的证据。这是援庵先生帮助通西文研究中西交通史和蒙古史的又一个专门学人。

姚士鳌(从吾)北大毕业后,曾在中国地理学会、教育部、国会都作过职员,其后考取官费,留学德国攻读历史。北洋政府经济困难,官费发不出,姚在德无法继续攻读,求助于援老,援老为他向哈佛燕京社申请补助,姚氏才能完成学业。姚氏归国后,援老大称赞他。一、他在德研习史学方法论,这是中国治旧史学的人所渴望学到的;因为从清末到民初，中国人所学西洋史学方法论，多数从日本辗转稗贩而来，往往是二手货（包括援庵先生所学的在内）。二、他在德国专攻蒙古史，这足以弥补从魏默深、洪文卿、屠敬山、柯蓼园先师到援庵先师治元史每个人都不通外文的缺陷，所以援老对他誉不绝口，要我们以他为榜样。1931 年（可能记错?）我逢到姚在励耘书屋座上，他刚从德国回来，就出任北京大学史学系主任教授，也在辅仁大学兼课，教一门"史学方法论"。姚氏在《辅仁学志》上发表了一篇《蒙古史发凡》，援庵先师说："你应当细心的去读它。"我后来终于明白了，援庵先生支持冯子衡译书，鼓励张亮尘转行，援助姚从吾留学，是为了填充本身研究史学的不足，也即是扩展中国史学家的能力。

岑仲勉广东顺德人，在广州一个教会中学教书，写了考释西域地名的文章，发表在校刊上，寄到励耘书屋。援庵先生看后，极度说好，介绍他给傅斯年，傅氏就请他任史语所研究员，岑氏同援老直到抗战胜利后，中央研究院在南京选举第一届院士，才在南京见面。虽然人们可以胡说援老是顾念同乡之谊，但他二人无丝毫渊源，广东人多得很，如非岑氏对西域史地有很好的研究，援老岂能徇私荐人给傅斯年，傅又岂能贸然接纳?

向觉明（达）是柳翼谋（诒徵）的高弟，任北京图书馆专门委员，主编《大公报·图书副刊》。我认识他时候，他正着手写《唐代长安与西域文明》，是研究中西交通史众多学者中成绩最卓著的学者。我在燕京国学研究所研究的题目是《历代蕃姓考》，南北朝隋唐五代一段，恰好与觉明研究的有关，所以时时往还讨论，交换心得。他的《唐代长安与西域文明》一文初稿，我曾为之校读。我在《图书副刊》投稿，就是由于他的督促。援老见到他的文章，拍案叫绝，力嘱我约他一晤。觉明应邀往励耘书屋晋谒。其后援老聘他往辅大教书，他拒绝了，援老嗟叹累日。

援庵先师撰《元西域人华化考》，自诩未引用一条外文材料，而在中西交通史上能写出这样突破外国学人的文章。的确，这本著作到今天依然受国际上研究中西交通史的学人重视，我们应引以为荣。援老有关中西交通史的研究，此后却不再见，明显地，再进一步去研究不能不涉及许多外国与外族语言，是势所必至理所当然的事。援老后来之放弃中西交通史研究，与其说兴趣转变，不如说受了语言知识的局限。同样理由，援老本以研究元史著名而他对元史的著作并不多，则他不愿意与洪文卿、屠敬山、柯蓼园先师等人一样，依赖别人的翻译去作研究，也无待再去赘述了。

有位清华国学研究院出身的某君，将日本白鸟库吉在日本《史学杂志》发表的《东胡民族考》译为汉文，分成《鲜卑民族考》、《契丹民族考》若干篇，署了自己的名字，送给援老看。援老认为他不仅通德、日语，又通蒙古、满洲、契丹语文，真是了不起，就介绍给《燕京学报》发表。后来为人揭穿，他固然十分狼狈，援老也受了连累，被指摘为粗心大意。君子可欺以其方，观援老之误失，可以明白援老急于求才的心理。

从这些事中都可以领悟，援庵先生自己不通欧洲语文，不研究古中亚细亚与蒙古、波斯、阿剌伯等语文，他研治蒙古史、中西交通史都遇上了障碍。他一面鼓励学生们读现代欧洲语文，研习北中亚民族语文，另一面遇到通欧西与亚洲各外族语文、能研治蒙古史、中西交通史的人才，必极力去发掘支持，帮助他们成名成学，希望他们推广所学以弥补中国的史学之不足，而不问这个人是否为自己的朋友或学生。这种学人丰度，诚不多见，诚不多见！

我对陈寅恪先生的开始有所认识，并非由于自己能读他的文章，而实在是受援庵先师的启发。我开始读寅恪先生的文章，或论蒙古源流，或论西夏译经，或论梵藏译经，感到枯燥无味，殊难接受。某日援老拿着《历史语言研究所集刊》某一本指其中寅恪先生一篇文章说，这段是"破"，这段是"立"，考证文章必须这样作，才合规格。又告诉我寅恪先生学问的渊博，通晓的语言之众多等等，我才顿开茅塞，从此对寅恪先生崇拜万分，以私淑弟子自居。援庵先师与寅恪先生生于并时，同治史学，却对寅老如此地钦佩，诚可谓虚怀若谷。这不仅因为寅老通晓众多语言，远远超出姚从吾、张亮尘、冯子衡、向觉明、岑仲勉诸人之上，更因为寅老深通宗教、考古学、文学、史学、哲学、语言学、社会学，不仅能考订史料，也能解释历史现象；他虽不讲史学方法论，而他的史学成就已超乎考据之上，而且超越了好几个层次了。

援庵先生这样恭维陈寅恪先生，他虽未向我明白说出这些，我钻研寅恪先生著作多年之后终于悟出了上述的道理。自信虽不中，亦不远矣！

李玄伯（宗侗）在故宫盗宝案发生后，蛰居上海租界，译法国文化人类学作品，谈古代希腊祭祀祖先礼俗（书名忘记）。援庵先生看到后，倾倒备至，广为介绍，教我读这本书。我知道李玄伯其人，了解文化人类学，由此时开始。奥地利研究文化人类学神甫到辅仁大学讲学，援老以六十高龄到堂听讲，从不缺课，还作了笔记。及至撰《明季滇黔佛教考》，对于开山、掘泉、建寺各种神话的解释，就是根据当时听讲的心得。我到台大后，向李玄伯请教母系社会问题，读文化人类学的书，都是得自援庵先师介绍我读李玄伯译书的启发。从援老恭维李玄伯一事来看，足证援老注重解释历史，并非甘心永远在考据史料之中徘徊；也足以说明他之十分钦佩寅恪先生，正是因为寅老既通多种语言，可以考订史料，又博识历史辅助科学，可以多方面去解释历史。

援庵先生著《明季滇黔佛教考》、《南宋初河北新道教考》、《通鉴胡注表微》，以发扬民族气节，振作爱国精神为宗旨，人人皆知。他想用文化人类学解释历史的现象，则仅在《明季滇黔佛教考》中略露端倪，而未能广为利用,并且知道其事的恐已不多,所以在这里要特别的指出来。

蔡子民、胡适之两人均曾任北京大学校长及中央研究院院长,他们援引人才比较容易。援庵先生任辅仁大学校长不过是天主教教会的傀儡,作洋人对付中国教育部的招牌。他用人的权力与胡、蔡不可同日而语。不过援庵先生能知自己之所短表扬别人之所长,是他最不可及之处。如果他仿顾炎武写《广师篇》,必然会写出"博通录略,吾不如余嘉锡;词章尔雅,吾不如张孟劬(尔田)、邵次公(瑞彭);综贯经术,吾不如高阆仙(步瀛);校勘群籍,吾不如孙人和(蜀丞);历算精详,吾不如常福元;学贯中西,吾不如陈寅恪"一类的话。这虽是出自我的推想,但都是以侍坐励耘书屋闻诸先师的训诲为依据的。他的确诚心诚意为发展中国学术而引用许多不是学校出身的积学之士。除了余季豫以外,他为辅仁聘请了朱师辙、闵尔昌(《续碑传集补》编者),介绍张孟劬、邓之诚到燕大教书。这都说明了先师惟知以学术为重,绝对没有门户之见,更没有心去作教主。

1985 年 11 月 30 日属草,值久病稍瘥,体力犹甚衰惫,勉成斯作,以应《明报月刊》二十周年纪念之约。其中记忆叙述之缺,定在不免,尚祈励耘同门友好指正为幸! 12 月 2 日晨脱稿,福山牟润孙志于九龙寓庐,时年七十有八。

(原载《明报月刊》总第 241 期,1986 年 1 月,页 58—60)

敬悼陈寅恪先生

陈寅恪先生逝世的消息见于香港《新晚报》，到现在已将三个月了，仍然有人不相信，以为不可靠，足证人们对这位史学大师是如何的怀念。在海内外，无论谁都会希望他老人家多留在世上几年。其实以寅老近几年的遭遇而言，一个失明断腿年已八十的老人还要受种种折磨，能早日一瞑不视，得大解脱，自其个人来讲，未尝不是好事。我到香港后，陈先生曾托朋友带出来几本《论再生缘》油印本，也送给我一本，我读后，很明了他老人家的心情，感觉十分凄凉，一句话没有讲。有人借给友联研究所一本，友联将它排印出来，有人作了篇序（也许是跋，记不清了），大发挥其中蕴义。后来听说，果然给他老人家招了祸。幸而有人替寅老解说，广东的高官对他又正在优礼，没追究下去。1966年（或许是1967）我曾寄给陈先生一篇文章。不久，得到一封别人署名的信，说以后请勿再寄，并嘱我转告另一位朋友请他也不要寄药物给他。这时正是红卫兵开始闹的时候。后来有认识陈家的人告诉我说，《明报月刊》上有一篇文章报道红卫兵曾经去批斗先生，抄他的家，我听了之后十分难过。我寄文章给他，是否增添了他的罪名？直到如今，心里总是后悔万分。我不是寅老的受业弟子，没有听过他的课，只是在别人的家里座上见过，同他吃过一两次饭。我对于陈先生的学问非常佩服,我的老师励耘先生对他恭维备至,谆谆告嘱我应当去读陈先生的著作,学他的治学方法。所以我一直以寅老的私淑弟子自居,讲书作文常称述他的学说,当然他老人家并不知道。

人们提到陈寅恪先生,一定称赞他的学问很渊博,方面非常之广,通的语言也非常之多。这的确是事实,也是近代中国学者中所罕见。寅老在清华国学研究院,曾以研究历法和边疆民族的石刻为题指导研究生,早期在《清华学报》和《史语所集刊》上,发表过几篇有关梵文西藏蒙古的论文。然而后来却不见他讲这类的课,写这类文章。如果将寅恪先生的著作按时期排列起来,一定可以看出这一个转变的趋向。我没得到什么记载可以说明陈先生转变治学方向的原因。据我的推测,大约是受国难的影响,使他想到考据的史学对于国家社会没有用处。在某些历史问题上,必需利用异国或别族的语言和某些科学知识,才能解决,无疑的陈先生在某些方面是中国的权威,只有他可以研究那些问题。

从清朝道光年间,鸦片战争发生前后,中国史学家开始趋向于研究边疆史地,魏源著《元史新编》,张穆作《蒙古游牧记》,何秋涛撰《朔方备乘》,皆是流传后世的名作。龚定庵亦曾经编过《蒙古图志》,据《定庵文集》的记载,是已有积稿而未成书,被毁于火。这个风气继续发展,研究西北史地之风于是大盛,李文田、洪钧、屠寄、沈曾植、先师柯凤荪先生,相继而起。到了民国,又接上中西交通史的研究。推究这个风气发生的由来,很清楚的是受了帝国主义侵略以后,大家注意到国防问题。考证各史外国传,研究边疆地理和民族,推广到中西交通,是从一条线索上发展出来的。寅恪先生家学渊源人所共知,他如何能不受到时代风气的感染?何况他最佩服沈子培(曾植)。他出国后又接触到不少的汉学家如沙畹、伯希和、马伯乐等人,这一群人正在那研究蒙古、西藏、西域、敦煌卷子等等问题。他受到他们影响也是很自然的。五四后,胡适之提倡以科学方法整理国故。北京大学办研究所,先成立国学门。所谓"国学",其实是一个来自外国的名词,外国人研究中国问题,自称为"汉学"(Sinology),文字、语言、历史、地理、考古、民俗、美术无所不包。中国人办研究所,自然不能用"汉学"两个字,于是改称"国学"。几十年来积非成是,大家沿用不疑。清华模仿北大办国学研究院,聘请陈先生,正是因为他深通"汉学"。其后中央研究院历史语言研究所成立,在《集刊》第一本第一分有一篇本所工作旨趣上面说,汉学的中心向来在巴黎在东京,我们要将这个中心建立在北平或南京(大意如此)。虽然中央研究院不用"国学"这个名称,而人们心中所向望的仍是外国人的"汉学"。经过北大、清华,到史语所成立,清代考据馀风与外国"汉学"很容易地结合起来,成了五四以后中国文史之学发展的根源。笔者个人出身燕京大学国学研究所,自然不能例外,也是在这个风气下熏陶培养出来的。

说到寅恪先生治学方向的改变,应当先说一说陈援庵先生,就可以对于寅老所以转变及其在史学上的贡献何在,了解得更清楚些。援庵先生是我受业的老师,他的学问也是受"汉学"的影响,到了日本侵略势力加深后,援老治学方向就渐渐变了,这是我亲身闻见的事。援老成名之作《元西域人华化考》,在观念上本来已超越西方汉学家,改变方向之后,晚年之作更为中国史界开辟新风气。二位陈先生是要好的朋友,常常在一起谈学问,他们二位在思想和治学上,一定会互相受到影响。援庵先生所注重的是中国文化和民族气节,寅恪先生所注重是政治制度和社会变迁,皆是历史上的大问题。这些问题是基础是根本,如不先解决,其他什么别的问题,无论研究如何的精细,皆无处去附丽,宛如空中飘散的一枝一叶而已。专重考据,最后必至写不成历史。史学变成玩物丧志,在太平时候犹可,一旦国家有事,史学家如果反躬自问,便会觉得自己的研究工作无补于国,愧对民族。在史语所成立,中国"汉学"流行以后,没有多久,九一八事变便发生了,国难由此日趋严重。援老于是注意到民族气节,寅老于是讲政治制度。两位先生都不再专治考据,而讨论大的问题,其转变关键,即在于这里。因此,大陆新政权成立前,说到中国当代史学家,无论谁,都一致推二位陈先生为领袖。1959 年以后,大陆虽专讲唯物史观,人们必须以马列主义观点去研究历史。而在闹红卫兵之前,对于两位陈先生,仍知道尊敬。可见两位陈先生在史学上的贡献,有其客观上不能抹杀的价值,谁也无法扬弃。

以寅恪先生所著的两部史学专著《隋唐制度渊源略论稿》和《唐代政治史述论稿》来说,陈先生指出李唐之建国为"关陇胡汉集团"的势力,这个集团是唐代初期(武则天执政以前)的统治阶层。有人反对他这一说法,我起初也不相信。我作过更深的探讨以后,不仅找到许多证据支持这一说法,而且由于其说的正确,以它为基础,再进而研究那一时期的学术思想,更获得许多新发现。又如说到魏晋的玄学思想是名教自然调和论,寅恪先生首揭其义,唐长孺继续申明其说,对于这一段思想史的了解,因而愈研究愈清楚。更如以史事笺证元白诗,讨论唐代社会风习,结合文史之学,开辟研究社会史的途径。引用史事笺注诗文,为传统的旧方法,而用来研究历史,以前却没有人能如同寅老这样作。

寅恪先生的著作中,所征引的材料无一非人人习见常读之书,所用的方法,看来与过去的考据家以及笺诗注史的学人没什么分别;他却能从很小很细微的材料中看出大问题。譬如从韩愈《送董邵南游河北序》讲出安史乱后河北为藩镇割据,那时的藩镇多数是胡人,河北宛同被异族统治,在那一个地区里,周孔文教衰微,而夷狄人骑射的习俗发达。更从李德裕祖父李栖筠自赵迁居于卫的故事,看出唐代由于胡化藩镇盘踞河北,大族被迫放弃祖居而南迁所引起社会问题。这一连串研究，是多么锐敏，多么深刻，材料却是那么平常，那么碎细，所涉及的问题却是那么重大。这绝非考据家或作笺注的人们所能办到的。

在民国时期，我国学西洋史学的留学生，回国来多数是讲西洋史，讲中国史的殊不多见；即使有之，往往用西洋的格式，填充上中国材料。如果不是削足适履，这种方法自然很好；而多数作品，一望即知其为仿效。惟有寅恪先生能够真正贯通中西，他有许多观点诚然是受了西方影响，如论政治制度和社会习俗等等。他的著作中却一点不露模仿的痕迹，表现得很自然，使人感觉到是在讨论中国本有的问题。他从来不像其他的人，由西方书中学来理论系统和问题名词，在中国书中找材料，七拼八凑生吞活剥地讲西方式的中国问题。那些著作，虽然有些地方还看得过去，可总觉得似是而非，仿佛走了样，如同穿着错脚鞋，走路有点别扭。陈先生审查冯友兰的《中国哲学史》报告书中说："寅恪生平好为不古不今之学，思想囿于同光之际，持论近乎湘乡南皮。诚知旧酒味酸，姑注于新瓶之底，以待一尝可乎？"真的，他作到了用新瓶装旧酒来，又会装进新瓶去。旁人来买新瓶，多数只能装新酒，想装旧酒，往往不是没酿好，就是装错了醋。

寅恪先生给援庵先生的《元西域人华化考》撰序，在序文中曾说到清代史学衰落不及宋朝，并不承认清人对于史料或历史上某一问题所作的考据是完整的史学工作。他极恭维《资治通鉴》，称为中国第一部政治史，而用《唐代政治史述论稿》作他的书名，即此一端，就足以知道他老人家所向往的是司马温公，自己所要作的是史学家。在《华化考》序文里，寅恪先生评论清人的经学说，因为"材料残缺而不完备，可为悠谬莫可究诘之说，譬如图画鬼物，其似否，读者与画者两不知也"。这是针对着当时疑古派所作古史研究而发的。又说："寅恪不敢读三代两汉之书。"正因为一群疑古辨伪的人发了许多怪论，所以他老人家不敢读那些书了。语婉而讽，辞隐而义正，和前引审查冯友兰《哲学史》报告书中对当时治思想史学者的评论相同。

陈先生晚年留居广州,还有过不少的论文发表。专著则只有《论再生缘》油印出来。听说他后来又写一本"钱牧斋与柳如是姻缘考"(内容如此,正式书名不详),想来未及杀青,十分可惜。(附注:陈先生此书初名《钱柳因缘诗释证》,后改名为《柳如是别传》,在1980年出版。)

《再生缘》是一部弹词体的文学著作。人们一定要问考证这本书的结果在史学上究竟有什么价值,值得陈先生去花许多工夫?而且陈先生不是不专作考据吗?我则以为陈先生之《论再生缘》是件很有意义的工作,在他的书中有某一些话,适足以说明寅老撰写这本书的用意所在。书中讲到作者陈端生反对三纲的思想说:

> 端生此等自由及自尊即独立之思想,在当日及其后百馀年间,俱足惊世骇俗,自为一般人所非议。

又分中国知识界女性为三类,一为家主婆,二为交际花,讲到第三类说:

> 至于第三类,则为端生心中之孟丽君,即其本身之写照,亦即杜少陵所谓"世人皆欲杀"者。前此二类滔滔皆是,而第三类恐止端生一人或极少数人而已。抱如是之理想,生若彼之时代,其遭逢困厄,声名湮没,又何足异哉!又何足异哉!

明白指出自由及自尊之思想,不能为世所容。陈端生写《再生缘》,书中主角孟丽君是端生本人之写照,陈先生《论再生缘》,原书作者陈端生何尝不是他老人家的写照?陈先生又说:

> 六朝及天水一代思想最为自由，故文章亦臻上乘，其骈俪之
> 文遂亦无敌于数千年之间矣。……《再生缘》一书，在弹词体中，
> 所以独胜者，实由于端生之自由活泼思想，能运用其偶韵律之词
> 语有以致之也。故无自由之思想，则无优美之文学，举此一例，可
> 概其馀。此易见之真理，世人竟不知之，可谓愚不可及矣。

强调自由思想的重要，有自由思想，才能有优美的文学和别的学术，而
世人竟不知，是愚不可及。如果他老人家处在思想自由的环境中，何
必说世人竟不知？所以虽然陈先生所考证的是一部弹词，而其实是记
他本身的遭遇。还有一个证据，《论再生缘》书中讲到端生的妹妹长生
不忘怀端生，陈先生说：

> 呜呼！常人在忧患颠沛之中，往往四海无依，六亲不认，而绘
> 影阁主人于茫茫天壤之间，得此一妹，亦可稍慰欤？

端生本身既未犯罪，虽在忧患之中，六亲何至不认？明明是他老人家
感叹自己遭遇的话。

端生只用三年的时间写前十六卷，而续写第十七卷则几费十一个
月光阴。陈先生说：

> 今观第一七卷之文字，其风趣不减于前十六卷，而凄凉感慨，反
> 似过之。则非"江淹才尽"，乃是"庾信文章老更成"，抑又可知也。

自己注解说：

> 庾信《哀江南赋》云："天道周星，物极不反。"盖子山谓岁星十

二年一周天,人事亦当如之。今既不然,可悲甚矣。端生云:悠悠十二年来事,尽在明堂一醉间……自《再生缘》十六卷写完,至第一七卷续写,其间已历十二年之久,天道如此,人事宜然。此端生之所以于第一七卷之首,开宗明义即云:"搔首呼天欲问天。问天天道可能还。"古典今情合为一语,其才思之超越固不可及,而平日于子山之文,深有解会,即此可见。寅恪读《再生缘》,自谓颇能识作者之用心,非泛引杜句,以虚词赞美也。

端生的丈夫被罪,发往伊犁,未被释回,所以端生有这样的感慨。岁星十二年一周天,人事为何不能复返?子山家国之感,端生身世之悲,诚然如此。陈先生说端生"古典今情合为一语",岂非夫子自道其心情?更可以说明他老人家之考证《再生缘》并非"才尽",而是"文章老更成"。陈先生在书的开端说:

> 承平豢养,无所用心,忖文章之得失,兴穷窕之哀思,聊作无益之事,以遣有涯之生云尔。

末尾又说:

> 衰病流离,撰文授学,身虽同于赵庄负鼓之盲翁,事则等于广州弹弦之瞽女。荣启期之乐未解其何乐,汪容甫之幸亦不知其何幸也。偶听读《再生缘》,深感陈端生之身世,因草此文,并赋两诗,附于篇末,后之览者倘亦有感于斯欤?

既是受人"豢养",又与"负鼓盲翁,弹弦瞽女"相同,可知虽能苟活却无自由思想。"忖文章之得失",岂是作无益之事?在苟活的环境之下,只可写考证《再生缘》，用以发抒身世之感，又如何能不感到悲哀？在这一段的前面，陈先生说：

> 有清一代，乾隆朝最称承平之世。然陈端生以绝代才华之女子，竟憔悴忧伤而死，身名湮没，百馀年后，其事迹几不可考见。江都汪中者，有清中叶极负盛名之文士，而又与端生值同时者也。作《吊马守真文》以寓自伤之意，谓"荣启期二乐，幸而为男"。今观端生之遭遇，容甫之言，其在当日，信有征矣。

在乾隆承平时代，端生虽有才不幸而为女子，名学人汪中（容甫）自称幸而为男，有荣启期之乐。寅老说我处在承平之时受着豢养，而不能知荣启期之乐为何？汪容甫之幸为何？只为才女陈端生憔悴忧伤而死，和她的声名湮没而感伤。前后综合起来看，他老人家著书深旨，岂不是豁然明白了吗？

书中录抗战期中陈先生在西南时作的诗，其中《蒙自南湖作》一首，有"南渡自应思往事，北归端恐待来生"之句，自注说："十六年前作此诗，句中竟有端生之名，岂是早为今日谶耶？噫！""岂是早为今日谶"是《再生缘》书中端生自道之语，寅老借来自喻。诗中虽有"端生"两字，而不相连接，如何能说是寅恪先生著书的谶语？这明是指的"北归端恐待来生"，为著书时住在广州不能北归的谶语。又如《昆明湖书所见》一首，有"赤县尘昏人换世"之句，《咏成都华西坝》一首有"酒醉不妨胡乱舞，花羞翻讶汉妆红。谁知万国同欢地，却在山河破碎中"之句。虽是抗战中作，何尝不可移用于此时？《卧病英伦医院》一首中有"故国华胥犹记梦，旧时王谢早无家"之句，又岂只是卧病英伦时的感叹，在文革期中，无论王谢，普通百姓都不能有家了。全书最末附录两首诗，感慨身世的意思已然明白，何以要钞录十多年前旧作？而旧作中又只钞这几首？何况又详细注解"早为今日谶"之句，由预言之意来窥测，笔者的解说，或不能算作过分附会？最末两首诗是：

地变天荒总未知，独听凤纸写相思。高楼秋夜灯前泪，异代春闺梦里词。绝世才华偏命薄，戍边离恨更归迟。文章我自甘沦落，不觅封侯但觅诗。

一卷悲吟墨尚新，当时恩怨久成尘。上清自昔伤沦谪，下里何人喻苦辛。彤管声名终寂寂，青丘金鼓又振振。论诗我亦弹词体，怅望千秋泪湿巾。

读前面引的陈先生几首旧作，再看这两首，便知寅老伤感身世的意思，真是反复言之！"青丘金鼓"之句，虽为《再生缘》中本事，而那时正有韩战，岂非"古典今情合为一语"？

陈先生感叹地说："呜呼！端生于乾隆三十年，辍写《再生缘》时，年仅二十岁耳，以端生之才思敏捷，当日亦自谓可以完成此书，绝无疑义，岂知竟为人事俗累所牵，遂不得不中辍，虽后来勉强续成一卷，而卒非完璧，遗憾无穷。至若禅机蚤悟，俗累终牵，以致暮齿无成，如寅恪今日者，更何足道哉！更何足道！"虽是借他人酒杯浇自己的块垒，而他老人家晚年不能运用自由之思想以完成著史的宏愿，痛苦凄凉的情感已跳跃于纸上。

另外我要说两件事，全是一位朋友告诉我的。他说：中央官员曾约寅恪先生北返去作科学院中古史研究所所长，寅老辞谢不去，说："王静安先生死后，墓前立了个碑，碑文是我给他作的，作得并不好，不知那碑现在如何了？"回信说："墓碑保存得很好，请先生不必挂念。"其实碑文中有治学应有"自由之思想，独立之精神"几句话(手头无原文，字句不知有误否）。大约寅老的意思不在于墓碑之是否存在，而是这两句话能否保持。这是一件事。在"百家争鸣百花齐放"的时候，他们要寅老讲话。陈先生说：孟小冬戏唱得极好，当今须生第一，应当找她回来，叫她唱戏，以广流传。我想这话也许是借题发挥，其中的含义，似有应当保存传统的正宗文化之义（孟小冬是京派余叔岩嫡传弟子）。这又是一件事。事情虽有，用意何在，则是我和朋友推测出来的。

在抗战时期中，寅老有三首诗，见《近代学人手迹初集》，现录两首于后。第一首是《闻道》：

> 闻道飞车十万程，蓬莱恩怨未分明。玉颜自古关兴废，金钿何曾足重轻？白日黄鸡迟暮感，青天碧海别离情。长安不见佳期远，惆怅陈鸿说华清。

另一首是《癸未春日感赋》：

> 沧海生还又见春，岂知春与世俱新。读书渐已师秦吏，钳市终须避楚人。九"鼎"铭词争颂德，百年粗粝总伤贫。周妻何肉尤吾累，大患分明有此身。

二诗寄托何在？隐约不明，似乎咏的是时事。第二首九下的"鼎"字印本空缺，是笔者依照文义补上去的。我们如果再讽诵一下《论再生缘》书中附载的诗，便可知道陈先生文学修养是如何的深厚。他在诗中关怀国事世变，感慨万端，恳挚之情不下于工部，真能得风人之旨，上承散原老人的遗范。由于他老人家有这样的文学造诣，文史兼长，才能以诗证史，发人所不能发。今日研究历史的人，文章能作通的已不多见，如何可与寅老相比拟？

　　大约是在民国二十二三年的时候,清华大学入学试,国文一科,一道作文题之外,有二条对对子的题目,大受当时人的批评。寅老写一封信给清华国文系主任刘文典,公开发表在《大公报·图书副刊》上。寅老自认题是他出的,强调中国文学中的骈偶性,读文学的人一定要先知道平仄。更说明"中国语文属于缅藏语系,英文属于印欧语系,依照比较语言学的原理,不同系的语言,不能作比较文法研究。《马氏文通》用英文和中文作比较,来研究文法,不愧为豪杰之作,但不合于语言学原理,我们今日不能再走马氏的路。中国语文中没有阴阳类的分别,不需强造'她'和'它',去比附英文"。我手头无原文,只能略举大意。此文发表至今已有三十多年,并没看见有什么反对言论。举此一事,即可以明白寅恪先生在语言文学上的造诣是如何的超越了。

　　寅恪先生不特在学问上能运用自由思想,做人的气节风骨也是绝俗超尘,有独立自尊的精神,非阿媚取容的人所能望其项背。他的未完成之作,推想起来,很可能是称赞柳如是的忠节,而贬斥钱牧斋的柔弱无耻,到了临大节的时候,并其妾而不如,以致丧失人格的尊严。他的用意在于指斥当世人物不能独立自尊可知。这本书未能问世,先生已归道山。世变日亟,天下滔滔。为了中国学术,为了人间正义,这是一个无法补偿的损失。才人易求,学者难得。今后如果要再找这么一位贯通中西博学多闻有正义感的大史学家,恐怕是不可能的事了。时代环境已改变,许多培养人才有利的因素都不可能再有。我们悼念寅恪先生,更为我们中国史学界仍然有人在那抱残守缺,惟知去找新材料,以史料代替史学,专走考据或"汉学"之路,深深地感叹!

1970 年 1 月 5 日

附录

和陶然亭壁间清光绪时女子所题咏丁香绝句

陈寅恪

故国遥山入梦青,江关客感到江亭。不须更写丁香句,转怕流莺隔世听。

钟阜徒闻蒋骨青,也无人对泣新亭。南朝旧史皆平话,说与赵家庄里听。

蒙自南湖作

前人

景物居然似旧京,荷花海子忆升平。桥头鬓影还明灭,楼外笙歌杂醉醒。南渡自应思往事,北归端恐待来生。黄河难塞黄金尽,日暮人间几万程。

(原载《新夏》杂志第 11 期,1970 年 5 月 15 日台北出版)

读《陈寅恪先生论集》

　　台北出版了一本《陈寅恪先生论集》,是"中央研究院"历史语言研究所编印的。最使人觉得奇怪的,为甚么书名要省去一个"文"字,不称为"论文集",而称"论集"? 是否表示有异于前人的文集? 如果专从题目看,很可能以为是一部评论陈先生学术的论文集,因为过去有些某一专书的论集或某一专题的论集,是集合若干篇研究某一书或某一专题的文章为一书的。从文法上说,将"论文"缩短为一个"论"字,应当可以说得通;但用作书名,和一个人名连系在一起,而内容并不是讨论这个人,乃是这个人的论文集,似乎不太适合? 推想起来,很可能因为收了两部专书,不便称论文集,于是去掉一个"文"字。如果真的如此,当时何不多推敲推敲? 或者是仿效释藏中的经、律、论的三分类法取名,而陈先生并无经与律之集,如此取义很难合理地解说明白。

　　陈寅恪先生是当代史学大师,生前曾担任过历史语言研究所的第一组主任。这次史语所印陈寅恪先生的论文集,将他的专书《隋唐制度渊源略论稿》、《唐代政治史述论稿》都收在里面,却不将他的论文收全。1948 年以后,在大陆所发表的文章,台湾不便印,人们尚可原谅。在《国学论丛》、《清华学报》、《论衡》等杂志上所发表的文章,都在 1948 年以前,为甚么不收录?《敦煌劫馀录》的序可以收入,而《元西域人华化考》和《明季滇黔佛教考》两部书的序，为甚么不要？《元白诗笺证稿》也是专书，与《隋唐制度渊源略论稿》、《隋唐政治史述论稿》有何分别？编者一定要解释，只能说那些都不是史语所出版。但是他们忘了，他们所以编印这个集子，固然为了纪念陈先生，而使陈先生的著作和学说得以广泛流传，才是主要宗旨。如果只是要表示他们所里第一组故主任的业绩，给人看看陈先生在他们所里发表过这些论文和著作，心地就未免失于狭隘。学问是天下的公器，没有任何机构可据为私有。编者可能没有炫耀陈寅恪先生曾在史语所作过主任，给他们增加光彩的意思，而若从取舍的标准来讲，却又很值得商量。

这本书的开端有一篇俞大维写的《怀念陈寅恪先生》一文，记述陈先生的生平与治学经历。俞大维和寅恪先生既是姻亲世好又曾同过学，由俞君作述叙诚然最适合。可惜细读寅恪先生的著作，似乎有些地方与俞大维所说的有些出入。如果说俞君亲闻之于寅恪先生是最可靠的史料，我所根据的则是陈寅恪先生的著作和论文，是不是比俞君所转述的更为可靠些？在这里，我只将从寅恪先生论著中钩稽出来的理论排列于下，藉此说明我对于陈先生治学态度和方法的了解，以向爱好义宁之学者请教。

俞大维说："对于所谓玄学，寅恪先生的兴趣则甚为淡薄。"又说："他甚恶抽象空洞的理论，本人从未听见他提及《易经》中的玄学。"又说："对每字必求正解。因此《皇清经解》及《续皇清经解》，成了他经常看读的书。"从这些话看来，寅恪先生应当是不谈玄学的。但在《支愍度学说考》中，陈先生说："夫魏晋清谈，崇尚虚无，其语言旨趣见于载籍，可取与心无义互证者亦颇不少。兹仅就《世说新语》注所引心无义，与王辅嗣《老子》、《周易》注旨意相似者，列举一二事，以见心无义者以内典与外书相比附之例。"以下陈先生引《老子》及《易·系辞》并两书之王弼注和《世说新语·假谲篇》注所引心无义者相比（见《陈寅恪先生论[文]集》,页434)。如果寅恪先生真是对于《老子》、《易经》的"抽象空洞的理论"甚为厌恶,他如何能写这一段文字?何况这篇《支愍度学说考》主要在于讨论格义之学,引《高僧传》卷四《竺法雅传》说:"雅乃与康法朗等,以经中事数拟配外书,为生解之例,谓之'格义'。"文中又广引佛经和《庄子》、《老子》,说明"格义"及"心无义"以内典与外书相比附的理论,无一语离开玄学。寅恪先生更说:"尝谓自北宋以后援儒入释之理学,皆'格义'之流也,佛藏之此方撰述中有所谓融通一类者,亦莫非'格义'之流也……'格义'之为物,其名虽罕见于旧籍,其实则盛行于后世,独关于其原起及流别,就予所知,尚未有确切言之者。以其为我民族与他民族二种不同思想初次之混合品,在吾国哲学史上尤不可不纪,故为考其大略,以求教于通识君子焉。"(《陈寅恪先生论[文]集》,页435)这一段话发前人所未发,真是创见。寅恪先生所讨论的是玄学史上的大问题(也许应当称哲学史),足以证明他对于抽象空洞理论不仅未尝厌恶,并且切实作过精深的研究。寅恪先生另外一篇文章《陶渊明之思想与清谈关系》,是抗战期间成都燕京大学印行的。文中首先指晋代清谈家的名教自然调和论,更为研究魏晋南北朝思想史一大发现,在《隋唐制度渊源略论稿》曾略有叙述(《陈寅恪先生论[文]集》,页27),其后唐长孺的《魏晋玄学之形成及其发展》一文便是推衍陈先生此文而成,直到今日还有其权威性。陈先生另有一文《逍遥游向郭义及支遁义探源》,发表于《清华学报》12卷2期,讨论到清谈、清议等问题,是讲魏晋思想史又一篇重要文章,唐长孺、汤用彤等一致推崇。

寅恪先生为冯友兰所著《中国哲学史》写的审查报告书说:"释迦之教义,无父无君,与吾国传统之学说,存在之制度,无一不相冲突。输入之后,若久不变易,则决难保持。是以佛教学说能于吾国思想史上发生重大久长之影响者,皆经国人吸收改造之过程……六朝以后之道教,包罗至广,演变至繁……故思想上尤易融贯吸收。凡新儒家之学说,几无不有道教或与道教有关之佛教为之先导……至道教对输入之思想,如佛教、摩尼教等,无不尽量吸收。然仍不忘其本来民族之地位。既融成一家之说以后,则坚持夷夏之论,以排斥外来之教义。此种思想上之态度,自六朝时亦已如此。虽似相反,而实足以相成。后来新儒家即继承此种遗业而能大成者。"这几句话,如果不是对于中国哲学史有精深的研究如何说得出?可见前面所引"北宋以后援儒入释之理学,皆'格义'之流也"是称赞的话,而非贬辞。陈先生在《大乘义章书后》说:"尝谓世间往往有一类学说,以历史语言学论固为谬妄,而以哲学思想论未始非进步者,如《易》本卜筮象数之书,王辅嗣、程伊川之注、传虽与《易》之本谊不符,然为一种哲学思想之书,或竟胜于正确之训诂。以此推论,则徐健庵、成容若之经解,亦未必不于阮伯元、王益吾之经解外,别具优点,要在从何方面观察评论之耳。"(《陈寅恪先生论[文]集》,页213)从此看来,说陈先生对于玄学兴趣极"淡薄",是不是不十分妥当?如果说正、续《清经解》是他常看的书,似乎应当说《通志堂经解》他也常看。或许对于专注重考据的人,以及不治经学的人,寅恪先生不谈这些而已。在《元西域人华化考序》里寅恪先生曾说:"清代之经学与史学俱为考据之学,故治其学者亦并号为朴学之徒;所差异者,史学之材料大都完整而较备具,其解释亦有所限制,非可人执一说,无从判决其当否也。经学则不然,其材料往往残阙而又寡少,其解释尤不确定,以谨愿之人而治经学,则但能依据文句,各别解释,而不能综合贯通,成一有系统之论述。以夸诞之人而治经学,则不甘以片段之论述为满足,因其材料残阙寡少及解释无定之故,转可利用一二细微疑似之单证,以附会其广泛难征之结论……往昔经学盛时,为其学者可不读唐以后书,以求速效。声誉既易致,而利禄亦随之。于是一世才智之士,能为考据之学者,群舍史学而趋于经学之一途。其谨愿者既止于解释文句而不能讨论问题,其夸诞者又流于奇诡悠谬而不可究诘。"五四以后疑古史的人沿着清末今文派经学家的妄说,好作奇诡之论,寅恪先生此文确是针对着一般荒唐学人说的。但如果他对于清代的考据经学无真知灼见,而只是崇拜,则绝不会有上面那些理论。

俞大维说寅恪先生特别注重史识,他的史识超过前人。我们细读陈先生著作诚是如此。但推求陈先生史识从何而来,我则以为还是渊源于传统的经学及玄学、理学。寅恪先生在《隋唐制度渊源略论稿》的《礼仪篇》详细申明凉州保存的魏晋经学如何影响于北魏成为隋唐制度渊源之一,颇足以说明陈先生对于经学与玄学研究的深度,这里仅引它一段,以解说寅恪先生史识的基础。他说:"《崔浩传》所谓外国远方名士,当即指河西诸学者或袁式而言,其以《左传》卦解《易》,张湛、宗钦、段承根俱主其说,实为汉儒旧谊,今日得尚秉和先生《易林解诂》一书,愈可证明者也。盖当日中原古谊,久已失传,崔浩之解,或出其家学之仅存者,然在河西则遗说犹在,其地学者,类能言之。此浩所以喜其与家学冥会,而于河西学者所以特多荐拔之故欤?刘昞之注《人物志》,乃承曹魏才性之说者,此亦当日中州绝响之谈也。若非河西保存其说,则今日亦无以窥见其一斑矣。程骏与刘昞之言,乃周孔名教与老庄自然合一之论,此说为晋代清谈之焦点,王阮之问答。(《世说新语·文学篇》'阮宣子有令闻'条,以为阮修答王衍之言,《晋书》四九《阮瞻传》则以为阮瞻对王戎之语,其它史料关于此者亦有歧异,初视之似难定其是非。其实此问若乃代表当时通性之真实,其个性之真实虽难确定,然不足致疑也。又此问题当时有实际政治及社会之关系,不仅限于玄谈理论,寅恪别有文考之,兹不详论。)所谓'将无同'三语,即实同之意,乃此问题之结论,而袁宏《后汉纪》之议论,多为此问题之详释也。(《后汉纪》二二延嘉九年及二三建宁二年之所论乃其最显著者，其馀散见诸卷，不可悉举。）自晋室南渡之后，过江名士尚能沿述西朝旧说，而中原旧壤久已不闻此论，斯又河西一隅之地尚能保存典午中朝遗说之一证也。"（《陈寅恪先生论[文]集》，页27）虽然寥寥数行，详细分析起来，实在是要贯通经史之学，深切了解玄学思想，而后能深入浅出说明白。读的人也必须治学之道有几分接近寅恪先生始能窥见他的学说门径，否则一定视而无睹，不知其中真意。

寅恪先生在《元西域人华化考序》中说："挚仲洽谓杜元凯《春秋释例》本为《左传》设，而所发明，何但《左传》？"能了解其用意何在，就可知道陈先生经史之造诣是如何的深厚。史识本是综合各种学术的结晶，不通经学、理学、文学，只知考据，堆砌材料专作琐碎恒订工作的人，看见《春秋释例》，也不能知道有何用处，不要说去读了。俞大维说寅恪先生研究史学目的是"在史中求史识"，列举边疆民族、典章制度、社会风俗、国计民生等项目。不错，这些具体事物制度是陈先生所研究的；但俞君忘记，如果只研究这些，而不去研究思想，不去追寻传统经学，不去讨论宗教的信仰，不对那些抽象理论下功夫，史识如何能产生出来？史学是具体的，是实在的，但必贯之以空虚；思想是抽象的，是空虚的，但必凭据于事实。今日治史学或思想者，惟有陈先生一人能达到这个境界。

在审查冯友兰《哲学史》的报告书末段，尤其足以表见寅恪先生的识见，他说："窃疑中国自今日以后，即使能忠实输入北美或东欧之思想，其结局当亦等于玄奘唯识之学，在吾国思想史上，既不能居最高之地位，且亦终归于歇绝者。其真能于思想上自成系统，有所创获者，必须一方面吸收输入外来之学说，一方面不忘本来民族之地位。此二种相反而适相成之态度，乃道教之真精神，新儒家之旧途径，而二千年吾民族与他民族思想接触史之所昭示者也。寅恪生平为不古不今之学，思想囿于咸丰、同治之世，议论近乎（曾）湘乡、（张）南皮之间……殆所谓'以新瓶而装旧酒'者,诚知旧酒味酸而人莫肯售,姑注于新瓶之底以求一尝,可乎?"治史学而未尝对于传统的经学、理学有正当而深刻的研究,只是治西方学术或语言文字岂能有此见识? 淡薄于玄学,常读正、续《清经解》,应当是别人的嗜好。寅恪先生能发出上面的议论,我敢断言他治学不会局限于考据方面。研究史学如果能如此的治传统经学与理学,研究思想如果对于经学、史学能如此的精通镕铸,其成就应当是了不起的。贯通中西,综合古今,才是今后治中国学术的正途坦路。偏重考据,是清代史学不如宋代的原因。舍弃传统经学,惟知崇拜欧美,是今日研究中国史学与中国思想者共同流行病。寅恪先生所说"不古不今之学","议论近乎湘乡、南皮之间","以新瓶而装旧酒",的确是当今起衰救蔽的良药。

陈先生自己说不敢读三代两汉之书,是他对于五四以来疑古风尚不满的表示,在《武曌与佛教》一文中说到武后未曾伪造经文,文中曾如此说:"盖武曌政治上特殊之地位既不能于儒家经典中得一合理之证明,自不得不转求之于佛教经典。而此佛教经典若为新译或伪造,则必假托译主,或别撰经文。其事既不甚易作,其书更难取信于人。仍不如即取前代旧译之原本,曲为比附,较之伪造或重译者,犹为事半而功倍。由此观之,近世学者往往以新莽篡汉之故,辄谓古文诸经及《太史公书》等悉为刘歆所伪造或窜改者,其说殆不尽然。寅恪不敢观三代两汉之书,固不足以判决其是非。而其事亦轶出本篇范围之外,尤不必涉及。"(《陈寅恪先生论[文]集》,页 314)寅恪先生博学多通,所以能有此识见。在《元西域人华化考序》中说得更痛切,他说:"利用一二细微疑似之单证,以附会其广泛难证之结论。其论既出之后,固不能犁然有当于人心,而人亦不易标举反证以相诘难。譬诸图画鬼物,苟形态略具,则能事已毕。其真状之果肖似与否? 画者与观者两皆不知也……今日吾国治学之士竞言古史,察其持论,间有类乎清季夸诞经学家之所为者。"时代到了今日，疑古风气虽不及五四之盛，而说到《左传》还有人以为析自《国语》；对于《周礼》，还有人以为是出于刘歆之手。我指出寅恪先生对古书的看法，不仅要说明他的治学态度和远见，更因为今日地下材料出土众多，古书之不当乱疑，已成为治史学应有的常识，而执迷不悟的疑古之徒居然尚大有人在，不能不引为遗憾。

寅恪先生这些议论，显然不是专治考据之学，只读正、续《清经解》的人能说出的。俞大维虽和陈寅恪先生关系密切，而他所知道的陈先生在学术上的造诣似乎与实际情形有相当距离。史语所编印这本论文集，载俞君怀念陈先生的文章于篇首，也表示出他们对于陈先生治学方法了解到如何程度。听说香港有人编辑《寅恪先生全集》，等它出版后，对于寅恪先生著作，我还有要称赞的或商榷的话，到时再行补写。

（原载《明报月刊》总第 74 期，1972 年 2 月，页 68—71）

论中外思想融合的途径

——寒柳堂励耘书屋论学互证

陈寅恪先生在《冯友兰中国哲学史下册审查报告》中说:"释迦之教义,无父无君,与吾国传统之学说,存在之制度,无一不相冲突,输入之后,若不变易,则决难保持,是以佛教学说在吾国思想史上,发生重大久远之影响者,皆经国人吸收改造之过程……道教对输入之思想,如佛教、摩尼教等,无不尽量吸收,然仍不忘其本来民族之地位,既融成一家之说以后,则坚持夷夏之论,以排斥外来之教义。此种思想上之态度,自六朝时亦已如此,虽似相反,而实是相成。后来新儒家即继承此种遗业而能大成者。窃疑中国自今日以后,即使能忠实输入北美或东欧之思想,其结局当亦等于玄奘唯识之学,在吾国思想史上,既不能居最高之地位,且亦终归于歇绝。其真能于思想上自成系统,有所创获者,必须一方面吸收输入外来之学说,一方面不忘本来民族之地位,此二种相反而适相成之态度,乃道教之真精神,新儒家之旧途径,而二千年吾民族与他民族思想接触史之所昭示者也。"

陈寅老这段议论对于鸦片战争以前外来思想输入中国后的历史发展情况,的确掌握到它的演变规律,不违反历史。经过鸦片战争,中国受了西方帝国主义侵略势力严重打击以后,中国人在思想上学术上

展的情形来证明。

陈援庵先生将基督教入华历史分为四期,唐代的景教是第一期,元代的也里可温是第二期,这二期都对中国文化思想没有混合也没发生影响,只有第三期明末清初基督教入中国,才对中国文化思想发生影响,其混合过程正与陈寅老审查冯氏《哲学史》报告之论相合,所以可以用援庵先生的研究证明陈寅老这一说。嘉庆十二年(1807)基督教士再来华,传教工作的盛行则在鸦片战争以后,是基督教来华的第四期,也就是数千年巨变发生的伊始,也可以用援庵先生的意见证明陈寅恪挽王国维诗序中的议论。

《陈垣学术论文集》中有《基督教入华史略》与《基督入华史》,两篇是援庵先生在不同时期的讲演记录。在这两篇文章中援庵先生很称赞利玛窦奋志汉学,赞美儒教,结交名士,介绍西学,译著华书等等行为。说他深通汉学汉文,著作典雅。援庵先生说:"《四库提要》谓利文为士夫润色,并举《交友论》为王肯堂所改为证。余近得王肯堂改本《交友论》,正可见现在所通行之《交友论》为利自作,而王所删改者另一本也。两本相较,王所改未必优,利原本未必劣。《四库提要》之说,实不足据。"证明利玛窦自己能执笔作很好的汉文。

当明末清初入华传天主教的耶稣会教士通汉学自己能以汉文著书的甚多,不仅利氏一人,援庵先生在《基督教入华史》后附《明末清初教士译著现存目录》,这里就不重列了。

援庵先生《重刊铎书序》说:"韩霖虽山西人,其所与游,则大抵海内外方闻之士,其所言敬天爱人之说,亦不尽囿于吾国古先昔贤之书,故所言往往有中国士夫所未闻。其所引《七克》则西班牙人庞迪我著也。《齐家西学》、《童幼教育》则意大利人高一志著也。《涤罪正规》则艾儒略著,《哀矜行诠》则罗雅谷著,皆非中国人也。"这些西洋传教士的汉文写作能力,虽未必每个人都达到利玛窦的水准,但推想起来绝不会太差。

援庵先生《重刊辩学遗牍序》说："后编为辩《竹窗三笔》、《天说》，殆非利撰。据袾宏自叙，《竹窗三笔》刊于万历四十三年乙卯(1615)，而利已于三十八年(1610)庚戌故……当时天教人材辈出，西士中士能为此等文者不少，此必教中一名所作，而逸其名。时人辗转传钞，因首篇系利复虞（淳熙）书，遂并此篇亦题为利著。"《辩学遗牍》是天主教教士同袾宏和尚、佛教信徒虞淳熙等人辩答佛教基督教之争的书，既前后编并非同出利氏之手，而人们竟看不出文笔的不同，则当时西方教士中有写汉文的高手不问可知。利玛窦的传，名《大西利先生行迹》，是艾儒略撰的。援庵先生说："明季西士中博通汉籍能为流畅之汉文者，儒略其一也。闽中称'西来孔子'，汉文著述极富。"

明末清初的基督教耶稣会传教士，既深通汉学能执笔为文，又能与中国读书士人来往，信教的名学者有徐光启、李之藻、杨廷筠、王征、孙元化、金声、韩霖等人。那些传教士们深通科技，能讲天文、地理、算学、历法、火器、水利、农业等等实用之学，既足以吸引中国有志求知识的人，更因为耶稣会士允许信教的教徒拜祭祖先，还同他们一起研读儒家孔孟之书。这就与陈寅老所说"不忘本来民族之地位"相符合，所以那一时期西方科技得以输入中国，而天主教的修身之学竟得与宋明理学相结合，到了清王朝雍正乾隆之际，还出了简亲王德沛一个信天主教的理学家。

汤若望著《主制群征》书末附有赠言，都是清初文士赠若望的。援庵先生说："结交士大夫，第一要有与士大夫来往的愿望，第二要名士肯与之往来，两者缺一不可。事实上名士愿与之往来，可以想见他中国话中国文之高深。"更深一层去推想，利玛窦、汤若望等人愿与中国士大夫来往，是想将天主教传播到知识分子中间去。援庵先生说利氏"对儒教特别尊敬，对中国旧俗，如拜祖先，尊孔子，都认为与天主教无冲突"。这更不能不承认利氏对儒家了解得深刻,知道儒家并不是一个宗教,孔子并非人们所崇拜的神,如果他不熟读中国诗书,深入地认识清楚儒家思想本质,他岂肯如此作?

明大学士叶向高赠泰西诸子诗"著书多格言,结交皆贤士。我亦与之游,泠然得深旨"。学人李日华赠利玛窦诗"蠲洁尊天主,精微别岁差"。沈光裕(进士)赠汤若望诗"旨出尔行地,历成吾道东。君粮不徒与,我信岂诚空"。这都说明了知识分子对他们表示衷心尊敬,他们如果对中国学问没有深厚造诣,从何得到这些赠诗!

谢肇淛《五杂俎》云:"天主国在佛国之西,其人通文理,儒雅与中国无别。有利玛窦者自其国来……其教崇奉天主……其书有天主实义,往往与儒教互相发明,而于佛老一切虚无苦空之说,皆深诋之。余甚喜其说为近于儒,而劝世较为亲切,不似释氏动以恍惚支离之语愚骇俗人也。"谢氏是学人,并非教徒,因为利氏引用儒家之说去传教,就十分欢喜他。

明沈漼《参远夷第一疏》说:"其说浸淫人心,即士君子亦有信向之者,臣不觉喟然长叹。"袾宏和尚《天说》说:"彼欲以之移风易俗,兼之毁佛谤法,贤士良友,多信奉故也。"又说"现信奉士友皆正人君子,表表一世,众所瞻仰以为向背者,予安得避逆之嫌,而不一罄其忠告"。这是万历四十五年(1617)左右天主教流传在知识分子中间的情况。

崇祯时山阴人王朝式著《罪言》说:"今则搢绅先生且为其书弁首缀尾,颂功扬德,加吾中国圣人数等矣。"黄贞《辟天主教书》说:"今日搢绅大老士君子入其邪说,为刊刻天主教书义,为撰天主教序文,目睹所及者甚多,可患可愤!"这是崇祯年间(1628—1644)在知识分子中天主教流传的情形。

可惜罗马后来其他来华传教士,都不通汉学,以为利玛窦等人传教允许中国人尊孔拜祖先是异端,报告罗马教廷不许如此传教。清帝玄烨康熙坚持如天主教不许尊孔拜祖即不准在中国传教,双方意见不合,传教事业几乎中断(参看《康熙与罗马使节关系文书》,故宫博物院印本)。雍正夺嫡,神甫穆近远又与胤禛敌人允禩有牵连,所以雍正二年(1724)即行禁教。输入西方科技之途从此中断,耶儒融和之门,也从此紧闭。

万斯同(季野)著《明乐府》咏天主教有"流入中华未百年,骎骎势几遍海内"之句,全祖望(谢山)《咏汤若望暑》有"如何所学顿昌大,不胫而走且骎骎"之句。万季野康熙时期的人,全谢山乾隆初期的人,从他们的诗句中可以看出从康熙直到乾隆初年,天主教还是相当的盛。

清王朝的宗室简亲王德沛,雍正十三年(1735)授兵部左侍郎,乾隆二年(1737)授甘肃巡抚擢湖广总督,四年(1739)调闽浙总督,六年兼理浙江巡抚,七年(1742)调两江总督,八年授吏部侍郎,十二年(1747)擢吏部尚书,十三年封简亲王,十七年(1752)卒。援庵先生考证《圣教史略》所记载苏努从弟,乾隆初年任浙江巡抚及湖广总督信教的宗室,即是德沛,而在中国记载中并无德沛信奉天主教的证据。

援庵先生依据德沛所著《实践录》及《鳌峰书院讲学录》找出他的性理学说、格致学说、辟妄学说,指出德沛的学说中确有渊源于天主教教义的,足为德沛信教的证据。

格致是西方传来的科学学说,明显德沛是由传教人士那里学来的,辟妄是驳斥迷信、轮回、五行、命相之说,也毫无疑问是受了科学学说之后的理论。他的性理学说,据《实践录》说:"秉之天者,大体也,受之父母者,小体也。大体终古不毁,小体则顺时而既。人有二体,徇其小以亡其大,遂莫能与天地准。"援庵先生说:"盖隐然承认父母之外,有天父也。"《实践录》又说:"受亲之育之,谓小体之身,承天之命之,谓大体之性也。天乃无声无臭,全美至神;性则不睹不灵,纯善至灵。"又说:"造物无声无臭之上天,鉴临洞察,莫见莫隐,而无遁情。虽在迩室屋漏之独,可不慎乎."援庵先生说:"凡此皆德沛之性理学说,与宋明诸儒学说不尽同,而与利玛窦之《畸人十篇》、《天主实义》相近."(均见《雍乾间奉天主教之宗室》一文)

经过了一百年(1600—1700)儒基结合,终于产生了德沛一个新理学家,可惜在中国基督教遭禁,德沛不敢将奉天主教的事公开出来,天主教也在中国禁教之前杜绝了接近中国知识分子的路,这一次的中西思想融合,就因此夭折,只是昙花一现,没有获得广大成就,寂然销灭。

援庵先生说:"自马利逊一八〇七来华起,距今百十七年(在一九二四年讲),可称为第四期基督教入中国。今各省教堂林立,信徒号称四十万……惟吾总觉得基督教文化未能与中国社会溶成一片,即以文学一端论,《旧约》诗篇及《雅歌》等皆极有文学兴味,何以百年来未见有以此为诗料者?"又说:"乾嘉以前,中国声名文物,为西人所羡,故耶稣会士通汉学极多,道咸以来,中国国力暴露无遗,陵夷以至今日,欲求西国诸人从事华学难矣!"援庵先生虽未只从国力衰弱说,其实即是陈寅老挽王国维诗序所说"道光之季,迄乎今日,社会经济制度,以外族之侵迫,致剧疾之变迁"同样意思。在此环境之下来华的传教士之心理与利玛窦、汤若望、南怀仁大异其趣,明末耶稣会东来的多数怀有观光上国,传教于文化礼义之邦的想法,所以要细心研读华书政治汉学。道光而后,西方传教士随轮船大炮而来,挟着以文明先进人士身分,布教于野蛮落后地区的观念,他如何肯虚心研究中国传统学说与思想? 如果有之,也不过是想找些资料作为帮助帝国主义者侵略中国的参考工具而已。

援庵先生又说:"至传教文字方面,以前外人不甚注意,大都用白话文,但对中国文学界不生若何影响,最近胡适之博士等,一再鼓吹白话文,而大盛。白话文经教会之提倡,不兴,经另一股新文化运动者提倡,而大兴特兴,这一点我解答不了。"教会用白话文翻译耶教的圣经与中国文化丝毫无关,所以不能兴盛。新文化运动者,是有关中国文化变革大运动,如何能不引致许多人跟着他们走。援庵先生既提出"经新文化运动者提倡而大兴特兴"即已经解答了问题。另外援庵先生说"基督教文化未能与中国社会溶成一片",其时正是陈寅老挽王国维诗序所说中国文化正在"劫尽变穷不可疗救之局",在此境界中,基督教如何与中国文化去溶成一片,不仅传教的人士彷徨,即教外人士亦感无所适从。

今后中国文化保留哪些旧有的,继承哪些传统,以及吸收哪些外来的文化,融合哪些新思想,以期适合新的时代和环境,奠定富强安定的社会主义国家基础,则有赖广大人民集体的智慧与勤力去摸索探讨。

(原载《新晚报》,1981 年 5 月 24 日)

读《寒柳堂记梦未定稿》札记

——论光绪十年后清王朝政治的腐化

陈寅恪先生的《寒柳堂记梦未定稿》,有四节原稿佚失,即(三)孝钦最恶清流,(四)吾家与丰润之关系,(五)自光绪十年三月至二十年十一月间清室中央政治之腐败,(七)关于寅恪之婚姻。

第(七)节所记为寅恪先生与唐夫人结褵佳话,不是与陈唐两家有密切关系的人,无从为之补撰。其中如有涉及两家治学从政的遗事秘闻,亦同归于湮没,就不能不使人感到遗憾无穷。第(三)、(五)两节所记的事,公私记载犹有流传,后人虽可钩稽史料,推想出它的轮廓,间或有寅恪先生得之庭训,别无记载的,任其书缺有间,同样使人抱恨。(四)节所说丰润即指张佩纶。张佩纶在光绪九年(1883)六月为河南王树汶一案参过陈宝箴,陈氏那时住河北道。后来张、陈两家的有来往大约是张佩纶与陈三立同住在南京的时候。陈宝琛与陈三立有师生之谊又与张佩纶交情密切。三立、佩纶既同属清流,又有共同的朋友陈宝琛,双方之成为好友,其势是必然的。

那拉氏在同治、光绪两朝专政达四十七年之久,顽固守旧,毫无政治上的远见,又一味贪图享受而不顾大局,信用一群卑鄙佞幸奸邪的官僚,以致清王朝的政治日趋腐化。她既喜欢阿谀奉承,所以十分讨厌那些主张正义的清流指斥政治弊端弹劾官吏。因为有些官吏虽然贪污,却对她时时进贡,她当然不愿意有人弹劾那些向她进贡的贪官。那拉氏讲究享受,同治十二年(1873)九月下诏重修圆明园,即遭到群臣反对。十三年(1874)三月重修圆明园开始动工,反对的人更多。《越缦堂日记》及《挚甫日记》均有详细的记载,《翁文恭公日记》中也有片段记载。同治十二年十月初一日御史沈淮奏请暂缓修理圆明园,载淳(穆宗同治)以承欢两皇太后为名,拒绝沈的奏请(《同治东华录》)。十月十四日,御史游百川请在天时人事合宜之时再修,载淳将游革职,不许群臣再谏此事(此谕《穆宗实录》、《同治东华录》均不载,据《李鸿藻年谱》引)。同治十三年六月初七日,翰林院侍读学士李文田上疏请停园工(折文三千多字,《越缦堂日记》同治十三年七月三十日记载它的要略)。七月十六日奕䜣与奕譞联名上奏折,其中有"即以工程而论,约非一两千万不办,此时物力艰难,何从筹此巨款"数语,系奕劻起草,李鸿藻润色。据《李鸿藻年谱》,李鸿藻自同治十二年(1873)即谏阻,十三年七月奕䜣上疏后,李鸿藻又拟了一稿,不知由何人署名上奏。奕䜣更劝载淳不可微服出游,载淳大怒。同治十三年七月二十九日载淳召见奕䜣、奕譞,斥责奕䜣对于那拉氏载淳母子进行离间,三十日下诏降奕䜣为郡王。八月初一日两皇太后出面劝解,又恢复了奕䜣的亲王,同日停了修圆明园的工程。工程虽停了,那拉氏岂能对于奕䜣满意?奕䜣在光绪十年(1884)甲申被罢免军机大臣,或即造因于这时。同时她更痛恨那些以清流自居常上奏折的人们帮助奕䜣、李鸿藻等人说话。

光绪十年(1884)三月罢免恭亲王奕䜣、李鸿藻等人的军机大臣职务,任命礼亲王世铎及孙毓汶等人接任军机大臣。那拉氏虽然所作的多半是误国之事,任军机大臣的奕䜣有时还能劝劝她,起了些平衡作用,腐败的政治才可以放慢速度发展下去。李鸿藻又以清流领袖自居,维护了不少直言敢谏的人,如张佩纶、张之洞等均是。及至奕䜣、李鸿藻诸人全撤出军机,换上了世铎、许康身、张之万、孙毓汶等人。这群参预国家大事的人,只能助纣为虐,没有丝毫匡救辅弼作用,清王朝的政治从此江河日下,腐化的速度更加快了。光绪二十年(1894)十一月再起用恭亲王奕䜣,但已无法挽救腐败已达到极点的政治。寅恪先生以恭亲王撤出军机的十年期间,清王朝政治腐败为记梦的一节,自有其阐明清王朝覆亡之由来的深意。

如果说奕䜣任军机时,清王朝的政治十分清明,则事实上并非如此,不过奕䜣罢免后政治更坏而已。想来寅恪先生对于这一点,应当认识得很清楚,可惜后人已不能看到这段未定稿,无从知道他的议论如何了。

在同治王朝十三年之中,有哪些言官,陈奏了些什么,这里不多涉及。只看《光绪东华录》,从同治十三年十二月癸酉初四日载淳逝世,戊子十九日那拉氏下诏求言,癸巳廿四日御史吴鸿恩即遵旨陈言,乙未廿六日御史李宏谟弹劾内务府大臣等官员。接着光绪元年正月壬寅初五御史游百川、翰林院侍讲杨绍和,癸卯初六御史王荣琯、王立清都有折奏。此后应诏陈言成为很盛的风气。

这时最引人注意的是杨乃武的冤案。光绪元年四月,给事中王书瑞请派员查办,十月给事中边宝泉请提交刑部,十二月都察院据汪树屏等联名呈控上奏,终于由刑部给杨乃武平反。光绪二年十二月御史王昕参奏浙江巡抚杨昌濬审杨乃武一案有"藐法欺君"的态度,说"大臣倘有朋比之势,朝廷不无孤立之忧"。光绪三年二月结案时,杨昌濬及浙江学政胡瑞澜及两个知府四个知县均被革职,原审官馀杭知县刘锡彤革职发放黑龙江。直言敢谏的风气,在此案中大发挥了作用。

不过王昕奏折所以被接纳,基本上是他的措词完全为巩固中央统治权着想,才能一发而中。其他奏折不合那拉氏意见的,或弹劾她所信用袒护的人时，就不能如此顺利，虽军机大臣中有奕䜣、李鸿藻等人容许言官直陈，却也未必能完全照言官所指摘的去查办。

从光绪元年到光绪十年，好多御史、给事中、翰林侍讲、左右庶子等上书指陈政治得失，或弹劾中央及地方官吏。当时有四谏之称，其说不同。陈宝琛、张佩纶、宝廷、邓承修四人为四谏，是一说，另一说四谏之中有张之洞而无邓承修（均见《花随人圣庵摭忆》）；又一说是张之洞、宝廷、张佩纶、黄体芳（见《红柳庵诗话》），张佩纶的儿子则说是他父亲与黄体芳、宝廷、何金寿（见《涧于集奏议后序》）。不论如何，在光绪十年二月奕䜣出军机以前，直言敢谏的人，并不限于四谏，更不仅列于四谏之中、四种不同之说的七个人。

《光绪东华录》所载奏折并不完全，即根据《东华录》不完全的记载，已可看出那时政治是如何的腐败，所不同于光绪十年以后之处，即此时还允许人指摘批评，也可以采纳些许批评指摘的意见，尚不至因为直言敢谏而加罪于人。这样的现象即是奕䜣任军机大臣的作用。

譬如光绪三年（1877）九月张佩纶奏说："本年月食再食（中略）洪水亢蝗螟之灾几遍天下（中略）天时人事乃不逮同治之初，其故何哉？求治虽殷，而不能是是非非信赏必罚，中外举无所劝惩，调停迁就，势必至苟且（中略）年谷顺成，亦尚恐因循贻患（中略）天灾流行所以示儆也。"张氏说法虽有些迷信，借着天灾指摘政治措施不当，是封建时代政治传统，张氏自不能例外。张氏借着天灾说中央政府不能"信赏必罚"，遇事"调停迁就"，不能不说他善于措词。同时张佩纶又说："近闻紫禁城河东沿有内监杂引伶人排演各戏。伏思本年春间因穆宗毅皇帝尚未永远奉安，曾奉谕旨，禁止演戏。现在各省饥馑荐臻，上烦圣虑，正焦劳兢业之时，必无派令试演各戏之事。而内监等辄在禁垣重地私相演习，殊骇听闻！拟请饬下该管大臣，查明惩治，以儆宦寺而肃周庐。"明明是那拉氏想听戏令太监同演员排戏，张氏却说这时候你正在为难着急,不会令人去排戏。这样一说,那拉氏尽管不高兴,也只好下谕内务府大臣查明禁止。

又光绪四年(1878)二月张佩纶奏说:"恭亲王赞画枢要,任荐贤,任锄奸,非不能自任者。然两次经责问,志气已稍挫矣,阅历已少深矣。今之事事调停迁就,而恭王于朝列班中曾无异同,此韬晦自全也,非恭王之本心(中略)伏愿皇太后皇上推诚委任恭亲王,责令竭忠尽诚,以安危为己任,则内外臣工皆有所愧厉严惮而不敢再蹈前辙。"这次张氏也是借着天灾指摘政治缺失,顺笔将奕䜣受制于那拉氏不能发挥权力的事说出,要她"推诚委任"奕䜣,即是要她放开手容许奕䜣办理政事。张氏所说奕䜣"两次经责问",第一次是在同治四年(1865)三月,第二次是在同治十三年(1874)七月。从张佩纶奏折看来,那拉氏对于奕䜣并不太尊重,奕䜣也不敢过分作主。只是能容许若干直言敢谏之士如前面所说四谏等人指摘行政或用人的不当,虽然不能从谏如流,有时也能起一些纠正作用,这些都应当归功于李鸿藻之袒护清流,而奕䜣又能听李的话。

光绪八年(1882)正月由于张佩纶的奏请,吏部尚书万青藜、户部尚书董恂均被开缺。

光绪八年七月御史陈启泰奏说云南报销案,有人受贿,是太常寺卿周瑞清从中过付。八月御史洪良品参奏说是王文韶、景廉等人在云南报销案中受贿巨万,那拉氏命醇亲王奕譞、翁同龢去查办。九月给事中邓承修参奏王文韶受贿,请先将他罢免。王文韶自己请辞职,那拉氏反慰留他。十月张佩纶又再弹劾王文韶。到了十一月王文韶自己再请辞,那拉氏才准他辞去军机大臣回籍养亲。九年(1883)五月户部才将案查问明白。户部尚书景廉、前户部左侍郎王文韶都只得降级留任处分,并没追查他们的受贿。这样的受贿大案,经过好多直言敢谏之臣检举,由号称清流的翁同龢以廉洁著名的敬铭去查办,结果只是小官受罚，大官逍遥法外，奕䜣任军机大臣，阻止政治腐化的作用，并不能彻底，即由此可见。

光绪十年三月戊子十三日那拉氏下诏将奕䜣开去一切差使，各军机大臣宝鋆、李鸿藻、景廉、翁同龢，均一律免去军机大臣。那拉氏突然将中央政府彻底改组，为晚清政治史上一大变局。其事是盛昱（伯羲）引起的。据翁同龢的《翁文恭公日记》光绪十年三月十五日记："前日五封事皆为法事（盛昱、赵尔巽、陈锦、延茂二件），惟盛昱则痛斥枢廷之无状耳。今日始发。（盛）并劾丰润君保徐延旭之谬，又牵连及于高阳之偏听。"盛昱是当时名士，学问甚好。他弹劾了奕䜣，不料奕䜣去后，换来的后任更坏，盛伯羲大为悔恨。杨锺羲为他撰《意园事略》并不提此事（此折见《李鸿藻年谱》页406，系三月初八所奏），只在末尾引张之洞《读盛伯羲集》诗"密国文词冠北燕，西亭博雅万珠船。不知有意还无意，遗集都无奏一篇"。盛伯羲的《意园奏议》中没有甲申三月弹劾军机大臣的折子，其痛心后悔不问可知。

三月十四日盛昱又有一折说："恭亲王才力聪明举朝无出其右，（徒）以渲染习气，不能自振。李鸿藻昧于知人，阁于料事，惟其愚忠不无可取。"又说"以礼亲王世铎与恭亲王较，以张之万与李鸿藻较，则弗如远甚（中略）可否请旨饬令恭亲王与李鸿藻仍在军机处行走，责令戴罪图功。"（《李鸿藻年谱》）表示出盛昱后悔力图补救之意。据刘凤翰说："（醇王）对恭王之权早思染指，此次乘盛昱参军之便，与太后合谋，而夙愿以偿矣。"李宗侗锐："醇王久已预备上谕（中略）盛以为军机不易倒，彼实在不知醇王已与慈禧商定，只候机会耳。"盛昱第二次上折想补救而无用，李宗侗指导他的学生刘凤翰撰《李鸿藻年谱》说由于奕譞想取代奕䜣，早与那拉氏拟好罢免奕䜣的旨意，所以盛昱再上奏折也无法挽回。据徐梧生笔记说："相传孝钦屡欲与修离宫，皆为恭王所阻，既蓄意予以罢斥，而醇王奕譞亦与恭王不洽，授意孙毓汶密先拟旨,遂成此变局。"与李氏的说法相近(徐说见《花随人圣庵摭忆》)。不过那拉氏如果不想去掉奕䜣,奕谭岂能夺到政权? 极可能孙毓汶看出那拉氏厌恶奕䜣,给奕谭设计去讨好那拉氏,才造成甲申的变局。

先师柯凤荪(劭忞)《留别盛伯羲祭酒》,有"先生摭谠论,圣主为前席。中枢俄一空,亲贤犹切责。箧中无谏草,为余诵副墨",也是咏这桩事。凤荪师另一首《题伯羲游小五台纪游诗》,有"数进忠规摭谠议,扶持正直排奸谀。宜登帝廷赞都俞,宁知爱作山泽癯。鲸鲵跋浪稽讨诛,宰相非人四海痛"。这几句诗,都说明了盛昱的后悔。

赵凤昌(竹君)说:"甲申时,秉政者恭邸与高阳李文正鸿藻。恭邸(中略)虽不悉当,尚畏清议。高阳则提携清流,开一时风气。法越事起之前,合肥(李鸿章)丁内艰,夺情回籍守制百日。朝廷(中略)即命张树声署直督以镇率之。其子蔼青(华奎)在京专意结纳清流,为乃翁博声誉,奏请调丰润(张佩纶)帮办北洋军务,忽为言官奏劾,疆臣不得奏调京僚。丰润因怨树声之调为多事。树声甚恐,颇虑其挟恨为难,非排去不安。然丰润恃高阳,又非先去高阳不可。蔼青乃多方怂恿清流,向盛伯羲再三游说,弹劾枢臣失职,伯羲为动。"赵氏说请调张佩纶去直隶,为言官所劾,我找不到记载。寒斋书少,不知赵氏所据。据祁景颐说军机中分南北两派,调张佩纶的事,"为南派所愒",可能指的是翁同龢。又说"华奎乃草一疏底,以丰润曾保唐(炯)徐(延旭),时法越事起,唐徐败退,为用非其人,且词连高阳;因王仁东达于盛祭酒昱。祭酒乃更易其词,严劾全枢"(均见《花随人圣庵摭忆》)。盛昱之参奕䜣是否受了张树声儿子张华奎的鼓动,别无他据。不过盛昱忽然攻击奕䜣,颇不似有学识的人头脑清醒的举动,说他受别人蛊惑事或有之。盛昱十年二月任左庶子,七月授国子监祭酒。祁景颐说参奕䜣事,称盛昱为祭酒,不合事实。

奕䜣被撤出军机后,光绪十年三月二十四日张佩纶有《枢臣宜兼总署行走》一折,请求任命派奕䜣主管总理各国事务衙门,亦即想借此为奕䜣重出执政开路。上奏之后,谕旨有"语多失当,迹近要挟",并且将总理各国事务衙门管理事务的奕劻等人加以申斥,因为他们与张佩纶联名上奏。

《涧于奏议》张曾敭的序说:"夫甲申易置枢臣,国家否泰兴废之原也(中略)德宗初年,朝廷清明,贤王柄国(中略)而李文正公尤以汲引正人,护持善类为己任(中略)甲申以后政地易人,一切变于其旧。迨甲午东事起,恭邸为李文正再被任用,不数年而皆谢世,于是诸务纷纭,而国是不可问矣。故自甲申一变而官常堕,戊戌一变,而王纲弛。"一再慨叹奕䜣、李鸿藻在甲申出军机,甲午再起,均不久即死。奕䜣光绪二十四年闰三月卒,李鸿藻光绪二十三年卒。寅老以甲申至甲午为记梦的一节,去论述清政之腐败,其所见与张曾敭的议论大约很相近似。张謇《啬翁自撰年谱》也说晚清政局之坏始于甲申奕䜣等出军机。可见清末的清流人士都有相同的看法。

光绪十年四月戊午十四日命通政使吴大澂会办北洋事宜,内阁学士陈宝琛会办南洋事宜,翰林院侍讲学士张佩纶会办福建海疆事宜。中法之战,张佩纶守马尾船厂,海军虽败船厂并未失守。清王朝却降旨说张氏"徒事张皇,毫无定见,实属措置乖方,意气用事",革去三品卿衔,交部议处。十二月因为保荐唐炯、徐延旭,陈宝琛降五级调用,张佩纶发往军台效力。

清王朝派张佩纶、陈宝琛等人去作难办的事或是他们不能胜任的事,意在借刀杀人,即用以除掉统治者的眼中钉,这都是孙毓汶通过奕䜣给那拉氏出的主意。

《清史稿·孙毓汶传》:"毓汶以习于醇亲王,渐与闻机要。适奉朱谕尽罢军机王大臣,毓汶还,遂命入直军机。时当国益厌言路纷嚣,出张佩纶等会办军务,馀亦先后去之,风气为之一变。"是其明证。

都不能固守其旧日的壁垒,对于传统文化逐渐丧失了自信心。陈寅老这一说法是否能一贯地坚持下去而不修改,则大成为疑问。

王国维先生自沉于昆明湖后,陈寅老有《王观堂先生挽词》,挽词的序说:"凡一种文化值衰落之时,为此文化所化之人,必感苦痛,其表现此文化之程量愈宏,则其所受之苦痛亦愈甚。迨既达极深之度,殆非出于自杀无以求一己之心安而义尽也。吾中国文化之定义,具于《白虎通》三纲六纪之说……纲纪本理想抽象之物,然不能不有所依托,以为具体表现之用。其所依托以表现者,实为有形之社会制度,而经济制度尤其最要者……近数十年来,自道光之季,迄乎今日,社会经济之制度,以外族之侵迫,致剧疾之变迁,纲纪之说,无所凭依,不待外来学说之掊击,而已销沉沦丧于不知不觉之间,虽有人焉,强聒而力持,亦终归不可救疗之局。盖今日之赤县神州值数千年未有之巨劫奇变,劫尽变穷,则此文化精神凝聚之人,安得不与之共命而同尽,此观堂先生所以不得不死,遂为天下后世所极哀而深惜者也。"

王国维的自杀,事实上是否与陈寅老的议论符合,可不必去考辨。将陈氏这两篇文字结合在一起来看,显然陈氏审查冯友兰《中国哲学史》报告的说法,要加以修改才适用于鸦片战争以后。即是说在鸦片战争后一百多年,中国经济制度社会制度变了,依凭于旧社会的思想文化就不能不随着改革,数千年未有之奇变既已发生,数千年来的传统思想于是不可不变。至于旧有的应去掉些什么,存留些什么,虽是另一问题,而三纲之说不容存在,则是无待讨论的事,即六纪之中,亦只有朋友师长两项尚可保留而已。换句话说,陈寅老所说的三纲六纪为中国文化定义之说,其中百之九十的内涵必须随着时代予以扬弃或改变。

陈寅老在审查冯友兰《哲学史》报告中所主张文化融和的议论,适合于鸦片战争之前、佛教以外,还可以用明末清初基督教传入中国发钱基博的《吴憩斋传》说："会海军议兴，以（醇）王总理海军衙门事。王揣知后意，颇思所以媚之者，于是岁责各直省大臣筹巨帑，供海军衙门费，犹不足，开海军捐例所入，亡虑数千万，泰半耗宫中以兴筑颐和园，孝钦皇后大悦。"海军衙门在光绪十一年（1885）成立，正是奕䜣出军机之后。挪用海军经费，是否孙毓汶替奕譞策划的，虽无证据，而以孙与奕譞关系来看，很可能孙在后面表示赞成，鼓动奕譞这样去作。

吴燕绍跋伪造的《醇王预杜妄论疏》说："恭亲王养疾家居，朝局为之大变。醇亲王以本生父之尊，遥执朝权，创办海军衙门，将海军借款海军收入，移充颐和园工程之用。一般梯荣希宠者流，趋之若鹜。其管事家人张翼，浮历至内阁侍读学士，家资累巨万，银潢华渭，与缔婚姻（中略）尔时枢廷领袖为礼亲王，一物不知，惟利是图，无论何人均可拜门（中略）满大学士额勒和布伴食而已，汉大学士张之万以书画音乐自娱，其中执枢要者，唯济宁孙毓汶、仁和许庚身马首是瞻。仁和由军机章京出身，深得撺拾人过恐吓索诈之衣钵。济宁阴险，深阻如崖阱，不可测，能以一二语含沙射人，倾挤清流，诛锄殆尽。其顽钝无耻者，率为效用，争以诬陷善类为功（中略）有若中法甲申之役，出通政使吴大澂（中略）陈宝琛（中略）张佩纶（中略）阳示为国用人，阴纳诸窖窆陷阱之中，而莫之辟。故吴大澂辞北洋会办，则严旨责其饰词，不许，盖非迫之名誉扫地不置也（中略）名御史屠仁守，以时事孔殷密折封奏，懿旨饬其乖谬，罢御史下诏议，盖援御史朱一新豫防宦寺流弊降为主事之例也。适济宁因病休沐，及假满视事，厉声究问秉笔之宽纵（中略）于是群叩其术。则曰，若辈好名宛且不惧，何有于一官，惟简放一苦缺知府，密嘱其长官挦撦细故，强劾罢官，则石沉大海矣。"

那拉氏本不喜欢直言敢谏的清流，但并无对付这些人的好办法,孙毓汶通过奕譞替她想出诡计对付她所讨厌的人,所以得到重用。那拉氏想用海军经费去修颐和园,奕䜣任军机大臣时拨不动,换了世铎,他是远支宗亲又是荣禄的女婿,岂能不听奕譞和那拉氏的话(海军衙门由奕譞管)?奕䜣出军机之后,清王朝政治更加腐化,已如上述。奕䜣任军机大臣时政治并不见得清明,王闿运的"祺祥故事"就说"王大臣纳贿之风,及孝钦留意进献,皆自(恭)王倡之",但挪海军经费修颐和园与阻止清流直言谏诤,这两件事则在奕䜣任军机时还没有出现。

《花随人圣庵摭忆》有樊增祥写给张之洞的信说:"贿赂公行,不知纪极。投金暮夜,亦有等差。近有一人引见来京,馈大圣五百,大圣见面不道谢。相王半之,谢不见面。泼长二百,见面道谢。北池一百,见面再道谢。"大圣指毓汶,孙悟空称孙大圣也,相王指礼亲王世铎。泼长许慎字,指许庚身。张之万住北池子,所以用北池代表张之万。信中说"邸病初甚危笃",《摭忆》认为这是指醇王奕譞。奕譞于光绪十六年八月病甚,十一月卒。这封信日期是九月十三日,应是光绪十六年九月十三日。信中又说"高阳与北池缔姻,居然演剧三日"。据《李鸿藻年谱》,光绪十六年九月初三,李鸿藻儿子李焜瀛完婚。李焜瀛(符曾)所娶为张之万孙女,即李宗侗之母。足证《摭忆》所考不误。

孙毓汶不只有对付清流的计策与手段,从樊增祥的信看来,他也最会要钱,其馀大臣更是无一人不贪污。奕譞虽不是军机大臣,光绪十年三月撤换军机大臣,同时命"军机大臣遇有紧急事件,会同醇亲王商办"。吴绍棠说奕譞"遥执朝政",确是事实。当时盛昱曾一再奏请不可使奕譞与军机大臣商办政务,那拉氏坚决不肯应允。想来这是孙毓汶预先作好的安排。奕譞不只是奕䜣(文宗咸丰)的亲兄弟,并且他的福晋是那拉氏的妹妹,他又比奕䜣听话,所以真正军机大臣首领是奕譞而非世铎。奕譞的管事的都发了财,奕譞所得又岂能比他少? 奕䜣虽也不清廉,但过分贪污的事,则尚未见于记载。这也是奕䜣出军机后,政治更加腐化的一项大事。

　　这篇札记只辑录了一些史料,说不上为《寒柳堂记梦》补写佚篇。拙见与寅老原稿立意有无出入,已无从请教,写成后感到万分遗憾!

(原载《新晚报》,1981 年 2 月 1 日及 8 日)

陈寅恪与钱锺书

——从杨太真入宫时是否处女说起

杨太真入宫时候是否处女的问题,陈寅恪先生著《元白诗笺证稿》,在第一章《长恨歌》的笺证中曾提出讨论。那是因为《新唐书·玄宗纪》有"开元二十八年十月甲子,幸温泉宫,以寿王妃杨氏为道士,号太真"的记载。《南部新书》、《杨太真外传》也有同样的叙述。《长恨歌》的"杨家有女初长成,养在深闺人未识。天生丽质难自弃,一朝选在君王侧"数句诗,显然不符合历史。《宾退录》、《学斋占毕》两书均说白居易替李隆基(玄宗)隐讳,在诗中不提杨太真曾经嫁过李瑁(寿王)和度为女道士的事。李瑁是李隆基的儿子,杨太真嫁了李瑁,成为寿王的妃,而李隆基竟然从儿子手中将她夺了过来,先度她为女道士,然后纳入宫中,严重地违反中国的伦理道德。

清代学者朱彝尊、杭世骏、章学诚都曾讨论这个问题。朱彝尊考证颇详,说杨太真虽曾受册封为寿王妃,而未曾亲迎,即被度为女道士,说:"妃由道院入宫,不由寿邸……张俞《骊山记》谓'妃以处子入宫',似得其实。"陈寅恪先生遍引各书,力斥朱彝尊的考证不符合历史真相,坚持杨太真的确先嫁了李瑁,是李隆基的儿媳,并非以处女入宫。

　　从文学欣赏和文学批评的角度来看，杨太真入宫时是否处女的确不值得讨论。陈寅恪先生的研究之不被研究古代文学者重视，是可以理解的。钱锺书先生在意大利的讲话，主题既是现代中国的古典文学研究，谁都无从反对他那样扬弃杨太真入宫前是否处女的研究，何况他并未提陈先生。

　　陈寅恪先生是史学家，陈先生的《元白诗笺证稿》是以史论诗。文学作品即使是有关历史的也不能要求它完全符合历史的真实，这是谁都知道的事；而历史家研究有关历史的文学作品，则不能不指出其中哪些与历史相合，哪些与历史不合。面对一件与历史有关的文学作品，文学家的工作是文艺的分析与批评，史学家则要考证其中事实。所以站在史学家立场仍然要尊重陈寅恪先生的《元白诗笺证稿》，不能认为他的工作没价值。

　　《朱子语类》说："唐源流出于夷狄，故闺门失礼之事不以为异。"陈寅恪先生的《唐代政治史述论稿》开首即引其说。从母系来讲李唐皇室是汉族与鲜卑族的混合血统，从父系来讲李唐先世若非赵郡李氏之破落户，即赵郡李氏之假冒牌，陈先生的考证都讲得很明白（见《唐代政治史述论稿》页 11 及页 13）。李唐先世纵非鲜卑，也应是鲜卑化很深的汉人，朱熹说"唐源流出于夷狄"，断非无的放矢。

　　李隆基夺了他儿子李瑁的妃，和李治（高宗）娶他父亲李世民的才子武曌，同样是违反中国礼教伦常的事，都足以证明"闺门失礼之事不以为异"之说①。由此推而广之，李世民杀建成、元吉，虽是统治阶层的权位斗争，也由于北方兄弟民族并无立嫡制度（直到后世，满清帝位继承并不

---

　　①　《诗经·邶风》有《新台篇》，即因为卫宣公为他儿子伋娶齐国之女为妻，听说她貌美，他就筑新台于河上，自己娶了齐女，卫国人作《新台》之诗以讽刺他。汉族中并非无同类事件，但决不能"不以为异"。"上淫曰烝"，春秋时代颇有这类事件，都免不了受舆论贬斥，不能"不以为异"。

稳定）。李世民之废太子与玄烨（清圣祖）之废太子，相去一千馀年，而颇有些类似之处。武则天的专政更显然与鲜卑族重母权的习俗有关。

杨太真入宫时是否处女固不重要，而她曾否作过李隆基的儿媳则为历史家所不能忽略之事。

陈寅恪先生考证《长恨歌》中不合历史的地方，不仅杨太真是寿王妃一事。如指出"玄宗之临幸华清必在冬季或春初寒冷之时节……而长生殿七夕私誓之为后来增饰之物语"，又云："今详检两《唐书·玄宗纪》无一次于夏日炎暑时幸骊山，而其驻跸温泉，常在冬季春初……决无如《长恨歌传》所云天宝十载七月七日玄宗与杨妃在华清宫之理。"对于《长恨歌》中"七月七日长生殿，夜半无人私语时"的诗句说："唐代宫中长生殿虽为寝殿，独华清宫之长生殿为祀神之斋宫，神道清严，不可阑入儿女猥琐。"又指出胡三省注《资治通鉴》竟引用《长恨歌》此两句，实为讹误。更指出至德二载以前只有四军，《长恨歌》中"六军不发无奈何"是沿袭前人"天子六军"旧说，而未考盛唐制度。至于"峨嵋山下少人行，旌旗无光日色薄"两句诗，李隆基从陕西入四川，不可能经过峨嵋山，也是误用。陈寅恪先生说白居易泛用典故，"此亦不足为乐天深病"。

陈先生断定《长恨歌》是唐代"驳杂无实"、"文备众体"的小说中之歌诗部分，对于陈先生这一结论，我们虽未必能全部接受，但用分析史料的方法来研究《长恨歌》，陈先生作出很大的贡献，是无可否认的。《长恨歌》中虽有些诗句违反历史的真实，我们还是很欣赏它。不过其中那些美妙而错误的诗句，经过陈先生的考证，就不能用以证史了。陈寅恪、钱锺书两位先生都是学贯中西、兼通古今的大学者，但一位是研究史学的专家，一位是研究文学的专家，两人治学的重点自然不能相同，虽然两位都是文史并擅。

（原载《新晚报》，1979 年 9 月 23 日，署名"舒充"）

书艺的气韵与书家的品格

——题《静农书艺集》

台静农是我的老友,不通音问已十馀年了。日前有人送我一本他的《书艺集》,到手后,百感交集! 回首前尘,犹如昨梦。

我们订交在五十馀年前,今年他已八十有四,长我六岁。听说他仍能时时豪饮,我则衰病侵寻,久已戒酒。回忆昔年在北京同静农、储皖峰、庄尚严等人共饮之乐,岂可复得? 今日惟馀静农与我为大海隔开,其他诸友都先我们而去了。当日饮酒我二人实为大户,岂酒可以延年益寿乎?

静农为新文学大作家,工书,能画,善刻印,也写古文与旧体诗。性恬静,淡于名利,毫无忮求之心。既擅创作,又研究中国文学史有所心得,而未尝汲汲以成绩问世,利固非他所重视,名他也不去求。我常说静农是《世说新语》中人,但他旷达而不任诞。

看到静农这本《书艺集》,想到静农的为人,想到中国的书法艺术。尤其是从静农书艺所表达的气韵体现出静农的品格,更使我领悟到在我国传统文化中,书法艺术的特点。

中国的书法是中国传统文化中特有的艺术表现,是其他民族用文字所达不到的境界。

中国夙来书画并举，说书法与作画之道相通。张彦远《历代名画记》说工画者多善书，又说书画用笔同法。此外许多人也都认为中国画法出于中国书法，二者是一以贯之的。

还有许多人说草书，是象人或物的行动，梁武帝《草书状》说："缓则鸦行，急则鹊厉，抽如雉啄，点如兔掷。"陆鸿渐《僧怀素传》说张旭见公孙大娘舞剑器与夏云奇峰，都给了他写草书方法上的启发。中国文字本是象形的，发展到后来，若干字体已难以辨认所象之形，而在写草字的功夫上还是施展了象形象动作的功能。

说书画相通，只从用笔或线条上去分析。说看人物行动悟到草书写法，是从字的形态上的解释。如何用笔，如何安排线条而成画，则必须画家具有胸中构想。将人物动作模仿成为字的形态，也须通过书家个人思想的消融才能表达出来。

书家写草书，既可以看到人物的动态而加以模拟，书家心中有所思有所感，以书法表现出来，又何尝不可？

《诗经·关雎序》说："声成文。"《正义》说："使五声为曲，似五色成文。"这所谓文，就是将声音清浊、高低大小，分别宫、商、角、徵、羽，组织起来成为乐谱。随着乐的声音、起舞的姿态，《礼记·乐记》称它为乐之文。张旭草书既可模拟剑器舞，即是模拟了乐之文。《礼记·乐记》说："感于物而动，故形于声。"又说："声成文。"声成为文，是表达了心中的喜怒哀乐。如果转换一下，说情动于中，形于笔法而成草书，自于理可通。看到外面人物的动作模拟而写草书，是要通过心的构思才能达之于笔端。受外界事物感动，发生的喜、怒、哀、乐之情，是本来生之于心的，比模拟外来之境，应当更容易达之于笔端。

用音乐表达心中的感触思想或所模拟的景物，须听音乐的人善于体会、能加以推想才能领略。《十面埋伏》与《潇湘夜雨》，它们的节奏声调虽有所不同，但是外行听来还是很难分辨入微。用草书表达衷心情愫，自然更难于使人悟解。

静农在《书艺集》序中说："教学读书之馀，每感郁结，意不能静，惟弄毫墨以自排遣。"静农能写小说而不写，能作旧诗而不作，用写字以排遣、发抒了他的情绪。如何去体会他的心态？我有以下的看法。

静农旷达不拘小节，他的草书多是饮酒后所写。对联尚好，长的条幅几乎十中有九不是脱漏即衍误。即可知他常常在醉乡，作书又往往在醉时。虽是醉时书更好，更多精品，却不免出些错误。从此想见他的放浪形骸不羁之态。他的书艺中充满超逸之气，有不食人间烟火之意味，不可以常人的喜怒哀乐之情去揣度。也可以说，静农的书艺有如王弼所讲的扫象易理，已达到"得意忘言"的境界，岂可求它于象数之迹？这恐非别人所能学到的。

从静农书艺的气韵来看，纵使与他不熟识的人，也能体会到他的为人风骨品格有异于一般庸俗媚世之人。这应当说是中国书法艺术突出的特点，似乎比从书艺中去探讨书家在作书时的感情思想更为意义，也就是我所说别人学不到的。

静农1月16日在《联合报》上有篇文章题为《我与书艺》，友人将报剪来寄我。他宣告从今年开始，谢绝一切为人题签作广告这些写字的应酬。我读了之后，十二万分赞成。书艺本以自娱，如有好友、知音欣赏，固也可以娱人，但不可以为人役。这是很正确的主张。当然那些迫不得已以鬻字为生的人另当别论。像静农这样遗世而独立、超然物外之人，岂可勉强他以书艺去为人役！

为了发扬中国传统书法艺术，静农虽可不为人役，但他仍须以书法排遣解闷。我祝愿他寿酒长饮，腕力常健！更多写些得意之作，传之后世。

1985年3月6日写。以头眩时作，至8日始脱稿

（原载《明报月刊》总第232期，1985年4月，页13—14）

启元白教授在香港首次公开讲演

启元白教授名功，是清朝的宗室。他是清世宗（胤禛雍正）的第十代孙。他的九世祖名弘昼。清高宗弘历（乾隆）是清世宗第四子，弘昼是清世宗第五子，封和亲王。

清高宗诞生比弘昼早一个时辰，两人生于同年同月同日。弘历母亲纽祜禄氏，弘昼母亲耿氏是汉人。从弘昼到启元白的世系如下列：弘昼—永璧（和亲王）—绵循（和郡王）—奕亨（贝勒）—载崇（一等辅国将军）—溥良（奉国将军）—毓隆—恒同—启功。

溥良字玉岑，光绪六年庚辰科进士，翰林院编修，官至礼部尚书，与王懿荣、志锐、梁鼎芬、于式枚等人同年。毓隆字绍岑，光绪二十年甲午恩科进士，翰林院编修，和张謇、梁士诒、陈昭常、熊希龄、桂坫等人同年。陈昭常字简墀（又作谏墀），广东新会人，是陈援庵（垣）先生的叔父。

从清圣祖（玄烨康熙）数起，元白应是他十一世孙，许多报道都误作康熙十七世孙，可能由于元白说"十一"，记者误听为"十七"。

元白少孤，我没见过他老太爷，名讳是元白告诉我之后填上的。从弘昼至毓隆的世系是据《清史稿》及《词林辑略》。元白之受到学术界及国内外人士的尊敬，与他是皇帝后裔无关，与他上辈是科第世家也无关,而为了说明他之所以名启功,就不能不谈谈他的先世。

元白读过汇文中学,与吴晓铃同学。郑骞(因百)曾在汇文教书,元白、吴晓铃成名后,因百常说元白、吴晓铃听过他的课,引以自豪。

据元白自己告诉我,他学能有成就,实由于他少时受业于苏州戴姜福先生。他中学毕业没有,我不知道。大学则确没读过。他之能成为名学者,完全由于他自己努力自学。未到辅仁附中教国文之前,得力于戴姜福先生为之奠定作学问的基础,从辅仁附中到辅仁大学任教,所学日进,名誉日起,是得到陈援老的指引。

我长元白四岁,两人同是第一天教书,相逢于辅仁附中教员休息室,从此订交。我们两家本是世交,由于我也是少年丧父,两人认识后叙起来,我才知道。

元白学问方面很广,我在这里不能一一为之介绍。本月廿四日他在香港中文大学公开讲演,题目是曹雪芹笔下的真假。我虽不能预知他讲些什么,但从《启功丛稿》所收《读红楼梦札记》、《红楼梦注释序》两篇文章中,已可以看出他对曹雪芹撰《红楼梦》所谓"甄士隐贾雨村言"的解释。曹雪芹为什么要隐藏起来"真",又以什么"假"代替"真"? 以及书中的虚构与真实应如何去领会,如何去解说? 他的讲演虽尚未听到,他在这两篇文章中对于上述种种问题的说法,我已高举手赞成。

他说后四十回中,有曹氏残稿。雪芹死后高鹗从打鼓儿的手中买到曹氏残稿绝非虚构,我本来相信这一说;经他认可,使我更增加了信心。

元白的讲演,从前面所提的两篇文章中既可略知大概,现在就抄一段元白自己的话,以作介绍,而且供去听讲演的人士们参考。

《红楼梦注释序》说:"作者虚构的手法,实是随处可见。我曾把书中年代、地方、官职、服妆、称呼、器物等等方面虚构情况加以分析和统计,见《读红楼梦札记》。我们据此可以了解作者由于有所避忌,所以他不但要把'真事隐去',即在其它方面,小到器物之微,也不肯露出清朝特有痕迹。大观园在哪里?作者是否敢于实写,或愿意实写?大观园如果确是某一家第宅园林的样子,难道作者不怕那一家主人向他问罪?如果说是大观园偶合某家园林,又怎能那么巧呢?如果说大观园是作者自己家的园林,这固然无需作者有什么避忌,但北京几个残存的府第,递传的主人,都斑斑可考,没有哪一处是曾经曹氏居住过的。我有一位搞古建筑的朋友曾画大观园平面图,按书中所写,排列各个房屋,始终对不起位置。比方说,乙处在甲处之右,丙在乙之后,丁在丙之左。找来找去,丁之前却又是乙。大观园为什么竟成了迷魂阵?不难理解,这正是作者有意的安排。"

并蒂哀梨,句句爽脆,不能不使人拍案称快。今天红楼梦的研究已走向追寻曹雪芹居处、遗物和他的祖先世系的路上,更十分认真地去确定大观园是某某旧王公府第。这些都与元白研究《红楼梦》的方法路线不同,也与他的主要看法不同。

本文所介绍的只是尝鼎一脔。对于《红楼梦》一书中真实与虚构等等问题,如果想加以探讨,当然要去听元白的讲演,亲聆高论,才可以彻底明白。

（原载《大公报》,1982 年 3 月 24 日）

郭绍虞和顾颉刚

　　郭绍虞在燕京大学教书多年,任国文系主任,胜利后上海同济大学开办文学院,聘郭担任国文系主任,解放后,文史各系均并入复旦大学,看丝韦君的文章才知道现在郭绍虞在上海师范学院教书。记得郭比钱穆大与顾颉刚同岁,今年应是八十五岁左右,而不是年近八十,丝韦君的说法有小小错误。

　　郭绍虞、顾颉刚同是苏州人,钱穆是无锡人,三个人是好朋友,均很有才气,早年都曾在苏州教过中小学,可称为"苏州三才子"。五四运动时期,顾颉刚著《古史辨》,推翻传统古史的系统,震动全国,影响甚大。郭绍虞研究文学批评,在郑振铎主编的《小说月报》上发表文章,参加文学研究会,成为新文学运动中惟一研究文学批评的人,他在大学一直是讲中国文学批评史,罗根泽就是郭的学生。

　　顾、郭成名学术界,相继进入燕京大学以后,钱穆尚在教中学,钱写了一篇《刘向歆父子年谱》,通过郭、顾的推荐发表于《燕京学报》。钱在年谱中指出,刘向死后,刘歆接替他父亲校"中秘书",时间不足一年,即使终日不眠不食,也不可能如康有为在《新学伪经考》中所说的那样,编造和窜乱那么多部"经""史"古书(此说始者为朱一新,见所著《佩弦斋杂著》)。在当时辨伪古史风气盛行之时,钱穆的说法确足使人耳目一新,于是钱的声名大起。年谱发表后一年,钱进入燕大充国文系讲师,教大一国文,再一年,北京大学聘他为历史系副教授,讲中国通史及秦汉史。

郭绍虞研究文学批评,是由读英文书入手,又是参加新文学的人,但他的中国旧文学修养很好,能作诗,行书写得很潇洒。顾颉刚同样是能作诗、擅书法,更工于写论述学术的文章,看他《古史辨》第一册的自序即可知道。

顾、郭均已是八十以上的老翁,标点"二十四史"的大业是顾颉刚主持完成的,郭绍虞也重新改写完成他的巨著《中国文学批评史》。他们对中国传统文化,真的作出了贡献!

（原载《新晚报》,1977 年 3 月 24 日,署名"史直"）

谭其骧与杨宽

据新华社消息,出席上海孙中山纪念会的人士中有谭其骧、杨宽两教授。

我对于这两个人均有所认识,借此机会谈一谈。

谭其骧暨南大学毕业,到北京后,入燕京大学研究院从顾颉刚研究历史。谭曾经受学于邓之诚治沿革地理。在燕京顾颉刚讲《尚书研究》的课堂上,与顾讨论两汉州制的划分不同,顾要谭将意见写出来,对他十分欣赏,又将双方来往讨论问题的信件印在《尚书研究讲义》后面。一路发展下去,顾颉刚对历史地理大感兴趣,就编印《禹贡月刊》。更写了一篇《两汉州制考》,发表在《蔡子民先生六十五岁纪念论文集》中。《禹贡月刊》最初若干期主要的撰稿人就是谭其骧,后来主编虽换过冯家昇、白寿彝,但他们全不是专攻历史地理的。谭其骧从燕大研究院得了硕士学位后,即在辅仁大学讲授中国历史地理,北京各大学历史系开设这一门课的,以谭为第一人,史念海即是他的学生。

谭其骧抗战期间即在浙江大学教学,胜利后由遵义随校迁回杭州,解放前通货膨胀,物价飞腾,教授生活十分艰苦,谭到上海兼课,每周到上海两天。在香港专上学院教历史的人中,就有听过他的课、对他十分怀念佩服的人。

　　谭其骧解放后用唯物史观去研究历史地理更有卓越的成就,尤其最近几年看到他研究东北、西北边疆地理的文章和所绘制的地图,极精密而正确,为保卫我们祖国的大好山河作出了贡献。又看到他研究马王堆出土西汉帛书的地图的文章,运用他纯熟的历史和沿革地理知识,详细指出西汉王朝的政治区域划分与军事布置,更使人们认识清楚我国古代地理制图技术的高度水平。

　　谭是王庸在暨南大学教书时的学生,王毕业于东南大学(即中央大学前身),专治地理之学,后来在北京图书馆作舆图部主任,王自认谭是青胜于蓝。谭有一个叔叔从京师图书馆到后来的北京图书馆一直作编目工作,对于地方志十分熟,但大家公认小谭超过老谭。

　　杨宽是光华大学毕业,吕思勉的学生,解放前作上海博物馆长,对于古器物素有研究,著有《战国史》,利用《竹书纪年》考证战国年代,纠正钱穆的错误,颇为史学界人所称赞。解放后,他用唯物史观研究中国古代史,出版了一部《古史新探》,对于我国奴隶时代的礼制许多问题,作了精密深刻的剖析,说明了古代奴隶社会的射礼宴飨之礼、学校制度等等,使人们了解古代奴隶主剥削阶级所行的"礼"内容是些什么。从而明白了孔子为什么以"诗、书、礼、乐"教学生,进一步也可以说明了"儒家"的本质是什么。我不能说杨宽的古史研究在理论上没有缺点或推论没有错误,但以孤陋寡闻的我来看,杨的对古史研究的成就对于我们了解古代社会的需求,有很大的帮助,是无可否认的。

（原载《新晚报》,1977 年 3 月 19 日,署名"水子"）

方东美二三事

方东美最近在台北逝世了,他曾在南京前中央大学哲学系任教,解放前后到了台湾,在台湾大学教书。

他从来不写文章,不著书,也不允许别人纪录他的讲话,认为一写出来便错,他虽然是讲西方哲学的,却有佛教禅宗"不立文字"的意味。

有一年,台大听他课的学生们(仿佛是哲学概论一课),为了应付他的考试,公推了一位记笔记记得好的同学,将听他的课的笔记油印出来,分发给大家作参考,被他发现了,勃然大怒,当堂拂袖而去,拒绝上课。学生们一再向他道歉陪罪,将油印的笔记全部收回烧掉,他才恢复上课。

有一次朱家骅主办的"联合国同志会"请方东美讲演,讲演之后,照例将纪录送给讲演人看过修改之后在《大陆杂志》发表。这次将纪录送到方东美那里,方说记得完全不对,既不看也不改。主办人因为"联合国同志会"讲演纪录连续在《大陆杂志》发表,从未中断过,出版期到了,不管他是否同意就将纪录发表。方东美看到之后,大发了一顿脾气,主办人(记得是余又荪)向他陪了番不是才了事。

钱思亮作台大校长时代,台大注册课将方东美一门功课排在下午。方东美十分生气,去到注册课主任办公室大闹说:"你将哲学功课排在下午，是侮辱哲学！"于是不由分说，扭着注册课主任汤某的衣领到楼上去见教务长刘崇𬭚，在刘的办公室内拍桌大闹。钱思亮的校长办公室，就在刘的办公室隔壁，听见了，知道他是无理取闹，派工友去说，"校长请教务长过来有事谈"。刘当然借此走开。不想方随着刘到了校长室，与钱思亮冲突起来。钱大约是劝他说："方先生不必如此生气，这并不是刘教务长和汤主任的错误。"他更大怒，跑到隔壁"教育部"找黄季陆"教育部长"去闹，说钱思亮欺侮他，幸好黄不在，他才悻然回去，还写信到"教育部"去告钱思亮。事后沈刚伯出来调停一番，将他上课时间表重新安排，他也就安然无事了。

方东美虽然学哲学，却十分怕鬼，他睡觉一定要太太睡在床外边"保护"他。他并不好名也未矫揉做作装出大师姿态，更未尝汲汲求利，不过是天真任性而已。

（原载《新晚报》，1977 年 7 月 29 日，署名"屠说"）

谨慎的学人

旧日有许多学人，学问甚好，而过分谨慎，也许是求全责备的心理太重，很难动笔著书，如果不是有朋友和学生们向外人称述，几乎被世人所忽略遗忘。

首先要谈的是沈曾植。沈的学问极渊博，清末任职总理各国事务衙门，撰考证《阙特勤碑》一文，一时声名大噪，人人知道他治西北史地之学。其实他对经、史、小学、金石、诗文无不贯通，直至佛经。陈寅恪在《唐代政治史述论稿》中称他通儒，诚然不谬。可惜他的著作未能及身完成，《蒙古源流笺证》并非他手定之稿，是他死后别人替他刻印的，《海日楼杂著》也是旁人搜罗他的零星笔记荟集付印。这样一个博学的人，后世人们只能见到他著作的一鳞半爪与非他手定之全书，是多么可惋惜的事。

其次是黄侃，黄是章炳麟门下杰出第一把高手，说到文字学讲古音韵，黄大有"青出于蓝而胜于蓝"之势，至于诗文黄亦不弱，更是章门第一（章的古文是近代的"巨擘"，他的学生中惟有黄的诗文均可称名家）。讲到传统的"经学"，黄曾从刘师培问学，章在这方面也要逊黄一筹（现代自不必再去讲什么经学，但为了解过去的历史，也须要对它加以分析研究，纵然我们对待经学的态度和立场与前人不同）。黄读书甚勤,许多个人意见大约随手批在书上,或作了札记,但在他生前从未发表过。有人见过他的一部郝懿行《尔雅义疏》用密行小字,朱笔墨笔批满了书上,此外《十三经》、《说文》、《广韵》均有批注,在《十三经》上所作记号,他最得意的学生有过录本,有人见过,此外批注的书同札记,听说在家人手中,秘不示人。

黄侃死后,由他门人编辑印行的《黄侃论学杂著》只是极小的一部分,而且并不完全是他精心的撰述,这又是多么可惜的事。

两月前逝世的方东美,虽是讲西洋哲学的,也同样有这过分谨慎的态度,虽然他发表过两本小册子,但他研究西洋哲学的成就,决不是仅仅这两小书所能表现的,其可惋惜,与黄侃的情形不相上下。

看到今日一般为求名而乱写的人,胡乱发表些不成熟的文章和著作以猎取学位与大学教席,对这些不轻于发表的学人,不仅惋惜而且应表深深之敬心,如果能如黄侃那样,何至有讲《孟子》读错"时日害丧"的著名的声韵学教授! 如果能效方东美那样,就何至有自创名词的思想大师,或写文章累赘不通的哲学教主! 比较之下,真不胜"黄钟毁弃,瓦釜雷鸣"之叹!

(原载《新晚报》,1977 年 8 月 16 日,署名"樊任")

悼念殷海光

殷海光于今年 9 月 16 日逝世。当 17 日上午,我从报纸上看到这条消息的时候,感到非常难过。1950 年我进台湾大学教书,由于徐道邻和方杰人的介绍,我才认识了海光。虽然我并不研究逻辑,我读了他那些主张自由及反奴役反专制的文章,对他的议论和见解非常佩服。大约在 1951 年到 1954 年之间,徐道邻、张佛泉、殷海光和周德伟几个人常常在一起讨论哲学和思想上的问题,有一个小小座谈会,我记得仿佛是每月举行一次,每次由一个人主讲。他们约我参加,我也讲过一次。我和道邻、佛泉都是极要好的朋友,他们对于海光极为推重,海光论学极认真,态度十分谨严,而做人诚朴天真。有时中午下课在台大文学院门前遇见他,我邀他到我家坐坐谈天,那时他还没结婚。他说:"你请吃饭不请,如果不请,我就不去了。"我说:"当然请,当然请!"于是去到我家吃一顿家常便饭,两人上天下地谈得非常得意。通常是我向他请教得益不少。我住的房子顺着篱笆墙种了好多棵美人蕉,他看见说:"太难看了,我家里有开红花的美人蕉,长得又高,花又好看,我给你重新栽过吧!"说完不由分说,动手就拔,一霎时拔得精光。过了两天,果然把他家的蕉秧带来,亲手给栽上。他说:"鸡粪是养花最好的肥料,我要种花很需要。"我家那时养了好多只鸡。他说:

"你们给我留一些。"我们就把鸡粪和了灰土凝成一块一块的粪块,包在蒲包里,存储起来。下次他来了,拿出来交给他。他坐在门口地上,把粪块拿在手中擘开看看,捏一捏说:"很好,很好。"拍了拍手上的土,进门坐下。恰巧饭做好,坐下就吃,并没有去洗洗手。那时大家都住的日式房子,进门要脱鞋,他的皮鞋永远不系带子,说这可以省事。有一次,我们全出去了,屋门锁着,街门只是扣上门环。海光来看我,他知道里面没人,自己开了街门坐在院子里等,也不知等了多久,把我家院子里的草拔除了一番,然后走了。我们回来后,隔壁李太太说:"学校派了个工人给你们拔草,直着眼向前走路,一脚踏在泥里。"那时我住在温州街,路的两旁有沟,市政当局按时派人把泥挖出来,以疏通流水,泥就堆在路旁慢慢再运走,如果走路不小心常可以踏到泥堆里。这种率真坦白的泥土气息,农村味道,在任何一个知识分子身上,我从没发现过。海光不仅治学,就是为人,也是超绝世俗的。

1954 年,我要到香港应新亚书院之聘,和他谈起,他极力反对,很郑重的说:"你为什么加入那个集团?"而我因为钱宾四的坚邀和复观的劝促,我终于没听他的话,离开了台大。他对我个人始终仍然很好,而且那时候港台待遇并不如今日之悬殊,否则他要骂我为了赚港币而来新亚了。我到香港后,起初时和他常通信,我的学生去台湾,总是介绍他们去看海光,海光也有时介绍学生来见我。海光反对中国文化的议论,我本来不能同意,后来他愈说愈过分,等到他那本《中国文化之展望》出来之后,我为之十分失望。简直像一个外国无知的人盲目胡说,真不敢相信海光对于过去历史和文化所了解的会如此浅薄。由此通信渐稀。有时我常想:如果海光专心治他的数理逻辑之学,不要讲什么文化,岂不甚好!后来他受到围剿,引起的原因,却又多出于误会,而且是别人的文章惹出来的祸,更觉得十分难过。我总以为一个专门学者,与其抱入世之心,希图以言论改善现实,倒不如尽力去研究自己所长之学,在学问作出成绩来以贡献于国家,比较起来,后者为更有意义些。所以这几年,一想到海光的遭遇,我实在为之惋惜。而且他患了绝症已在病中,仍然不断受人误会和攻击,益显得社会的冷酷和无情,我想不出说一句什么话可以安慰他。

他死后,复观来到香港,说海光临死之前不久,复观曾去看他,他对复观说他对中国文化的观念已然改变,认为从前说的不对。当时我并没有细问复观,海光的改变之说究竟如何? 昨天我在复观书桌上看到海光学生陈鼓应君编的《春蚕吐丝》,是海光的传记,开头记录海光病中的遗言。我借来阅读了一遍,才知道海光在弥留之前,思想有极大之转变,对于中国文化有了极深刻的认识,和以前大不相同,而坦白承认自己过去的错误。他学问的伟大、人格的崇高,都在这些话里面表现出来。一直到最后,他所顾念的是中国文化。

海光说:

> 我现在才发现,我对中国文化的热爱,希望能再活十五年,为中国文化尽力。

又说:

> 我的学问算不了什么,但我有超时代环境的头脑,三十年的宝贵经验,没有能够写下来,真可惜。这也是我不想死的原因。

又说:

> 我活不成了……! 其实,对于死这件事,我老早就想透了,看淡了,我的潜意识里都没有一点儿恐惧感。只是我死得不甘心,

> 我的思想刚刚成熟，就在跑道起跑点上倒下来。对于青年，我的
> 责任未了；对于苦难的中国，我没有交代！

这是何等的精神，何等的气魄，他明白了他既然有了这样的学问修养，应当尽他的责任。这分明是孔孟以来真正儒家的以天下为己任的精神，而没有一丝一毫虚伪。

海光说：

> 我是最少被人了解的。许多人认为我苛求骄傲。但我对自
> 己却更严格，更苛求。
> 我最大特质就是否定自己。我觉得我以前所写的东西，都没
> 有什么内容，仅是我的心路历程中的一些记录。

坦白承认自己过去写的文章不成，否定自己所认为好的对的意见，这种不护前短的精神，过而不惮改的道德，在现代知识分子中，我从没见过有一个像海光这样勇敢的人。

海光说：

> 文艺复兴后的西方人的基本人生态度至达尔文后的进步主
> 义，受经济起飞和技术的助长，乃有现代人的狂热生活。他们所
> 成就的乃是物欲文明；富有刺激性，给人直接的便利，表面极其繁
> 华，但内层却是凄凉、彷徨、失落的。暖气室里住的尽是一个个冷
> 冰冰的人。

又说：

　　许多讲中国文化的人,极力在中国文化里附会些科学,这实际把科学分量估计得过重,以为中国文化中没有科学便没有价值。其实中国文化即使没有科学,并无损于它的价值。

这些言论,真是针对着过分重视科学技术,极力追求物欲的现代文明一个当头棒喝,现在人类真正危机就在于此。海光虽然没有写成他要写的书,但他已然说明其中主要点。

他说:

　　也许有人觉得二十世纪六十年代比三千年前好,试问好在哪里? 就人生价值,道德理想,认同的满足,生活的温暖,心灵的宁静,人与人之间的守望相助,友爱合作来说,好在哪里? ……在进步的观点下,所谓好无非是指技术的精进,技术的精进除了带给人物欲的满足外,使人有更多的幸福吗? 使人人有更高的精神吗? 西方文明走向死胡同了。

海光指出西方文明走向死胡同,而中国不进不退的淑世主义,方显其人生价值。这真是一个了不起的转变,他能说出这一番话才不愧为这个时代真正有哲学头脑的大思想家。海光有他的了不起的智慧,而且不断地思考,对自己苛求,永远保持独立思想,终于最后爆出灵感火花,才能达到这个境地。最重要的是他永远服从真理,从他给复观的信,和他评论复观的话,就可以看出。我觉得那些话非常难得,也极其恰当(我想复观应当同意)。复观曾经很不客气地批评过海光,而海光仍然佩服他。他给复观的信中说:"相识二十多年来,先生常为海光提到时厌恶的人物之一,但亦为海光心灵深处所激赏人物之一。"这就可以说明他的服从真理的态度。复观所写讨论古代封建政治和汉代专制政治的历史文章，十分精彩，为多年来未曾有过的历史论文，我想海光对于复观之肯揭发中国专制的蔽害，以及知识分子在专制政治下如何的受摧残以致丧失其尊严的说法一定极其赞同，很可能对于海光了解儒家文化有极大帮助。海光是一个面对现实的人。大约在1956年的时候，海光曾经应哈佛大学之邀到美访问一年，哈佛大学想留他教书，他却坚持要回到台湾。如果他那时能留在美国，也许后来这几年就不会牵连上许多不必要的麻烦，甚至可以多活几年。

刚刚成熟、有清楚头脑、受过严格训练的哲学家，抱着讲明中国文化，想沟通中国传统和西方自由主义的伟大志愿，在刚刚过五十岁的年龄竟然死去了，这真是中国也许可以说是世界上的一大损失。

我尤其痛恨我自己的无知和疏忽，为什么不能在他死之前，今年经过台北时去看看他，我对他枉作了一番朋友，而最后终于没有能了解他，这真是无法宽恕的过失。我虽然比他大几岁，可是我的学问比起他来未免太渺小了。今年我是第三次去美国，看到他们追求物欲生活的危险，看到他们生命的空虚，回来后对复观说："梁任公《欧游心影录》和严又陵晚年给友人的信，都表示惟有孔孟之道可以救今世（大意如此），以致受到许多人的攻击。我现在认为梁、严二氏说的极是。"及至看到海光的遗言，才知道他看得比梁、严二氏透彻得多，他说得比我想得清楚得多。我回来后未能去和他一谈，真是万分遗憾。惟有以我有生之年，为我的学问去努力，以示忏悔，以向后世交代。海光虽死，海光的精神，常存在天地之间，也永远在我这个不长进的朋友所怀念中。

1969 年完稿

傅孟真先生逝世二十周年感言

1949 年秋天，我从上海出来，乘渔船到定海。出了吴淞口，在海上遇见强盗，随身衣物完全丧失，困居在舟山，写信给傅孟真先生。我同他过去并不熟识，居然惠予援手，给我办理手续，使我进入台湾。生死肉骨，风义极为可感。入台后，先给我介绍陈雪屏，因此我在台湾省教育厅编审委员会作了十个月的委员。后来我写了一篇文章送给傅先生看，更荷他谬赏，约我到台大国文系教书。孟真先生不仅于患难之中拯救我，且为我平生知己之一。今年是 1970 年，去孟真先生逝世(1950)，恰好二十周年。我 1954 年离开台湾大学到现在已有十六年，抚今追昔，益觉傅孟真先生的伟大为不可及。

大家知道蔡孑民先生之能办好北京大学，由于他能延揽各方面有真正学问的学者，而并不问某学派和主张，更不斤斤计较其出身。称赞西太后的辜鸿铭，拖着辫子讲西洋文学，和反对礼教主编《新青年》的陈独秀，可以同时并立。博闻强记古文经学家陈汉章，和传扬康有为之说大讲今文的崔适，也可以各讲其道。有留学美国的年青博士胡适之，也有未曾大学毕业的梁漱溟，更有常常给人以棒喝由释入儒的熊十力。只问其学问能否自成一家之言，而不问其过去与蔡先生之有无关系。北京大学在学术上能居中国大学的首席，其故即在于此。

傅孟真先生出身北大,为五四运动时的健将,他在办学方面,确乎继承了蔡先生的精神。傅先生一生努力于我国学术教育,至今为人称颂的,是他在两个曾由他领导的机构中的成绩,一是中央研究院的历史语言研究所,一是台湾大学。他的贡献所在,世人自有公论,无待我的缕缕。我这里要特别指出的,是他培植人才和引用人才的伟大精神和风度。史语所中人,出身北大的诚然不少,而非北大出身的也很多。他脾气相当暴躁,而对于饱学之士老一辈的如陈寅恪诸人,都是优礼有加,年青一辈的如丁声树、张政烺等也是宽容称道。他在史语所时,不许年青人一进所就发表文章,而鼓励他们多念书,慢慢再发表,要求他们安心去作研究工作,不要分神于外务,以至反对所里人出去兼课。为了使所里人无衣食之忧,无妻子饥寒之累,从抗战到迁台,他为所中人员争薪水争待遇的故事,到现在仍为所中一般旧人所常常称述怀念。但他个人不仅不从中占便宜,并且总是抱推甘让腴的态度,没有为自己打算过。到了台湾,据傅乐成告诉我说,傅先生想作条棉裤都没有钱。在李庄时,为了补助所中某一个同事的家用,拿他自己的英文书出去换钱。

至于聘用人员,他是非常严格,没有过丝毫的徇情。岑仲勉他从来不认识,陈援庵先生看见岑的文章以为极难得,推荐给傅先生,傅先生也觉得好,便聘为研究员。岑到史语所果然作出不少成绩,后来因为岑先生兴趣过泛,研究的方面太广,有时难免犯了错误。傅先生劝他少写,岑不肯听,终于胜利后不久离去。从这一用一去之中,就可以看出傅先生的认真。他所培植的人,劳榦、高去寻等固然由北大出身,是他的学生,严耕望、周法高等人则均与北大无关。他作了台大校长,从前他在北大时的一位同学作了好多年的官,来到台湾退休无事,想进台大教书,他一口拒绝。那人想降格以求,教大一国文,他也不肯聘请。他对那人的友情很好,而说到教书却绝不将就。他认为作学问和作官是两条路,纵然在政治上有成就,也不见得会作学问。如果一个人过去虽是作学问的,而改行从政的时间较长,学问也会生疏的,他永不把作官的资历与教书资历相提并论。

他从没顾到什么私人关系和个人利害。抗战时期,在国民参政会中的率直敢言,指摘执政人物,为人人皆知的事。在办学上,这种坦白正直的作风,更彻底,更坚决。他在台大,对于一年级以上的教员,一定要聘请研究专门学问有成就的学人,到校以后,只要各自发挥其所长,如何教书,是教员自己的事,他决不过问。对于一年级普通功课,尤其语文训练,他异常认真。台大的大一国文由他自己选定课本,第一学期选读《孟子》,第二学期选读《史记》。国文系每个教授,都要教一班大一国文。学期终了,集合各班在一起考试,由他出题。

大一国文英文教员讲课时,他常常跑到课堂上去听,听说有一天早晨,他到了学校,看见一班学生坐在讲堂上,而教员还没到。他问了问,知道是一课大一英文,于是就在后排坐下,告诉学生们说:先生进来的时候,你们都站起来,说先生你早。不久那位先生来了,学生照他的话作了,先生非常尴尬,他听了一堂,发现那位先生讲得太差,回到办公室,马上通知解聘。对于教员如此,对于职员要求更严格。他每天八时到校,晚上十时多才回家。校中规定不许用电炉煮饭,有一晚宿舍里的学生到他办公室报告,宿舍管理员正在用电炉煮饭,他马上率领工人,拿了绳子到宿舍查看,果然不错。傅先生立刻指挥工人捆起这位管理员的铺盖,开除职位,请他走路。

傅先生死的时候,全校学生几乎没有一个不坠泪的,因为他在出席省议会答复质问时倒了下去,就此不治。学生情绪极为激动,包围省议会,几至于动武。他的真诚坦白是如何使青年人感动。中国自有大学校长以来,似乎没有第二个人,能够如此受到学生爱戴。

他北大毕业后,考取山东官费到英国留学,又到过德国,他进过几个有名的大学，学问非常渊博。他只是去读书，去研究学问，并不太注重什么学位。所以他对人的衡量，也从来不计较学位，陈寅恪先生是他所佩服的人，为近代最博学一个人，也是留学欧美而不要学位的人。以陈先生在现代中国学术上的贡献和成就来说，无疑的是全国所公认的权威学者，但是在清华国学研究院时，一般人对于陈先生实在是缺乏认识，如果不是傅先生极力的揄扬称道，陈先生之被人们发现恐怕还要迟几年。据王国维先生的助手赵万里告诉我说，在清华国学研究院时候，梁任公先生门下为最盛，王静安先生是投昆明湖后，称弟子的人才渐渐多起来，何况陈寅恪先生？由于傅先生注重一个人在学问上的成就而不论其人的有无学位，于是陈寅恪先生才能早日刊布他的著作，出其所长，沾溉全国史学界。推而广之，董作宾先生能够对于甲骨文研究，作出很大成绩，也是因为傅先生能赏识人才而不计较他的出身，尽力去培植他，而获得的成果。

　　傅先生以及他所继承的蔡孑民先生这种聘用人才的风度之伟大可贵本不待言，而我们回看一下我们的历史，便知道他们的作法有其划时代的意义。我国自两汉立博士以来，为博士弟子的讲家法，讲师承，表示学有渊源。身为博士者，也以为自己的学问只有弟子才能够传承，自然而然的造成学派，有门户之见。入主出奴，于是有今古文之争，在我国学术上的遗祸流毒，已达二千馀年。其实说穿了，还不是利禄之争！为了保护自己以至徒子徒孙的饭碗，不惜利用学术，歪曲真理。这自然是要不得的事。

　　宋明理学家以上承周孔的道统相号召，在和专制政权对抗，争思想自由过程上说，它实在有其不可忽视的重大价值，但其末流的蔽害，对于学术发展产生了很不良的影响，是无可否认的。朱陆异同，朱王之辨，本是应有之争论，即清代反对考据家的议论，也有其正确的观点，未可厚非。只是有些人笃守一先生之言，认为我们讲的学问才有价值,别人讲的尽是旁门左道,惟有我们所传的才是真正道统,必须入我之门,始能个个成正果,个个有学问,学问竟成为私人的专利品。这和经学家,师徒继续相传,坚守自己的家法,排斥不同的学派,又有什么分别? 顾炎武的《广师篇》,想是针对这种风气而发。柯凤荪先生常对我说,作学问应当集众人之长以为吾长。用意与顾氏相同。时代到了今天,纵使两汉学大师伏胜、孔安国、贾逵、何休复生,宋明理学大儒程、朱、陆、王再活,也不应当容许这种党同伐异,盘踞太常博士高位,援引私人徒党的情形发生了。何况今日并无一个能与上述诸人相比拟的学者。至于不要中国传统的,却又去偏重洋化。甚至治中国文史之学的人,没有高级学位,不能用英文写论文,便被认为不入流,不懂学问。过分崇拜欧美,必致造成洋化的派系,其为害自然是有过之无不及。如果不从人们心理中将这些师承道统,外国学位等等观念驱逐出去,我们的学术如何能进步? 教育界用人如何能大公无私?

　　傅孟真先生旧学根柢很深,而能打破传统上的汉学传家法和宋学传道统的观念,受了西方教育,而没有染上偏重学位出身,忽略人才,轻视学问成就的习气。因此他能效法蔡先生,不问派系,不管资格,聘用学者,更能培植后进,办好所领导的学术机构,在中国教育史上写下了辉煌的一页,也为中国学术播下了若干种子。我们看他在五四时代是一个多么勇于破坏传统的健将,在那时他作过古史的研究,对于顾颉刚先生的疑古议论相当赞成。后来他作《性命古训辨证》时曾说:"古史者劫灰之残馀也,就此残馀,若干轮廓可推而知之,其不可知者盖亦多矣。以不知为不有,以偶然为必然,既蔽事实之概观,复违逻辑之戒律,是诚不可以为术也。"这样治学的态度和精神,决非五四时代鲁莽灭裂反对传统的人能说出的,我们从此一点推之,他对于传统的东西知道拣选好坏,既非完全破坏也非完全接受。他的气节风骨和东汉的儒生可以相比拟,确有威武不能屈富贵不能淫的气概,不特晚清读书人中少见，就是和他同时的人物，也应首屈一指推他为最突出的人物。他绝对没想到使亲戚之穷乏者得益而没有去照顾旁人。对于一人升天鸡犬皆仙的作法，可谓深恶而痛绝。

我在这里执笔作文怀念他，在感情上诚然有不能抑止的悲怆，最主要的却是经过二十年的长远时间，我走了更多的路，看见更多的事，使我不免常常想到傅孟真先生的品德操行之超越卓绝，真是不世出的人物。苏子瞻祭欧阳文忠有"上以为天下痛，下以哭其私"的话；我也可以说一句，为了学术为了下一代的青年，我们要常常想着傅先生。傅先生的遗范善政如何去继续发扬？如何去上追蔡先生的高风，而不致于重蹈汉宋学术末流的故辙，或受外国的影响形成门户派系？应当是学术界人士共同的责任，也是我们纪念他最好的礼品。

1970 年 1 月 2 日

（原载《明报月刊》，1970 年，月日不详）

乔大壮之死

有一天同朋友谈起乔大壮之死，转眼已将近三十年了，使我不禁想起往事。那是 1948 年的秋天，我在上海教书，住在北四川路底，与徐森玉、沈尹默两位老人住处很近，时常去拜访他们，算是徐家的常客，差不多每天晚饭后总要去聊天。一天徐森玉十分忧虑地说："我的一位朋友乔大壮失踪了！奇怪！"隔了两天，徐森玉悲伤地告诉我，乔在苏州投河自杀，徐匆匆赶去苏州替他料理了后事。

我并不认识乔大壮，只知他是台湾大学的国文系主任。听徐森玉和潘伯鹰告诉我，才知道乔是词坛名手，尤工于刻印，能得汉人三昧，冠绝一时。据徐说，乔一个儿子系解放军，一个儿子在蒋集团的空军作事，那时正是解放战争激烈之时，两个儿子真的是"兄弟阋墙"自相残杀起来。乔对自己儿子的处境，感到万分悲痛，于是走上自杀之途。徐森玉很少称赞人，而对于乔的文章与人品赞不绝口，称他"词章尔雅"，"端凝老成"，引为平生知己，对乔的死，伤感万分，给我印象十分深刻。

后来在潘伯鹰处得见乔刻的印章，又从台湾得到他的词集，的确令人十分倾服，徐森玉绝非过誉。

乔的前任台大国文系主任许季莆（寿裳），在台北寓所夜间为人用利斧砍死，据说砍死他的是个小偷，但偷东西何必砍死人？许同鲁迅是好朋友，所以许之死，其中有政治关系，为十分可能之事，只是当局始终不承认而已。乔接许之任不到一年，竟又横死，有人说台大国文系主任之位"不祥"，其实并不是主任之位"不祥"，只是"政治环境的不祥"而已。

由于许和乔之死，使人更容易读明白魏晋间人的作品，也使不少人步上阮嗣宗、刘伶的后尘。

魏晋之际，政治环境十分恶劣，一般名士处世甚不容易，于是饮酒吃药，佯狂避世。鲁迅先生的名作《魏晋风度及文章与药及酒之关系》，对这一潮流，曾有详细阐述。所以能够明哲保身的人，亦惟有佯狂饮酒作《世说新语》中人物而已。遥想那些甘作阮嗣宗、刘伶的老朋友们，将近三十年的岁月，真难为他们苦心孤诣的排遣了。

（原载《新晚报》，1978 年，月日不详，署名"杜舒"）

悼念向达

阅读 12 月 2 日《光明日报》，知道我的老朋友向达(觉明)在 1966 年 11 月 24 日受迫害含冤而死。最近已获得平反，恢复名誉，北京大学为他开了追悼会。

1972 年我回到北京向接待人员提出要访问的亲友，第一个人便是觉明，得到回答说，已经去世了。我心中便觉得不妙，未追问下去，只是黯然神伤而已。

觉明毕业于南京东南大学(后改为中央大学)史地系，是柳诒徵的学生，曾在商务印书馆编译所工作多年，其后到北京，在北平图书馆(即今北京图书馆)任编辑委员。那时北平图书馆中人才济济，觉明以外有贺昌群、刘节、王庸、孙楷第、王重民、赵万里、谢国桢等人。天津《大公报》有"图书副刊"一版，由觉明与贺昌群主编，我以徐森玉先生之介绍而认识觉明，二人十分投契，因此也时常为"图书副刊"写稿，笔名"海遗"。本稿用此署名，即纪念与觉明的交谊也。

那时在"图书副刊"写文章的图书馆诸人之外，有唐兰、王力、吴晗、浦江清、张荫麟、谭其骧等人，诚可谓盛极一时。

觉明学问渊博，为人也极诚恳爽直，专攻中西交通史与敦煌学，曾在大英博物院阅读敦煌卷子达一年之久。在同时治中西交通史学者中,觉明无疑应居首席,张星烺广博而精不及之,冯承钧译多于著,其他更无人能与之并驾齐驱。而利用敦煌卷子研究唐代俗讲问题,他的贡献也很巨大。

觉明著《唐代长安与西域文明》,每一篇成,我均得先读,其学力之深邃,功夫之细密,我只有叹服。其书由《燕京学报》印为专刊,陈援庵、陈寅恪两先生大为称赞! 援庵先生命我去请他进辅仁大学教课,觉明婉拒。事后推想,大约是由于辅仁历史系主任是张星烺,觉明虽佩服援庵先生之治学而不赞赏张氏。隔了一年,觉明受聘任教北京大学。

我与觉明有同好。我最初也研究中西交通史。想写《徐光启年谱》,援庵先生将所钞的《明经世文编》里的材料给了我,觉明也将他所知道材料告诉了我,而我始终未能写成,愧对师友,十分歉仄!

我将读书时所看到的有关宋代摩尼教材料,告诉了觉明,觉明极力敦促,我才能写成文章。良朋益友,平生能有几人,执笔至此,不禁泫然泪下!

觉明搜罗古书往往是别人所不注意的,如作《诗经原始》的方玉润的《日记》手稿,就是觉明所发现(似乎替北平图书馆买下),觉明曾作过文章发表(研究清中叶历史很有价值)。

觉明也搜集些记载地方风土之书,常茂徕的《如梦录》是记载明代汴梁的书,虽有刻本,而错误甚多。觉明为北平图书馆收到一部抄本《如梦录》,推断为常氏稿本,我们两人用刻本对校,抵掌共谈,欣然大乐(还买到一部抄本《常氏文集》)。

觉明喜欢研究民间唱歌的宝卷,我将搜集到的《何仙姑宝卷》送给了他。有一部宝卷目录(似乎是直隶省某地方官禁止境内流行宝卷目录),觉明和我都得到一部,我们也曾讨论过一番,后来觉明曾写过一篇文章,似乎发表在郑振铎主编的文学刊物上(忘其名)。

觉明对朋友虽极热诚，而对机关主管首长则绝对不丝毫委曲服从，在北平图书馆时曾同袁守和（馆长）稍因小事争执，拍过桌子说："士可杀不可辱，我不干了！"结果由袁道歉了事。抗战时他曾到中央研究院历史语言研究所工作一段时期，也同傅斯年发过一次脾气。

以觉明这样硬骨头，他的受到迫害为必然之事，所以1972年我听到他已经死了的消息，这个坚强爽朗的湖南硬汉遭受迫害的情景就涌现在我心头，虽然接待人员不说，我已明白是怎么回事了。

觉明读书极勤极精，每有所见，必以蝇头小楷一笔不苟地批在书上。他校的一本《蛮书》（已出版），我曾见过底本，密密麻麻批满书眉与行间，至于其它所读过而批过的书，肯定还有很多，他受迫害后，这些书与稿本不知遭到什么劫运，他的一生心血可能全部付诸东流。

觉明学问方面很广，即以史学而论，二陈先生以外，应推为第一人，如此人才岂能再得！

悲愤哀悼之情，积压在胸中许久了，今天才能一吐。安息吧！觉明，你的学术生命是永远不会死亡的！

（原载《新晚报》，1978年，月日不详，署名"海遗"）

悼亡友王德昭

我之认识王德昭兄是 1950 年我到台湾大学教书以后，那时他在台湾师范学院（后改师范大学）教书。我同方杰人（豪）发起组织史学会，张其昀介绍德昭参加，德昭同杰人也是老朋友，从此就逐渐熟识而订交。

德昭北大史学系毕业，本来是教西洋史的。1954 年我来香港，任教新亚书院之后，不久德昭就应台北教育部留学生考试（其时张其昀任部长），赴美深造，进入哈佛大学（仿佛是 1955 年）。

他之专门去研究中国近代史即从那时候开始。南洋大学成立，由台湾聘去一批教授。德昭从美国回到台北，停了不多几年就去了新加坡，曾任南洋大学文学院院长。

中文大学成立后第三年（1966）德昭应新亚之聘任历史系讲师，我们重新聚首。

德昭中西史学兼通，既擅长西洋史更能讲近代史，讲中西交通史与史学方法论尤为出色，学生对他甚为欢迎。他治学不故为新奇之论，更不以异说哗众取宠，平正而翔实，颇为难得。

他善于处理事务，分析问题条理分明，在会议上发言明白清楚，说服力很强。我退休之前，系务就请他代为主持。

联合书院 1969 年有一个高级讲师空缺,我主张调德昭去联合升任,幸得通过。德昭兼任联合的历史系主任,得大展其行政的才能,中大最高行政当局认识到德昭不仅能教书更擅长行政,大为赏识。

我在新亚书院尚在独立时,也曾参与过用人大计,我的推荐,往往是表现了我无知人之明,惟有在中大历史系任讲座教授时,在用人方面,只是主张德昭升任的事得以实现,又是件满意的事,我应当感谢郑栋材院长的合作。在改制之前,三院由院长主政,而且各有历史系主任,我不过主持历史系会议和考试而已。

噩耗传来,德昭竟突然逝世。好友又弱一个,万分伤心悲痛,血压为之大升,既写不出什么吊唁之词,也不能抚棺一恸。勉强草成此文,以表哀悼之忱于万一。

德昭晚年多次返内地访问讲学,参加各项历史讨论会,表现出他热爱祖国的心意,足为爱国人士的表率。哲嗣其允世兄研究地球物理,执教美国加州大学,是名学者,受德昭的教导,也热爱祖国,去到北京等地的访问,如德昭一样,父子都受到内地人士的欢迎。

德昭逝去,有那么多知名人士为他治丧,使人感到他是受人敬重的。德昭地下有知,必感到十分安慰!

（原载《新晚报》,约 1979 年,月日不详）

悼念吴晗

含冤而死的吴晗终于得到昭雪，海内外认识或不认识他的人们都感到十二万分兴奋和快慰。我与他并无深交，但认识他却在他入清华大学之前，其后又通过向觉明（达）的关系，成为抗战前同在《大公报·图书副刊》的写稿人，见面机会就多了，有时与觉明、贺昌群、王庸（以中）等人聚餐，偶尔也拉上吴晗，所以也成了很熟的朋友。

1929 年我进了燕京大学国学研究所，吴晗那时正在燕大图书馆考订部作助理（主任是侯谔），翌年他考入清华大学历史系。吴晗限于家庭经济，本不想升大学，只希望在燕大图书馆混个小差事，到北京后结识了王庸、向达等人，朋友认为他才学很好，不再进修就埋没了，便鼓励他升学（当时鼓励他考大学的究竟是谁？我已记不清，觉明、以中早就为之揄扬，则是真的）。他入清华之后，每周至少有四五天终日埋首在北平图书馆（即北京图书馆）善本书室中，从头到尾阅读《明实录》（抄本）及朝鲜的《李朝实录》（日本印本），那时北平图书馆又正在大收明人文集，他也全看了。四年攻读大学时间，至少吴晗将三分之一的光阴花在北平图书馆。一面阅读、一面抄录，他之能成为明史专家，固由于才识过人，实际上还是基于勤力苦读。

他考证《金瓶梅》的文章发表时，我记得他还在在清华未毕业。此文一出,海内传诵,声名大噪。在此之前,他已经常为《大公报》的"图书副刊"撰稿。大约由于觉明、昌群的称赏,介绍给郑振铎的。

吴晗在清华读书时曾修读陈寅恪先生的课,考试时陈先生拿到吴晗的卷子,看也没看,就给了一百分,并且说:"吴晗的卷子还用看吗?"一时传为佳话。清华毕业后,胡适想请他去北大,而清华坚留不放。胡适在《大公报》一篇星期论文中讨论大学毕业生出路问题曾说过,只要个人学业有成就,不愁出路有问题,成绩优良的还会有人抢着要呢(大意如此)!即指吴晗而言。

现代学人研究明史成就最高自当推吴晗居首席。可惜他仅写了些论文与《朱元璋传》而未能写一部明史巨著。以他在明史方面的功力与造诣,用现代史学观点与体裁重新写一部明史,对于史学的贡献与影响应当是何等巨大!他对京戏本是外行,不过由于一时高兴写了《海瑞》这出戏,又不愿与人雷同而加了"罢官"两个字,竟然招来杀身灭门之祸!说他为彭德怀而写,则他写的时候庐山会议尚未开,彭德怀也未罢官,说他有讽刺的反动企图,则《海瑞罢官》一戏中所颂扬的是清官,所贬责的是贪官豪绅地主。清官固然巩固了封建统治,但社会主义社会中难道不要干部清廉而要提倡贪污,或者说豪绅地主不是革命的对象!

倘使吴晗由于写史学论文著作犯了错误,还可以说由于他受资产阶级史学的教育,本质上有些偏差,学习得不彻底,犹在意料之中。谁知竟然是由于业余写剧本惹出文字之祸,而且不为剧情,而是为了"罢官"两个字。这样的"文字狱",即在封建专制时代,亦极为罕见。

吴晗字春伯。我们在北京与觉明、昌群、以中等人相聚时,互用号的上一个字称公。如向达称觉公,王庸称以公,赵万里字斐云称斐公,独吴晗之称不雅,所以改字辰伯。附记此事,以资谈助。

(原载《新晚报》,1978 年 12 月 31 日,署名"海遗")

悼念唐兰

从报上知道唐兰（立庵）先生今年 1 月 11 日逝世，这是我国学术界巨大的损失，不仅与唐先生有交谊的朋友们感到悲伤，凡是研究中国历史与考古的学人都十分怅惘悼念！

唐立庵出身无锡国学专修馆，而他在学问上的造诣，却远远超过他的老师，国学专修馆长古文家唐蔚芝。唐立庵到了北方，开始是在天津周馥家里教书，周家所请教家馆先生，听说多是桐城派古文名手，姚永朴、永概弟兄及马其昶先后都在周家教过书，那时立庵不过是新进少年，竟能接老师名宿之手（虽然桐城派所重在文章，姚、马却均是博雅通人，非一般迂腐塾师可比），一般人已知立庵学问不凡，后来立庵考释金文甲骨文的文章陆续发表，声誉大著，到北京执教，受清华大学之聘，在国文系任教。

我在章士钊 1925 年所办的《甲寅杂志》上首次看到立庵给章论学书札，虽不知其人，对他已极为倾服。其后听见许多人称赞这位年纪比我大的青年，如何不修边幅，如何博学多才。我记得首次见到立庵，确是"首如飞蓬"，胡须长久不薙，与名史学家张荫麟可相匹敌（年纪亦不相上下）。稍后的学人，以博闻强记著称的张政烺，与立庵行径甚相似。我并无意说饱学之士如立庵这样的人，均应不修边幅，但对服装仪容都无暇顾及之人,其一心一意专诚治学不问可知,看到炒金、炒股票、追求财富的学人,更使人追念立庵的风范。

立庵对于甲骨文金文古器物的研究贡献十分巨大,可惜文革期间他的研究停顿一个时期,否则,他遗留给我们的学术著作一定可以更多更丰富,这是无法弥补的憾事。

最后不能不指出的是立庵依据大汶口文化遗址与其陶器文字,推断"我国历史不只四千多年而是六千多年,不是从夏王朝开始,而是应该从黄帝时代开始,并且可以追溯到太昊和炎帝时代"。立庵这一论断,不但推翻五四以来疑古之说,并且将从夏朝开始四千多年才进入文明社会之说,向上推展了二千多年,创立了史学上划时代的新学说,中国古史、古文化的研究均因此须作出新考证和考虑。

立庵大汶口是少昊文化之说,无疑问地可以成立。从少昊到夏的历史,立庵在《大公报复刊三十周年纪念论文集》中有一篇文章,详细考证分析,填补了《尚书》、《史记》的空缺,这篇文章大约是立庵最后一篇著作,也是他研究古史最后巨大的结晶,即不论他以前许多别的著作,只此一篇文章已足使人公认立庵在史学界是应当永垂不朽的。

深通文字之学,对金文、甲骨文、古器物有精深研究,又能熟读古代典籍,将出土文物与纸上材料相结合,具备这些条件,而对古史研究作出有重大价值贡献的,王国维之后,立庵应当是第一个人。立庵这篇《中国有六千多年的文明史》一文,足以与王国维的《殷先公先王考》、《殷周制度论》等文相提并论,在史学上的成就与影响或有过之而无不及。我这几句话决非阿私之言,将来定可获得学术界共同评价。

去年中国出土文物在港展出,我见到了立庵。分别数十年,握手欣然道故,而时间匆匆,未能详谈。对于少昊与黄帝、尧、舜之间的世次年数,我也找到些许证据,足以支持立庵之说。可惜他从港回去后即患了中风,承他托友人转来一篇今后研究古文字计划的印本。满以为他不久即痊可,将来到北京,可当面去请益。不意噩耗传来,一代学人遽尔与世长辞,人们从此不再有问学的机会了!

(原载《新晚报》,1979 年 2 月,署名"海遗")

悼念沈尹默先生

沈尹默先生 1971 年 6 月 1 日在上海逝世，报上并未刊登消息，是那年 12 月我从《柳文指要》上部卷三十一页 997 上看到的。《柳文指要》讨论到柳宗元《与吕恭论墓中石书》，章士钊极力称赞柳子厚书道之精，对于沈先生所著《学书经验谈辑要》说："在张旭以后，世所传颜真卿、柳宗元《八法颂》，都依永字点画写成。"他提出几点疑问，以为子厚未必受永字八法所拘束，世间传说的《八法颂》不知是否可靠？以刘梦得（禹锡）与柳子厚唱酬诗，刘诗"柳家新样元和脚，且看姜芽敛手徒"，与柳诗"世上悠悠不识真，姜芽尽是捧心人"，证明子厚能书。又说由于柳公权（诚悬）科名晚，年少于子厚而年寿高，柳子厚则"碑帖罕传，人无法拟其迹"，于是作出判断说："子厚书艺绝高，故其与吕恭论墓中石，一启口而持态异常决绝。吾敢为之断曰：书法柳体，乃子厚开先，而诚悬维大，俗士昧昧，辄集誉诚悬，而抹煞子厚，实书道中一大委曲，吾安得与沈先生详加论列。"最后说："吾草此集，至迟十馀年始得出版，沈先生先期逝矣，不及见本文，书此慨然。"句下有注，注中记明沈先生逝世年月。

沈先生之死，无公开消息发表，章士钊借著述之便，记于书的注中，显然有不能公开之苦衷。我看到此处，已意味着沈先生极可能是被迫害致死。前些日子《大公报》刊载上海为沈先生开了追悼会的消息,证实了沈先生确实是受迫害而死。

沈先生死时八十九岁,听说那时他虽然已是耄耋大年,健康并非太坏,如不受到迫害,可能多活几年。沈尹默先生这样一个对五四新文化运动有极大贡献的人也遭受到如此下场,更使人十二万分愤慨凄怆!

举世无人不仰慕沈先生的书法,公认他是当代第一大书法家,也更称颂他的旧诗(他曾在北京大学教书,受业于其门下,从他学诗的老学生,如今尚有健在的),这些都无须我在此赘叙。

沈先生在辛亥革命以前,曾与柳亚子、苏曼殊、陈独秀、章士钊等人来往甚密,柳亚子是南社创办人,南社中人以文字鼓吹革命,有志推翻清王朝,沈先生大约那时也参加了南社。

蔡元培作北大校长,请沈先生到北大教书。1916年沈先生推荐陈独秀出任北大文科学长(即文学院长)。在此之前一年(1915),陈独秀创办《新青年》,鼓吹民主自由新思想,陈北上,《新青年》也移到北京编印。陈又请了年青的胡适到北大教哲学史,陈与胡共同提倡语体文,沈先生与周作人、鲁迅等一群人共同响应,开了新文学运动的端。李大钊、高一涵等人也在《新青年》上写文章,介绍新思想及马克思主义。于是北京大学成为新文化发源地,促成了五四运动,也逐渐使马列主义在中国开始生了根。

讲五四运动不能忽略陈独秀,但许多人忘了提沈尹默推荐陈独秀出任北京大学文科学长,这是北大除旧更新的契机,也是中国引进新思想的开始。

在五四运动这场文化思想革命运动中,沈先生不仅改写新诗,参加了新文学运动,而且听说五四运动中若干学生的活动,曾受到沈先生暗中鼓励。所憾者有关沈先生这方面的事,并无文字记载,只是口耳相传(香港尚有人知其事)。

沈先生后来只是办教育,民国十七年以后作过一任河北省教育厅长和北平大学校长,也参加过推行留法勤工俭学的工作。抗战胜利后住在上海,我通过徐森玉先生得以结识沈先生,由于住得近,于是常去晋谒,承沈先生不弃,几次谈话都曾讲到作诗写字的窍要,可惜顽钝愚昧的我,竟未能领会,为生平最大恨事。上海解放后,我离沪他往,从此天人永隔,再不能向先生请益!

上海解放后,陈毅到了上海即去拜访沈先生,沈先生对他提出一些意见,陈毅一一接纳,并且请沈先生出任东南文物保管委员会主任委员。解放前沈先生早已认为国民党政权腐败,于是远远离开那个政权,此时乃欣然接受聘请,可知他的倾向革命的人民政府,并非一朝一夕的事。谁想到一个在新文化运动启蒙时期有巨大贡献的老学人,竟于文化大革命期间受到迫害致死,这一悲剧,真是对历史的一大讽刺,岂仅认识或崇拜沈先生的人们感到悲痛!

章士钊说,柳子厚书名为柳公权所掩,又说永字八法对于柳子厚未必有所拘束,惋惜沈先生不及见《柳文指要》出版,无从与沈先生详加论列。如果章氏想借此记载沈先生的逝世,以表示悼念老朋友,则殊可称赞,如果是想提出问题与沈先生讨论,何不在著述中间沈先生仍健在的时候,与他商榷问难?《柳文指要》出版虽迟,撰写时间并不短,此事颇令人费解。

柳宗元写的字,墨迹石刻,从未见流传到后世的,章氏并非不知,而且说"龙城伪刻殊庸俗不见笔态"。柳公权碑帖,则小学生都用作写字范本,如果世称柳体,不说柳公权而说柳宗元,那真成了颠倒荒唐!章氏是研究柳宗元的专家,既未曾见过柳宗元的真迹或碑刻,却想以永字八法与柳宗元的关系去问沈先生。沈先生《学书经验谈辑要》所谈"继颜真卿柳宗元之《八法颂》"云云,也是承前人旧说,又何从找到柳宗元的字迹以答复章氏？章氏这一段话，极力表示由于他研究柳宗元，才发现柳氏书法精绝，甚恨未能与沈先生讨论商榷。粗看，似是章氏炫耀自己的发现，仔细想起来则不然，极可能在沈先生逝世之前，章已不敢与他通信，虽然那只是讨论学问，沈先生临终前几年，生活陷于恐怖凄惨境地，由章氏此文可以反映出来。章氏之"慨然"，不只伤悼沈先生之死，也为沈先生晚年之遭遇痛心。想起这些，如何能不悲愤填膺，掷笔长叹！

（原载《新晚报》，1979 年 8 月 19 日，署名"海遗"）

吊李济

报载,考古学家李济 8 月 1 日在台北逝世。在中国学术史上李济堪称为考古学开山大师,贡献不尠。

李济生于清光绪二十二年丙申(1896),湖北钟祥人,民国七年(1918)清华学校毕业后,赴美国留学,开始治心理学、社会学,其后入哈佛大学习人类学及考古学,取得博士学位。民国十二年(1923)回国在天津南开大学任教。十四年(1925)受聘清华国学研究院任讲师。研究院导师有王国维、梁启超、陈寅恪,李济和赵元任在那时还是声名尚未大起的青年讲师。

民国十七年(1928)李济受聘中央研究院历史语言研究所任第三组主任,1949 年随傅斯年去台湾,2 月任台湾大学历史教授,8 月台大成立考古人类学系,李是第一任的系主任。1955 年傅斯年逝世,李氏接任台湾的"中央研究院"历史语言研究所所长,直至 1972 年底。

李氏一生致力于学术研究,主持多次考古发掘工作,贡献颇大。在民国十四、十五年(1925—1926)期间李氏与袁复礼曾在山西夏县西阴村作过发掘工作,那地方是个丰富彩陶遗址,最可珍贵的史前蚕茧,就是从这个遗址发现的,这说明中国在新石器时代已经知道养蚕了。

　　解放前，中央研究院历史语言研究所对于学术的最大贡献是发掘安阳殷墟。据石璋如记载，第二次发掘李济就参加了。他又亲自指挥第三、四、六的三次发掘，第五次他未参加，第七次至第十五次李氏则中间参加而已。

　　李济在美国学到的田野考古方法，在发掘殷墟时发生作用，中央研究院史语所在考古发掘上的成就，李氏功劳最大。李济的室内研究侧重于出土古器物，他分析了它们的质料（陶、石青铜）、形态、花纹等。他先研究陶器，嗣后又研究青铜器，他对陶器青铜器的分类研究方法，对于后来的研究古器物学，起了示范作用，是可以肯定的。对殷代器物上的纹饰，李济也作了很深刻而有成就的研究。

　　李济为了了解殷代古器物铸造方法，建立一个铸造实验室，利用殷墟所得的块范，他和万家保合作，研究过一百七十馀件殷代铜器，清楚了解殷代铸青铜器的方法，实验成功制造了觚、爵、斝、鼎等。在陶器方面，也实验成功，制造了黑陶器。

　　在安阳以外李济所主持的考古发掘工作值得提出来的，至少有两处：（一）民国十九年发掘山东历城、龙山镇、城子崖等地，著名的黑陶文化（或龙山文化），就是在城子崖发现的。（二）民国二十一年发掘河南浚县辛村以及辉县璃璃阁等地，成绩辉煌。

　　其馀李济所主持的考古工作，无法在此一一详述，总之，在解放前，李济在内地田野工作上的贡献，很值得人们称赞。到台湾以后，他仍自己孜孜不倦作研究工作，又主持台大考古人类学系，培养出不少青年学人。他在考古学上的贡献与成就，历史上肯定会予以公平的评价，他的著作多已出版，中外考古学界均十分重视。

　　由于他对自己和别人都要求严格，在他手下工作过的人，都以为他不是那么平易近人，而我则以为他是个专心治学严肃的学人。我对他印象最深刻有两次，第一次是民国十五年（1926）他在北京艺术专门学校讲演考古工作（题目忘记了），第二次是民国十九年（1930）他在燕京大学讲安阳发掘经过，开始提到殷墟的俯身葬。第一次他给了我很大启示，原来学术工作领域是如此之广，研究学问并不限于书本子。第二次他使我约略窥见古代人的生活面貌，也认识到考古学对于历史的重要性。

李氏的论著，除了讲古器物及发掘报告以外，以《小屯与仰韶》、《俯身葬》、《小屯地面下的先殷文化层》、《跪坐蹲居与箕踞》几篇甚为重要，足以表现出李济在考古学上的研究，并不限于古器物的范围内。

他曾说过中国古代汉民族的活动绝不限于长城以南，即在长城以北，若干蒙古地区，亦是我们祖先活动地方。我曾听他讲过这些话，记得他写过在文章中，可惜一时手头无书可查。内地近年在热河及辽阳发现燕国铭文的铜器，恰好证明李氏之说。可惜解放前夕他随着傅斯年去了台湾，如果他当时能留在内地，解放后蓬勃的田野考古工作，出土古物又那么多，李氏何至失掉了施展所学的好机会，对于学术对于李氏本人都是无可补偿的损失。

李济回国以后一直在学术界工作，从未涉足政治，比起那些学而优则仕的留学生，高明百倍。他如果能够卑躬屈节，台湾的"中央研究院"院长，何愁不到手？（只是朱家骅辞职后，代理院长一个短时期。）他虽然出身哈佛，与美国人交好，但台湾与美国合作，在台湾发掘出来的物品，他坚决反对运到美国去研究，这种骨气，更值得称赞！

（原载《新晚报》，1979 年 8 月 12 日，署名"余敬周"）

悼亡友方杰人

——陈援庵先生与方豪

方豪(杰人)本月 20 日逝世,老友又弱一个,为之凄怆万分。

杰人出身于杭州天主教的修道院,他之治史学是由于与先师陈援庵先生通信的关系。修道院中的修士本不能与外人通信,他为了热心求学问难,偷着给援庵先师写信,才引导他走上治中国史学的路,极为难能可贵。

援庵先师一再鼓励新旧基督教徒读中国书,要他们治外学。佛学徒于佛学之外,读儒家的书,作诗文书画等等统谓之外学。援老认为佛学能在中国流传,为知识分子所接受,是靠着他们的外学,为了宣传他这个理论,既作讲演又写文章。在援庵先师这样鼓励之下,杰人成了援老函授弟子,终于走上治中国史学之路。

杰人从研究基督教史走上治中西交通史的路。他最专长是研究明清之际基督教传入中国后,中西文化交流那一段历史。至于治宋史则是受了张荫麟的影响。到台湾后,又研究台湾史。

杰人既教书又作研究,写作能力很强,留下了很厚的两大册文集与若干种专著,虽然有人说他写的太多,下笔太快。我则以为如杰人那样勤奋,那样肯将搜集到材料不管多少很快地写成文章,这样精神极可为后学效法。当然,如果他能慢一些去发表,文章写好,多看看多修改几次,经过一段深入研究后再发表,如援老治学那样慎重,他的著作一定比现在留下的那些精密得多。这由于他未尝亲炙援老,没亲身受援老若干耳提面命的教训。杰人没有机会接受,不能不说是由于杰人在修道院中作修士,受到清规局限的缘故,甚可惋惜。

杰人对于史学贡献最多、成就最大的,是明清之际中西交通史与台湾史,这是无论如何不能抹煞的,只看讲《红楼梦》的谈到书中与西方有关事物,没人不引杰人的考证,说到早期中原人士去台湾的事迹也不能不引他的著作,这都足以说明我非阿好之言。

杰人念念不忘援老,抗战期间他在后方写文章称援老为爱国的史学家,援老逝世,他在台湾写文章纪念援老。他偶尔来香港,必来看我,很关心祖国,虽因有人陪着他未敢明白说出,但他十分向往祖国的心意曾借着问援老的事向我作过不止一次的暗示。我写信告诉他今年11月援老诞生百周年纪念,希望他能写篇文章。他答应用考证"密日"的文章作为纪念援老的论文。他为了写这篇文章,曾写信给我讨论过有关摩尼教"密日"仍存在于今天流行的通书中的问题。听说这篇文章已写好,而且作为在今年春天台北开的汉学会议宣读的论文,后来听说杰人因病未能出席会议。大约是发表在那个会议的刊物上,我则至今未见到。想来限于环境,未必能写上为纪念陈援老诞生百周纪念而作。

援老是基督教徒,他一再提倡基督教新旧两教的传教士,都要去读中国书,研究中国史学固佳,能研究中国文学哲学也好,能作诗文更好。援老宣扬的理论虽说是基督新旧两教要在中国推广流行,传教士就应当通教外之学,前面已说过;其实想深一层,佛教由印度传来,由于和尚深通中国学问,终于使佛教变成中国的佛教,与中国文化结合在一起。想来援老是有意将新旧基督教变作中国的新旧基督教,所以极力对传教士作这样的鼓励。援老很称赞明末清初天主教来中国的外国传教士，既有中国名字又有中国号。先师常常称赞汤若望字道未切合"望道而未之见"这句《论语》，很有意义，更称赞那些传教士的读中国书，通中国学问，和中国知识分子来往。

援老写《元西域人华化考》大称赞元代信奉摩尼教、景教、回教的西域人，来到中国后，读中国书，能作中国诗、工中国书法、擅长中国绘画，为值得重视有意义的华化，这不仅说明了援老愿意这些外来宗教变成中国的，也透露了援老自己的思想由信仰洋教的基督徒回到中华传统文化途径上成为一个中国基督教徒。从此之后，他即默默地去进行将外来某些宗教变为中国人的宗教的工作。他主张信仰可以原封不动，而传教的主权则要转入中国人的手中，而且要转入深通中华文化的传教士手中。杰人就是这样在援老熏陶善诱之下，由天主教神甫成为研究中国史学有贡献的学人。

我既悼惜杰人之死，更感到先师促使外来宗教教士由读中国书转变其宗教为中国的这一伟大的远见与努力，值得后人称赞效法。

（原载《新晚报》，1980 年 12 月 24 日）

敬悼顾颉刚先生

——兼谈顾先生的疑古辨伪与提携后进

噩耗传来,顾颉刚先生于去年 12 月 25 日逝世。去年 4 月我去北京参加史学会,顾先生住在医院未能参加会议,我与周谷城、吴泽两先生同去医院探望。顾先生坐在椅子上拉着我的手亲切地同我谈了很多话。头脑十分清醒,据说有心脏病,当时我只觉得他清癯,并不看出病情如何严重。如果不是怕老人多谈话劳神,岂能在颉刚先生谈话未完即告辞出来! 我满怀希望以为会有机会再见到顾先生,不料竟从此人天永隔,纵去北京也再不能见到颉刚先生了,我这个白发老门生如何能不为之伤心痛悼!

我是 1929 年(民国十八年)考入燕京大学国学研究所,导师就是顾先生。

顾先生以疑古的史学家成名,他最早根据《说文》说禹是虫的名字,震惊一世。后来他将与胡适、钱玄同等人讨论古史的文字,汇编为《古史辨》,风行海内外。后来他却悔其少作,不愿再谈,如果再有人向他提起禹是虫名,他便很不高兴。

我入燕京后,颉刚先生开了一门课,名《尚书研究》,他认为《禹贡》是汉武帝时代作品。我对经学并不能跳出古文学派的圈子,以致不接受顾先生的看法，听过两次，便不去上课了，现在想起来，深悔当年的顽固（国学研究所规定研究生最多听两门课，不给学分。也可以一门都不听）。

颉刚先生利用辨伪方法研究古史，大有扫荡之功。古史上一切悠谬荒唐之说，经他辨伪都为之廓清，也为客观的科学的古史研究作了开路工作。不能否认，从五四起，人们放弃古史上若干荒唐的传说，《古史辨》确有它可称赞的影响力。可惜，怀疑过分，黄帝、尧、舜因成为传说时代，夏、商两代亦不承认它们的存在。《尚书》伪古文部分，清儒早已考证有了定论，顾先生则并《尚书》今文部分的著作权亦给了战国时期或以后的人。

顾先生听过胡适之的中国哲学史的课。胡适之以《诗经》所反映的古代社会为可信的古史，对于《尚书》、《左传》都不谈，这是引起颉刚先生怀疑古史的第一步。胡先生又鼓励颉刚先生去读崔述的《东壁遗书》，大讲《考信录》，又参考了姚际恒的《伪书考》，加深了颉刚先生以辨伪方法治学的兴趣。

俞曲园（樾）的学生崔适（觯甫）笃信康有为之说，在北京大学教书，大讲今文经学，著有《春秋复始》、《史记探原》两书（北大出版）。发扬康有为的学说，认为《左传》与《国语》是一本书，刘歆才从《国语》中分出《左传》。《史记》中所引《左传》与古文经书全是刘歆加上去的，崔氏主张将《史记》中引《左传》及古文经书的辞句均剔了出去，使《史记》成为百孔千疮之书。

清儒刘申受（逢禄）著《左氏春秋考证》不过说《左传》本名《左氏春秋》，不传《春秋》，所以不能称为《左传》。康有为则变本加厉，认为《左传》出于刘歆伪造。康氏的学说发表在《新学伪经考》中，认为所有古文经书都是刘歆伪作的。崔氏极力宣扬康有为这一套学说，钱玄同大为佩服。

钱玄同与颉刚先生来往甚密。颉刚先生也力主《左传》是刘歆伪造的,材料是析自《国语》。

康有为另一部书《孔子改制考》,认为古史渺茫难稽,孔子所说的那些圣主贤君并非史实,不过是孔子托古改制。这一说法正与颉刚先生怀疑古史的想法吻合。所以颉刚先生的疑古虽是受胡适之的启发,而顾先生后来疑古之勇,远远超出胡适之之上,论其渊源,实是通过钱玄同而上承康、崔的衣钵。

颉刚先生讲古史最大贡献,一是说古史传说是累积造成的,时间愈后,传说愈多愈详细。有了顾先生的研究,使人认识到古史中许多传说,不结合地质学、考古学、社会人类学等科学,无法研究出历史的真相来,或用考古学方法以出土的地下材料去考证,或用社会学方法以其他初民社会来比附,或用地质学方法以地层变化去分析,专凭纸上材料是靠不住的。

一是他写的《五德终始说下的政治和历史》(最初发表在《清华学报》,后改名,印为单行本),是一部富于见地很有建设性讨论古史的著作。

顾先生晚年作了些比较朴实的考证文章。早期那样过分发挥想象,对于古史古书无所不怀疑的态度,渐渐消失,绚烂之馀,归于平淡。

我对于秦以前史缺乏兴趣,在燕京作研究生时,受陈援庵先生教诲多,又私心向往传统考据学家治学方法与态度,以致辜负颉刚先生对我的期望。

颉刚先生要我编一本《欧阳修辨伪集语》,我钞录完了之后,始终没交卷。颉刚先生问我为什么? 我回答说:"我兴趣改变了。"今天想来,那时年纪青,实在不知天高地厚,很不应该这样作。白寿彝就照顾先生的指示,辑了《朱熹辨伪集语》,而且付印出版。寿彝本是随黄子通研究哲学的,他转而治史,颉刚先生给了他很大的帮助与启发。顾先生很喜欢奖掖后进，许多青年后学得到他照顾而成名。我是顾先生在燕京国学研究所收的第一个研究生，我虽终身执弟子之礼，却浪费了他提携的心意。顾先生对我总是十分客气十分热情。胜利后，我在上海同济大学教书，顾先生同师母亲自来看我，盛意殷殷，使我仍有如坐春风之感。去年4月在医院见面，还对我那篇拙文《乾隆时期的贪污》，赞不绝口，益发使我汗颜惭愧！

我搜集了不少清儒为正史补志补表的著作与考史的札记等，也有些罕见之本，编了一小本目录。开明书局王伯祥编印《廿五史补编》，颉刚先生知道我略有这方面知识，便推荐我作编辑委员，足见他的爱才如渴。那时我不过二十五岁，版本目录之学刚刚入门而已。回忆顾先生的热情，终身难忘。

谭其骧（季龙）到燕大读研究院，听颉刚先生讲《尚书研究》，对顾先生所讲两汉州制，提出批评。颉刚先生不但没有不高兴，而且鼓励季龙去研究历史地理，编《禹贡》杂志。今日季龙成为中国历史地理学权威，想来不会忘掉这段因缘。其实颉刚先生是由探讨《禹贡》的州制，才走向研究沿革地理的途径上，足见他追求学术问题，锲而不舍的精神。

钱穆（宾四）撰《刘向歆父子年谱》，说刘向死后刘歆继续他父亲校中秘书时间不到一年，如何能伪作那么多古文伪书，力驳康氏《新学伪经考》。顾先生对此文，竟大为称赏，足见其学术胸襟的广大。通过颉刚先生的介绍将钱先生这篇文章发表在《燕京学报》，又推荐钱宾四到燕大国文系作讲师，一年后胡适之请钱宾四到北京大学教历史，从此钱先生声名大起。

颉刚先生替同辈揄扬，提携后进的事，数之不能尽，我不过举两个例而已。在今日港台两地固找不出第二个顾先生，即在大陆，纵有如颉刚先生那样爱才的人，恐也无机构可接受推荐了。颉刚先生治史，能发奇思逸想，显出他的才华超越凡俗。颉刚先生的文章条理清楚层次分明，看《古史辨》第一册的序，即可知道。他之擅长标点古书，即由于他对文章下过功夫。解放后标点《资治通鉴》及"二十四史"均请他主持，领导当局对颉刚先生的尊重由此可知。

颉刚先生更工于旧诗，擅长书法，他如不治史学，也会成为文坛名家。才士学人两种气质，颉刚先生堪称集中于一身。大雅云亡，老成凋谢，是学术界巨大的损失，岂仅我这个不肖门人感到悲痛万分！

1981 年 1 月 2 日

（原载《新晚报》，1981 年 1 月 4 日）

学兼汉宋的余季豫先生

近代精研录略、深通文史考据的学人,首推湖南常德余嘉锡(季豫)先生。季豫先生清光绪十年(1884)生,卒于 1955 年。光绪二十七年(1901)辛丑中举,是柯蓼园先师典试湖南所取的得意门生,那年先生才十八岁,有湖南才子之称。

蓼园先师尝说:"我的门人中有两人致力于《四库提要》。"一是胡玉缙(绥之),另一人就是季豫先生。

我与季豫先生哲嗣余逊(让之)教授同列励耘书屋门墙,又在辅仁同事。让之大我五岁,我视他为畏友,事之如兄,他对我规过劝善,亲若手足。让之幼承庭训,勤奋攻读,能传其家学。我在晋谒季豫先生之前,已间接得闻教诲,其后抠衣登堂,亲受启示,更获益匪尠。我虽非"读已见书斋"的弟子,实际上无异于立雪执贽。

今岁适逢季豫先生逝世三十周年,我与季豫先生、让之教授贤乔梓两世交谊,岂可不为文以抒积年追思怀慕之情。所憾者,近两年来,衰病侵寻,最近更是终日与药石为伍,属稿多次,都以体力不支而中止,一直拖到了年尾,勉强写成此篇,不计文之工拙,只求略表寸衷而已。

季豫先生已印行的著作有《四库提要辨证》、《余嘉锡论学杂著》、

《目录学发微》与《世说新语笺疏》诸书。凡读过他的著作的人,一定都极佩服他学识渊博,考据精密周详,拙文毋庸再赘叙这些了。

季豫先生的为人与治学与五四以后新潮派学人有相当程度的距离,应特别指出来。这些特点,其足以使人钦仰,绝不在他博通文史、擅长考据、精于录略等学之下。

五四以后研究中国文史之学的人,极大多数以能利用新材料为成名途径,大家所向往的是王静安先生。有新材料容易有新发现,人人皆知,但岂能人人有此幸运? 何况,如果平日不治文字声韵训诂之学,不读经、传、注、疏,不谙先秦两汉之史,即使给他钟鼎、甲骨铭文与秦刻、汉简,他如何去考释? 如同王静安那样博通经史的人,即使得不到新材料,依然能成为名学者,余季老就是很好的例证。

季豫先生深知治中国传统之学,须精读古代典籍,以求明理致用。则平日功力在于“道问学”,最终则要达到“尊德性”的境界,效法王伯厚、顾亭林,绍述朱子之学。季老终日埋首故纸堆中,孜孜不倦地去研读,以“读已见书”为他书斋之名,矫正当时偏宕的流弊。遇见有新发现的材料,他也未尝不去作研究。《晋辟雍碑》出土后,季老所作的《考证》,即冠绝当世。别人已考证的碑版,余先生重作题跋,也别生新义,如跋《汉池阳令张君残碑》,为杨树达的《积微居小学金石论丛》撰序,说到汉墓券墓砖,都能独具新解,补订前人的失误。有时也引用敦煌卷子或罕见的孤本书,以为证佐。余先生并非不重视新材科,只是他深切了解学问基础不在于搜求新材料。

余先生深明古书体例,甚不以五四后盛行的辨伪风气为然。《辨证》卷十一子部《管子提要》谓:“今考其文大抵后人附会,多于仲之本书。”《辨证》说:“向、歆、班固条别诸子,分为九流十家……明乎其所谓家者,不必是一人之著述也……学不足以名家,则言必称师,述而不作。虽笔之于书,仍为先师之说而已,原不必于一家之中,分别其孰为手撰,孰为记述也。"又引章学诚《文史通义·诗教篇》、严可均《铁桥漫稿·书管子后》说:"其言皆为《提要》此篇而发。余谓《提要》之言,苦心分别,未为大失……若夫严氏之论《鹖子》、孙星衍之论《晏子》《燕丹子》、孙诒让之论《墨子》,皆谓古书不必自著,是皆好学深思、通知古今著作体例者……《提要》之于周秦诸子,往往以后世之见议论古人。其言似是而实非。今亦不欲以空言多所争辩,姑发其凡于此。"

季老所抨击的是《提要》,既说它"往往以后世主见议论古人","不欲以空言多所争辩",又说"未为大失",而何以连篇累牍地引了许多前人的议论来指斥它? 读过《古史辨》、在弥满辨伪书风气下受过疑古学说熏陶的人,看了《辨证》的话,如能冷静地想一想,一定会明白余先生这番补偏救弊之苦心。

《辨证》卷二经部二《六经奥论提要》,季老指出顾颉刚先生撰《郑樵著述考》,虽然疑《六经奥论》不是郑樵所著,而"于其晁公武、陈君举诸人著作,不置一词,或者未考全氏集欤?"《辨证》说"《鲒埼亭集外编》刻于全氏身后,《提要》盖未之见……只能谓之暗合",对于《提要》有恕词。说陆心源撰《仪顾堂题跋》则不能对全氏集"诿为不见……岂欲掩为己功耶?"指其有袭用嫌疑。于颉刚先生则讥讽他未读全谢山书。季老决不盲目崇拜古今有名的学人,他讨论学术问题注重客观地求真。清儒钱大昕、章学诚,季老都未放过他们的错误,《疑年录稽疑》、《书章实斋遗书后》是多么犀利的批评。所著《太史公书亡篇考》,自裴骃《集解》以下,唐、宋、明、清诸儒以及近代人所有考证太史公书亡篇的,没有一个人的错误,不被季老检举出来。对颉刚先生这篇未成熟之作,季老仅说"或者未考全氏集欤",已是很客气了。

《辨证》卷十四子部杂家类杂学之属,《提要》附案语云:"名家称出于礼官……纵横家称出于行人……墨家称出于清庙之守,并不解其为何语。实皆儒之失其本原者,各以私智变为杂学而已……今均以杂学目之。"《辨证》说:"《汉志》所谓诸子出于王官者,不过推本其所自出而已。传之既久,自不能无弊。岂必笃守谨信,不失尺寸,始得为某家之学也哉……若谓名、墨、纵横,皆儒之失其本原者,则尤不然。"《辨证》引《周礼·太宰》"儒以道得民"的话,指出郑玄注《周礼》说儒是"保氏有六艺以致民者",而保氏属于"周官司徒"。解释了《汉书·艺文志》所说"儒家者流盖出于司徒之官"立论的渊源。季老阐述《汉志》"诸子出于王官"说,至为详明。他似乎不仅为驳《提要》,而是针对着胡适"诸子不出王官"的议论,极力斥言其非。《辨证》又说:"黄虞稷《千顷堂书目》始并名、墨、纵横于杂家,破古今学术之家法,抉七略四部之藩篱,不学无术,莫甚于此!《明史·艺文志》因之,《提要》阴用其例,又从而为之辞,而不知其立说之绝不可通也。"余先生既解答了《提要》"不解其为何语"的疑问,也似乎有抨击胡适著的《淮南王书》之意?

余先生论"诸子出于王官"之说,《四库提要辨证》中既有此一段议论,又著《小说家出于稗官说》,收入《余嘉锡论学杂著》,不避繁复解释,举证坚强,足以缄反对"诸子出于王官"者之口,这也不仅是向治小说史的人说法。小说家出于稗官,东汉人荀悦著《汉纪》已不得其解,唐代颜师古注《汉书》更不能明白,若非季老深于录略之学,洞悉学术源流,焉能在二千年后的今日钩沉发覆,申明这一个说法。胡适之《诸子不出于王官》新说发表后,章太炎虽曾反对,而章氏之说在五四后已不能使青年信从,幸赖季老将这个问题辨别明晰,后来的学人还能有所别择。

我曾当面称赞季豫先生撰《四库提要辨证》之精密宏博,季老说:"不然!我的经学功夫不足。"在《四库提要辨证序》中说:"自念平生于经部所得不深。"我既读余先生之书,又亲炙其人,我明确地知道这句话是季老自谦之词。季老只是不专攻文字声韵训诂之学,不治乾嘉的考据经学而已;讲到经学的义理,季老不仅极熟,而且躬行实践,为近代杰出的纯儒。季老毕生著作侧重考据，应属于"道问学"的一方面。他未曾以理学家自居，更未高谈性理，以得道统之传自任，而是言行一致的"尊德性"。季老持躬严肃端方，不苟言笑，具有"望之俨然，即之也温"的威仪，见过季老的人，当与我有同感。

在《提要辨证》中批评纪昀不喜宋儒故作歪曲议论之处有很多。姑举《辨证》的序为例。序说："纪氏……自名汉学，深恶性理，遂峻词丑诋，攻击宋儒，而不肯细读其书。如谓朱子有意抑刘安世，于《名臣言行录》不登一字；而不知原书采安世言行多至二十二条。谓以吕惠卿之奸诈，与韩、范诸人并列；而不知书中并无吕惠卿。谓杨万里尝以党禁罢官，讲学之家终不引以为气类，故《庆元党禁》遂削其名；而不知万里实于孝宗时乞祠不复出，并无因党禁罢官之事……"纪昀反理学，以致《提要》有许多谬误，季老撰《辨证》纠正了它，还指出纪氏之所以犯错误，是由于他深恶宋儒理学。深一层去想，季老无疑是尊重宋儒的理学，所以大不以纪昀为然。

《辨证》卷六史部四《绍兴十八年同年小录》，《提要》说这本题名录因为"朱子名在五甲第九十，讲学之家亦自相传录"，并且说："宝祐四年榜以文天祥、陆秀夫、谢枋得三人为世重，如日星河岳，亘古常存。"《辨证》驳斥说何从知道刻《绍兴十八年同年小录》的是讲学家？这是《提要》故为抑扬之词。《提要》指宝祐四年榜有文、陆、谢三忠臣，为世所重，指《绍兴十八年同年小录》是理学家尊重门户，私相传录。《辨证》说它是无端致其讥笑，又说："自汉以来，每当易代之际，其臣子能仗节死义，见危授命者，寥落如晨星。洎前后五代之时，视其君如弈棋，漠然曾不少动其心……及宋、明之亡，忠臣义士乃决脰断脰，赤族绝嗣，前仆后继而不悔……忠义之风，何以渐灭于前后五代，而勃兴于宋、元、明、清之际？此非经过百数十年之教化，养成倡导之不为功，故理学诸儒之移风易俗者大矣，而集理学之成者朱子也。"说明季老之所以尊重理学,是因为理学家培养了人们忠国家、爱民族的心理与气节。

据《辨证》的序,季老整理《辨证》积稿,在民国二十年(1931)九一八事变后,正当国难伊始。季老推究肇祸的根源,归罪于五四以来反宋儒、反理学议论的流行。余先生所抨击对象固为纪晓岚,而矛头则未尝不是指向提倡打倒旧礼教、反理学的人物。《辨证》卷七史部五"《水经注》"条评戴震所校之《水经注》,据魏源《古微堂集》,说戴氏是盗窃赵一清的《水经注释》,点窜之以为己作。《辨证》又说:"观其作《孟子字义疏证》以诋朱子,及其著《屈原赋注》,只是取朱子《楚辞集注》,改头换面,略加点窜,以为己作。于人人习见昔贤之名著,尚不难公然攘取,况区区赵一清,以同时之人,声誉远出其下者乎!"五四后胡适极力称誉戴东原,季老因为戴氏反对朱子,所以痛陈戴氏的攘窃行为。在这里也反映出余先生赞成理学、拥护朱子的立场,是如何的坚定。

抗日战争中,季老与陈援庵先师同时执教辅仁,坚贞不渝。援老著《明季滇黔佛教考》、《南宋初年河北新道教考》、《通鉴胡注表微》宣扬民族大义,振发抗敌思想。季老在著作中既不时称誉忠贞之士,贬斥无耻降敌之徒,更著《杨家将故事考信录》,藉考证小说申明《春秋》严华夷之辨与为国家复仇之大义,其宗旨与援老之抗战时期的撰述有共同之点。读余先生书的人,自能知之,无待拙文举述。研究小说史,是一门新兴的学问,援引《春秋》之义为它作解说,当首推季老这篇《杨家将故事考信录》。余先生这篇文章藉着考证杨家将故事,引证史书论述南北两宋的灭亡渊源于石敬瑭割燕云十六州地给契丹,对于赵普力谏赵匡胤阻止他北伐收复燕云,更为痛心;引证元人吟咏的诗篇以阐释遗民胸中怀念故国的哀思。言外之意,颇似在贬斥国民党当局对日本之侵占东北,采取不抵抗主义。它虽是考据之作,而情文并茂,如非于经、史、诗文深造有得如季老的人,纵处于忧患之境,岂能有此佳构！

在《杨家将故事考信录序》中，季老说："宋江为张叔夜招降后……徽宗大举征辽，杨志实为统制官，将选锋军以从。及高宗南渡，关胜守济南，力战不降，遂为刘豫所杀，故作者以忠义许之。"解《忠义水浒传》的"忠义"二字，从民族大节观点出发，虽未必与原书意旨吻合，而在抗战时期，应当允许学人作出因时制宜之说。我想谁都会了解季老的解释是有其时代的意义。

《世说新语笺疏》出版较晚，我期待了好久，直到去年春天才得到手。季老昔年在辅仁大学开"《世说新语》研究"一课，我们几个年青的同事，都曾去旁听过，犹如昨日事，如今同事诸友久已天各一方，季老、让之又皆谢世，我则是岁近八旬的老叟，走笔至此，怅惘无限！

以季老之功力为《世说新语》撰笺疏，其中胜说精义不胜枚举，如七宝楼台使人目不暇给。可惜生公虽早已示寂，而我这点过头的顽石至今未能窥见三昧。

这本《世说新语笺疏》虽非季老晚年手定之稿，却出版于余先生归道山之后，其中议论似乎更足以代表季老的主要思想精神，也许可以说它表达了季豫先生在"尊德性"方面的成就，更巩固地奠定了余先生为近代大儒的地位。

《笺疏》卷上之上《德行篇》"陈太丘(陈寔)诣荀朗陵(荀淑)"条引朱子《晦庵文集·答刘子澄书》评论荀氏一家的行为说："荀淑正言于梁氏用事之日，而其子爽已濡迹于董卓专命之朝，及其孙彧则遂为唐衡之婿、曹操之臣，而不知以为非矣……想其当时父兄师友之间，自有一种议论，文饰盖覆，使骤而听之者不觉其为非……"这是开卷第六条，即引朱子的议论，将魏晋的世家大族过分重视身家性命，以致置君臣大义于不顾的风习，痛切贬斥。此后全书评论人物与事件皆从道德观点出发，这里不啻开宗明义，树立撰《笺疏》之标的。

同卷同篇"王仆射(王愉)在江州为殷、桓所逐"条,《笺疏》三,季老评论说:"盖魏晋士大夫止知有家,不知有国。故奉亲思孝,或有其人;杀身成仁,徒闻其语。王祥、何曾之流,皆不免党篡。求忠臣必于孝子之门,竟成虚言。六代相沿,如出一辙,而国家亦几胥而为夷。爰及唐、宋,正学复明,忠义之士,史不绝书。故得常治久安,而吾中国亦遂能灭而复兴,亡而复存。览历代之兴亡,察其风俗之变迁,可以深长思矣。"持论明快而痛切,表面上可以说它论史,实际上则很像是有所感于五四后新思潮反旧礼教学说而发的。这不仅是从季老论中有"可以深长思矣"的话联想出来的,看下面论孝道的话也可以明了到这一层。

同卷同篇"吴郡陈遗家至孝"条,《笺疏》评论说:"自中原云扰,五马南浮,虽王纲解纽,风教陵夷,而孝弟之行,独为朝野所重……伦常赖以维系,道德由之不亡。故虽江左偏安,五朝递嬗,犹能支拄二百七十馀年,不为胡羯吞噬。至于京、洛沦陷,北俗腥膻,而索虏鲜卑,亦复用夏变夷。终乃鸥鶋革音,归我至化。"前面说世家大族只知有家,这里又大提倡孝道,似乎矛盾。其实不然,做一个人,无论如何不应不孝父母。孝是做人应有的最低限度道德。只知有家不顾君臣大义甚至忘了民族气节,是魏晋时代世家大族的误谬,而教忠、教孝,则是中国旧礼教基本精神。季老只是反对世家大族的误谬行为,并没反对人去做孝子。在反旧礼教学说盛行后,日本帝国主义者侵略之际,他感慨的深痛,从议论的字里行间可以体会得出来。

《笺疏》卷中之下《赏誉篇》"陈仲举叹赏周子居(周乘)"条,季老引《晋书·王沈传》所载《释时论》,附加案语说:"沈此论作于晋初,其言当时之褒贬无凭,毁誉失实乃如此……此篇所载,虽未必皆然,然观其赏誉人者,如钟会、王戎、王衍、王敦、王澄、司马越、桓温、郗超、王恭、司马道子、殷仲堪之徒,并典午之罪人。被赏誉者,若乐广、郭象、刘舆、祖约、杨朗、王应之类,亦金行之乱贼。"一般读《世说》的人,都觉得其中品藻人物的语言很风趣，经季老这一揭发，才知全是违反真实凭个人爱好乱说。

同卷同篇"谢子微（谢甄）见许子将（许劭）兄弟"条，《笺疏》论云："就诸葛诞、葛洪之言观之，则许劭所谓汝南月旦评者，不免臧否任意，以快其恩怨之私……不过藉以植党树势，不足道也。"余先生更进一步说明为人艳称的汝南月旦，只是树党营私的工具而已。

《笺疏》卷下之上《任诞篇》余先生说："自曹操求不仁不孝之人，而节义衰；自司马昭保持阮籍，而礼法废。波靡不返，举国成风，纪纲名教，荡焉无存。以驯致五胡之乱，不惟亡国，且几亡种族矣。君子见微而知著，读《世说·任诞》之篇，亦千古之殷鉴也。"余先生慷慨万端地指责违反礼法的行为之足以亡国亡种，无疑是他在日本入侵略中国之时，蒿目时艰，以五四反旧礼教的思想与魏晋人士任诞之行相比况，于是有此激烈的批评。再看同卷《贤媛篇》的《笺疏》，余先生说："考之传记，晋之妇教，最为衰敝。夫君子之道，造端夫妇，故《关雎》以为风始，未有家不齐而国能治者。妇职不修，风俗陵夷，晋之为外族所侵扰，其端未必不由于此也。"说晋代妇女放荡的，只有干宝《晋纪》与《抱朴子》，倘若以两书所说的与唐、宋、明、清各朝人士有关妇女的记载相比较，则晋代妇女也不见得如何特别放荡。余先生史事很熟，他之所以如此立论，是借着评论晋代妇女放荡以攻击五四时代提倡妇女解放运动。他在抗日战争全面爆发之前，思想并不如此保守，从未反对过妇女解放运动。仔细思索下去，季老抨击妇职不修，很像是指责因裙带关系，导致宋子文、孔祥熙贪污误国。何况东北沦陷后，国内盛传九一八事变之夜，张学良正与明星跳舞，在交际名媛群中周旋。这些流言虽未尽合事实，而千夫所指，众口铄金，季老也不能不信，否则何以说："为外族所侵扰，其端未必不由于此。"所有《笺疏》中抨击反礼教思想，涉及亡国、亡民族的，都因为季老身处沦陷之区，触目惊心产生的愤慨言论。必须这样去知人论世，始能正确地理解季老在抗战时的心情。

据季老的女婿周燕孙(祖谟)教授为《笺疏》作的《前言》，季老撰这本书开始于 1937 年，那是民国二十六年，正是抗日战争爆发的那一年。季老在书后《题记》有"读之一过，深有感于永嘉之事，后之视今，亦犹今之视昔。他日重读，回思在莒，不知其欣戚为何如也"的话(见《前言》引)。季老撰此书的时期与心理均可由此表露，我前面对《世说新语笺疏》的几条妄议和季老《题记》相印证，或能博得会心读者的一笑？全书佳处尚多，拙文只能指出其中一鳞片羽，是为可惜耳！

季豫先生经史文章均冠绝一世，虽仅以考据的文章示人，实则是一位躬行实践不事空谈崇尚理学的大儒，他虽自言于经学所得不深，而他在《四库提要辨证》中有关经学的考证，论家法传授源流，如数家珍，如卷一经部"《周易正义》"条，说南北朝易学各家的兴废；卷十子部一"《新序》"条说刘向所习未必为鲁诗；撰《晋辟雍碑考证》论述西晋太学所立各家经学博士，考汉晋的辟雍与太学不在一地，都能贯穴群书，独创新说，足与乾嘉经学名家的著作并驾齐驱。讲到经学的义理，季老更当行出色，可上追清初汉宋兼采经学家诸老。季老自谦说经学所得不深，应当替他改过来说："他于经学的义理极有心得，且能力行不倦。"顾亭林以考据著名，他的学问，即出于朱子之学，兼有"道问学"与"尊德性"两方面。后人只看重亭林的考据，是只了解到他"道问学"，而忽略了他的"尊德性"。尊重朱子或反对朱子的人，也往往只看到朱子的讲理学，即"尊德性"的一方面，而忽略他的"道问学"。人们对于季豫先生多数知道他是经史考据大家，很少有人知道他深于义理之学，真正是朱子信徒。在纪念季豫先生逝世三十周年的今天，我谨在此指出不只他作的考据文章之精密坚实，足为我们的楷模，即他的善言懿行，亦堪昭垂士林永远作后学的典范。柯蓼园先师说："吾人治学，当学宋儒之义理，清儒之考据。"的确，做一个真正儒家学人，必须兼"尊德性"与"道问学"而一之。季豫先生真的做到了，他在传统学人中诚不愧为一位汉宋兼采的经师人师。

1985 年 12 月 31 日

（原载《明报月刊》总第 243 期，1986 年 3 月，页 53—56）

方杰人司铎六十寿序

岁次己酉（1969）九月吉日，吾友杭县方杰人司铎六十初度。其年六月润孙自美返港，道出台北，晤杰人，知其事，语之曰：吾不可不为文以寿子。

杰人早岁皈依基督，入天主教修道院为修士，后晋升司铎。笃志神学，传教济世者，数十年于兹矣。顾杰人擅史学，历充浙江、复旦、辅仁诸大学教授。来台后，执教于台湾大学者已几二十一年，今岁更任政治大学文学院长。民国以来，公教司铎治中国史，主讲成均，誉满中外者，杰人为第一人焉。

杰人博学多通，于史无所不窥，著书满家，奚啻数百万言，而于明清之际，中西文化交互影响之史，尤多所阐发，并世学人群推独步。方其在修道院时，尝邮书问学，请益于新会陈援庵先生。励耘书屋之作，盖无一不取而读之。其所治之学，与治学法门，悉出自援庵先生启迪。润孙则援庵先生受业弟子也，于杰人谊属同门，润孙于其学知之者深，会悟者多，居今日执笔以寿杰人，润孙虽鄙陋不文，亦当仁而不让矣。

杰人为司铎，职在布道；且有天主堂在台北市木栅，时时为人作弥撒讲教理，信徒甚众。而其受世人推重者，则在于史学。人或以此为疑。润孙应之曰，此司铎之外学，所谓以学布道也。不读中国佛教史

乎？魏晋而后，释氏之通外学，载于高僧诸传者，踵相接。昔年援庵师
尝于辅仁大学司铎书院为天主教士讲佛教在中国传播之原因，畅论沙
门读群经诸子，受中国士大夫尊视敬重。高座名僧既能讲学谈理，以
宏其教，所论复极玄远，超乎流俗，不专说福利轮回也，盖迷信之谰言
惟足以惑愚夫愚妇耳。

晋宋之际，慧远讲诗礼于庐山，雷次宗执卷受业，经生至今犹引为
依据。释氏之讲丧服者，则更指不胜屈矣。梁皇侃撰《论语义疏》，往
往比附瞿昙，今人黄侃至讥其唐突洙泗。风尚所趋，南北朝之儒生非
徒援引沙门义理以说经，抑且仿效释氏讲经仪制，于是有群经义疏之
学。佛教之能盛行于中国，隋唐以降，竟与中国文化融而为一，其故即
在于和尚通外学获致学人之信奉。援庵师言之详矣。润孙则愿举明
清之际耶稣会来华教士之事迹，阐述师说，而申颂祝焉。

唐之景教及元之也里可温，入中国后，如何布教？史未详言。以
往事证之，殆不能如利玛窦、龙华民、阳玛诺、汤若望、穆尼阁、南怀仁
诸天主教教士推衍泰西科学技术，用广其教也。其时泰西教士，固未
尝不以信奉天主修己持躬之义，告诸世；而其平日则译读儒书，服中国
衣冠；与士大夫游，持论毫无违忤于我数千年来敬天法祖之道；出所谙
习之天算、火器、水利诸科技，俾人研诵。是数者，又皆中土衰息不振
之学。于是有识之士，翕然景从，相率奔趋其门。其受洗信教者，有徐
光启、李之藻、杨廷筠、王徵诸君子，既躬行践履以自束修，更尽其心力
于测天、布历、厚生、抗敌诸要务，图挽倾颓之国运。事虽不济，其事则
殊壮伟。

清人入关后，沿明之旧，采西法治历；更倩教士为之铸炮、测绘地
图。即不皈依天主者，亦与泰西教士往来，传其历算器用之学。清代
畴人多通西术，如梅文鼎、薛凤祚之伦，世多知之矣，而考据大儒之治
算学言新法者，固罔不源自汤、穆、南诸人。若夫入礼拜堂瞻仰壁画，

投赠司铎篇什,饮葡萄酒,听奏风琴,更为其时人士所崇好之风尚。程君房刻墨苑,犹录西士所制华语罗马字于书中,炫示新异。司铎兼长外学,公教遂得流传于士大夫间,对于中国文化之影响亦复深远巨大,其效不于是可征乎?苟非雍正时有阻禁信教传道之论,耶稣会复被教廷解散,则中国现代科学基础当早于斯时奠定,而近百年之国运或可异于今日欤?

杰人深通拉丁文,又推而及于欧陆他国方言,其研治中西交通史之成绩,诚非他人所能企及。以其尝潜心研修,故每登坛讲道,宛似生公之在虎丘。天主教自明季再入中国迄今已数百年,其当与中国文化融合,为不待言者。杰人既居上庠讲授史学,陶冶后进,其事于宣扬我国文化与传播天主教义实为两利,而适足增辟二者相融合之途径。藉学以传教,因教宏学,吾知其不使泰西利先生诸人专美于前矣。

杰人素钦服马相伯先生,相伯先生寿近期颐,为近代公教人士中有贡献于中国文化者,杰人之学术造诣超越相伯先生而上,其寿亦必远过之。今后数十年,其名山大业将与岁月而俱进,所成就者,何易可量?润孙忝列同门,既为杰人庆,亦为中国史学庆也。

己酉九月,同门愚弟福山牟润孙顿首拜撰。

徐森玉先生九十寿序

轻富贵易,轻没世之名难。山林枯槁寂寞之士,盖亦有置没世之名于不顾者;特其人多孤芳自赏不与世同休戚,斯孔子有鸟兽不可与同群之叹也。旷观今日士夫,莫不以富贵为趋,以声华相逐;由是以害群毒类,亦悍然安忍为之;世变之酷,殆根于此。顾其中有一人焉,和其光,同其尘,涅而不缁,皓皓乎超富贵声华而上之,勤勤焉,恳恳焉,惟以淑世为心,则吴兴徐先生森玉是矣。先生受业于于式枚晦若先生之门,贯通经史,尤工骈俪,学至精博,而谦挹珍秘,不轻示人。润孙可得而言者约有三焉:先生深于录略之学,论历代典籍传写雕印之源流沿革,如数家珍,造诣所极,冠绝海内。京师、北平、东方、中央、上海各馆之设立,搜集采访,都先生任之,以故华夏藏书于兵火外流之馀,犹得保存劫灰于万一。今之司典籍言版本能略窥门径者,溯其师承,盖皆渊源于先生,即南北诸藏书家商榷质疑者,亦踵相接也。先生未著书言版本,且未手编目录,悉以其所知者启迪后学,助人撰述,此其一也。近人重考古,更好言艺术,殷周铜器古物字画以及碑版石刻,论之者多矣,而言及鉴别真伪、考订年代,群敛手推先生为祭酒。论者聚讼莫决之事,往往得其一言而解。平生所得,悉奉之于公,痛绝巧取豪夺以自肥之行,一室萧然,无奇书古物之私蓄,如世流名士之所为者,此其二也。法相宗自玄奘窥基而后,中土久绝嗣响。先生中年皈依三宝,精研唯识,建三时学会以居之。公退之暇,茹素研诵,探隐索奥,湛密圆融,韩居士德清,备加推许,以为举世无两。先生则深藏若虚,未见其笔之于书,从不闻其为人说法,此其三也。至于光宣以降,民国而后,政潮起伏关键,文物散佚存废轶闻,先生之所亲历目睹者,润孙尝侍坐左右,获闻其一二,率为未曾传世之秘辛。惜乎先生淡泊自甘,忘情述作,有人欲笔录之,因循迁延,终成虚愿。果能形诸楮墨,则徐一士刘禺生辈与夫今日谈掌故者流,岂能望其项背哉?先生好奖掖后进,人有一善之长,称誉不绝于口。值请益问难者,又未尝不谆谆反复详告之。承学之士,无问耆硕后进,咸衷心悦服而喜与之游;虽其人政见有左右之歧异,思想有缓急之错出,先生旷怀远韵,泯其异同,惟与之以学问相期,以肝胆相照而已。先生自民初官教育部参事,历充图书馆主任、故宫博物院古物馆长副院长诸职。屡有升晋之机,谦逊退让,避首长而不为,虽当轴敦促殷殷,辄婉言谢绝。日惟布衣,出则徒行,间或乘公共市车。名位已通显而自奉俭约,无异于寒素。处世和易,不与人忤,宽以待下,亦未尝阿谀取容于权贵。性最嗜游,足迹遍天下名山,东南西北,殆无不至者。华、岱、衡、嵩、盘、黄、匡庐、雁荡,既皆登绝顶攀悬壁。东北之长白、西南之点苍,亦皆亲履其地。游迹之广,徐霞客犹未能及之焉。北平西山大觉寺侧,有鹫峰寺,数百年旧迹也,日就颓废,先生爱其广旷,为之修葺,金碧辉煌,山水顿然生色。讼师某见而涎之,夺以为别墅,先生默然,绝不语其事。其访求文物也,偶有见,则必力图所以保护流传之道,以公诸世。《碛砂藏》之影印、《赵城藏》之发现,世备知之矣。七七变后,居延汉简遗于北平某地,日寇索之急,先生浼沈君仲章设奇计以出之,秘运至香港,辗转移存于美,今始归赵,日人始终不知也。今人多能读居延汉简考释,而孰知其中所历之艰险哉?战时以维运古物,至于覆车折腿,复间关奔走,鸠集志士搜采书籍于东南，厥功尤伟。今日典守古物图书诸长吏，当犹有能言之者。世有良史，将载诸国乘以彰其勋绩也必矣。岁次庚戌（1970），夏历七月二十三日，为先生九十悬弧之辰。润孙早年追陪杖履，得闻训诲。在沪时，以避兵火托庇宇下，先生视润孙宛如子弟焉。哲嗣伯郊，能传其版本古物之学，与润孙时相过从。两世交契，今日竟不克抠衣登堂，申颂祝于万一，瞻望云天，怅恨无已。谨陈其隐德畸行以为先生寿，惜润孙之所能知者犹浅尠也。知雄守雌，为而不有，方之古人盖诚有得于柱下史之传者也，先生之德其犹龙乎。

愚晚牟润孙顿首拜撰。

附录

石鼓复原

石鼓共有十个，保存在北京国子监，上狭下宽，顶圆底平，直径一尺多，高约三尺。抗日战争爆发之前，国民政府将北京古物南迁时，将石鼓打成若干块，运往汉中。解放后，运回北京。保管古物的人员面对着若干碎石块，无人能将它拼凑复原。文化部门主持人从上海将徐森玉老先生请到北京。在徐森老辨认指点之下，十个石鼓分裂的碎块，终于完全拼凑在一起，恢复了原来形状，保存在北京故宫博物院里面。

石鼓唐代于陕西凤翔出土，北宋大观中移往汴京，金人将它迁到北京。从元皇庆元年（1312）就放在北京国子监，据说 1933 年古物南迁，石鼓运往上海（见《书谱》26 期），其后又运往汉中。而打碎复原等事，最近接北京来信我才知道。

徐森老在抗战期间，随着古物西迁，将故宫所藏古物放置于贵阳的山洞中,历尽艰辛,途中曾翻车折腿,以及在日军占领下冒险从北京运出居延汉简等等保卫文物的功绩,已有文章记载。为石鼓复原一事,尚未见人提及。我以为当初将它分成若干块可能即是森老的主意,并且由他主持办的,所以复原也要找森老,何况他的金石之学,堪称举世无双!

(原载《新晚报》,1979 年 9 月 14 日,署名"舒充")

张丕介博士墓表

一九七〇年岁次庚戌,夏历四月二十四日,吾友张丕介博士邃归道山。举殡之日,润孙往吊其丧,涕泗纵横,悲不能自已。犹忆甲午岁,润孙来香港,就聘新亚书院,纳交于君,未知重其人也。时新亚甫成立五年,适得耶鲁协会资助,用度较裕于前矣。居稍久,校中员生为润孙备言草创艰苦,渐佩君之卓伟。初,君偕钱穆、唐君毅诸君子鸠集流亡青年三五十人,建校于九龙桂林街,仅恃当轴者月汇港币四千元,赁陋室数楹,聊蔽风雨,讲学寝馈,悉在其中,宛同穷乡私塾。及门者日谋升斗犹难,遑言束脩?虽朝夕拮据,而终未至于倾覆,多赖君支撑其间。

君课馀兼主总务,建工读制,选生徒司笔札簿领,视其劳役之丰俭,为免费等第,或赓予以薄酬。省薪给以供膏火,沾溉几遍全校,师生相率饮水卧薪,安贫而乐道,上下翕然,密合无间。处飘摇阢隉之局,终能坚忍屹立而日趋于广大光明,即肇基于斯也。既而香港政府通令私立学校为商业登记,新亚断然拒之。依英律,违令者可遭封闭,人或危言耸听,君持之益坚,无变易意。浼大律师赵冰出任董事长,以非牟利注册高等法院,事始获已。比耶鲁协会遣人来香港,闻其事,倍增敬重,援新亚之议遂决。呜呼!得道者多助,前贤岂欺我哉!

　　君性明敏果决，遇疑难，未尝稍有所瞻循。于延教员、订章程、审核书刊文稿诸务，恪谨厥事，侃侃主公义，润孙与联袂共席，于君所言，每赞同之。相处十馀年，愈钦服其人，交谊弥笃。虽君之议未获尽用，而其持论则皆出诸正大，且见及深远，以故，新亚能树立矩矱于其初。

　　当三院商合组大学时，君力主审慎。云：当图所以维系新亚精神于不坠之道。其言极深切。近数岁，君病日深，行须策杖，与润孙会晤渐稀，偶相见，慨然叹息，以为新亚应奋发革新，冀能与人共存，盖必有独擅之长，庶足以言立己而立人，抑且有以绍述创校之初衷也。自伤衰病，不克终始其事，谈次，辄恧惕引为深忧。

　　噫！昊天不吊，不慭遗一老，君则往矣。二十年来，君既尽瘁其心力于新亚书院，其所成就者，将永垂诸不朽。其贞坚之风义，尤足感人于无形，使顽夫廉而懦夫立，百世之下有为者犹将景慕兴起，矧处时变益剧之今日乎？谓其流泽孔长，孰曰不宜？

　　君生于民国前七年，寿六十六。其先自福山徙馆陶。润孙本籍福山，追溯上世，盖与君同里闬。敝邑僻在海隅，地坚硗多山，民性朴质蠢诚，其贤哲义烈，志乘详之矣。至若王文敏公懿荣，清季官国子监祭酒，遭庚子之变，阖第殉难，大节凛然千古。奚仅十室之光欤？呜呼！君于举世攘趋利之际，犹恋偲异，笃志于辟精舍掖后进，而未尝为其身谋，岂非出于天哉！岂非出于天哉！徐复观既述次君生平学行，为铭以纳诸圹。润孙则哀臣质之亡，执笔凄恻，略陈所见知者，表于其墓，以告诸来兹云尔。

　　夏历庚戌五月乙卯朔，五日己未，福山牟润孙顿首拜撰。

（原载《新亚生活双周刊》第 13 卷第 5、6 期合刊，1970 年 9 月 6 日）

清华国学研究院

清华学校民国十五年开办了国学研究院,聘请梁启超、王国维、陈寅恪三个人担任导师,招考了五十几名研究生。

当时梁启超名气很高,许多学生都争先恐后围绕着他。梁很会讲书,才气纵横,讲书时感情奔放,十分动人。(我曾听过他讲王阳明知行合一之教,在北京众议院,挤满了人。他连讲两个多小时,口若悬河,毫无倦容。)

王国维的研究工作,虽然作得很笃实,但拙于言词,尤其不善于讲书。在研究院中讲授《说文》和《三礼》,坐在讲堂上,神气木讷,丝毫不见精彩。遇见难解决的问题,便拿出他治学不苟的精神、阙疑的态度,坦白地说"我不懂",绝不附会敷衍。一般研究生对他并不欣赏,很怕听他的课。这些话是王的远房外甥赵万里说的,万里那时作王的助教。

另一位导师陈寅恪,刚从外国回来,名气不高,学生根本不知道他学贯中西,也不去注意他。陈在清华大学讲书,听过他的课的学生说他讲的时候旁征博引,写满了黑板,专讲个人研究心得,繁复的考据、细密的分析,也使人昏昏欲睡,兴味索然。所以真正能接受他的学问的人,寥寥可数。余嘉锡的儿子余逊,在北大作助教,去旁听陈氏的课,获益不少。周一良在燕大读书,也是去旁听陈氏的课而成学的。

王、陈二人既然门可罗雀,在研究院中日常陪着他们的只有两位助教,王的助教是赵万里。赵本来在东南大学,后来改到中央大学读生物,随着王不过一年,只学到王的版本目录之学,王就死掉了。(民国十六年王投昆明湖而死。)王氏死后,遗书全部卖给北京图书馆,赵万里也随着进了图书馆。因为工作关系,赵再受教于徐鸿宝,徐的版本目录学是近代第一人。赵十分聪颖,所以没多久,便成为版本学专家。王国维有一手批本《千顷堂书目》,这书虽售给北京图书馆,而永远摆在赵的案头,成为他的枕中鸿秘。

陈的助教是浦江清。浦是研究文学的,朝夕请教,从陈那里得益不少,在《清华学报》中有不少学术文章发表。

从五四起,顾颉刚发表《古史辨》,推翻古史传统的记载,疑古风气大盛,认为尧、舜、禹、汤是否有其人,颇成问题,可信之史是自西周起。

王国维考释甲骨文,作《殷卜辞中所见先公先王考》,证明《史记·殷本纪》所记载殷商帝王名字,在甲骨文中有证据可寻,而且世系吻合,不过《史记》小有错误而已。殷代既可证,夏代亦不能遽断其没有,这是对持疑古之说者一个强有力的反击。王在清华研究院讲《古史新证》,用钟鼎文、甲骨文等出土记载与纸上记载互证,说明传统古史不可随意推翻。这是重建古史的第一步工作,也是王氏对学术界很重大的贡献。

清华国学研究院的研究生颇有不少出名的,如吴其昌、徐中舒、刘盼遂、陆侃如、姚名达、谢国桢、刘节等人都是。

卫聚贤是当时受教于梁启超的研究生,用统计方法研究《左传》,统计《左传》记晋国的事最多,而孔丘的学生子夏是晋国人,所以推断《左传》出于子夏之手。此文刊于清华国学研究院所出版的《国学论丛》。

刘节是梁启超的学生,有篇文章说《尚书·洪范》的五行之说是起于战国时代,依然是疑古学派的途径。此文仿佛是发表于《东方杂志》，后来顾颉刚将之收入《古史辨》。

显然，梁虽然很称赏王国维，但仍是对某些疑古辨伪之说相当赞成，所以在他死的前二年，还著有《古书真伪及其年代》一书。

传王氏金文、甲骨之学的是吴其昌、徐中舒两人，均有著作。吴其昌有《金文历朔疏证》等书，徐中舒的文章皆见《史语所集刊》。吴氏推历法之学，是否得自陈寅恪，就不得而知了。

总起来看，梁、王都在研究院中有影响，而陈则几乎可以说没有。推想起来，大约由于那时陈讲的是年代学（历法）、边疆民族历史语言（蒙文、藏文）以及西夏文、梵文的研究，太冷僻了，很少人能接受。在清华大学时，陈讲的"元（稹）白（居易）诗"、"魏晋南北朝隋唐史"等课，人们比较地容易听些（就是余、周等人去旁听时代）。

李济、赵元任在清华国学研究院作过讲师，不过那时人们更少注意到语言学与考古学，所以在研究院中没发生甚么影响。

听说清华想办国学研究院，去请教胡适，胡推荐这几个人给清华。分析起来，一是因为北大没有钱，清华则经费充足，所以清华能请而北大不能请。二是北大原有教员结成势力，很排挤新人。陈垣靠沈兼士之力进入研究所国学门，而不能在本科作专任教授，就是一个证明。三是胡适对于梁启超，可能认为他能对青年还有号召力，何况梁启超也很捧胡。对王国维，则认为金文、甲骨文是一门新兴的学问，而王氏造诣很高。对陈寅恪，则因为陈是出洋留过学，真正懂得西方"汉学"那一套方法的。

总之，胡适很可能想借着清华扩大他的国学研究（实际是"汉学"研究）的一套理想。不过，王国维的影响在清华国学研究院中很少，陈则没发生甚么影响有如前面所述。至于提倡变法维新的梁启超，一生走的路，只有在清华园那几年，也是他临死前那几年，才多花些时间去教书。

（原载《大公报》，1977 年 2 月 23 日）

北京大学研究所国学门

北京大学在五四运动之后,开办了一个研究所国学门(大约在民国十一二年间)。"国学"这个名词,似乎是从清末"国学保存会"和"国学扶轮社"起,这个机构曾出版《国粹丛书》与《国粹学报》,还印了一些明末遗民著作,清代禁书如《明夷待访录》、《翁山文外》等书。那时所谓"国学",经、史、子、集全包括在内。在《国粹学报》写稿的人,有章炳麟、邓实、黄节、刘师培等人,其时都是有志革命的人物(虽然刘师培后来变节),在他们的心目中,"国粹"和"国学"有何分别,恐怕没细想过,所以机构称"国学保存会"、"国学扶轮社",而出版物称《国粹学报》、《国粹丛书》。

北大研究所的国学门出版的刊物名《国学季刊》,它的发刊词大谈其用科学方法,结帐式地去整理中国古籍,显然即是胡适"整理国故"的主张,也表示出国学门之成立是由于胡适的推动。胡适从美国回来后,在北大教书,正逢上五四运动,他一方面作语体文,参加鼓吹新文学的行列,一方面提倡用科学方法"整理国故"。胡适颇受章炳麟的影响,他对周秦诸子的研究,章氏的著作对他有不少的启发性作用,这在他的《中国哲学史大纲》中可以看出来。章氏著有《国故论衡》。(北大文科预科课程中有一门名"国故概要",选有《庄子·天下篇》、《荀子·

非十二子》、《汉书·艺文志·诸子略》等文章。北大国文系有不少章门弟子，他们讲书开课受章氏影响，是在情理之中的事。当时沈士远在北大讲"国故概要"，半学年才讲完《庄子·天下篇》，人称之为"沈天下"。）胡适用的"整理国故"一词渊源于章氏，是无可置疑的。

章炳麟的《国故论衡》分小学、文学、诸子学三卷。北大研究所国学门虽然唱出整理古书的口号，但北大研究所国学门的研究范围，除古文字学与章氏所谓小学有关联之外，其馀的与"国故"实际上毫不相干。

胡适的用科学方法整理古书，虽然也称为"整理国故"，但与章氏标榜的"国故"观念不同，与"国学扶轮社"的"国粹"或"国学"观念也不同。胡适是用"国故"一词代表古书，北大研究所国学门用"国学"说明研究范围，而这一"国学"的观念则是西洋的 Sinology。

西洋的 Sinology，译为"汉学"。从16世纪起，西方天主教教士到中国以后，就翻译中国古书，作旅行传教报告，可以说是"汉学"研究的开始。到了鸦片战争以后，西方帝国主义者侵略中国的工作随着时间逐步加深，西方各国的传教士、外交人员、商人纷纷东来，对于中国的事物广泛研究，以帮助他们的国家侵占中国的土地或掠夺中国经济利益。其中那些对中国语言、文字、古物、艺术、学术、风俗、宗教、历史作研究的人，最初不过是为宗教、政治或商业的工作增加些知识，后来竟成为专业，于是扩大了"汉学"，其内容包罗万有，复杂不成体系，既非史学、哲学、文学，也非艺术、考古。

胡适在美国留学，当然也读过西方"汉学家"翻译的中国先秦古书和一些讲中国思想的文章，他所谓的"科学方法"，就是从那些方面移植过来的。他所谓用科学方法"整理国故"，明白说来，即是以西洋人的"汉学"方法整理中国古书。北大研究所国学门的研究"国学"既非《国粹学报》派的包括经、史、子、集，也非《国故论衡》派将小学、文学、诸子学当作"国故";而是要照着西方"汉学家"与受西方"汉学"影响的日本"支那学家"的研究方法和范围去作研究,在中国的大学研究所中如何能称"汉学"或"支那学",所以称为"国学"。

胡适的学生傅斯年,在民国十七年历史语言研究所成立、出版《史语所集刊》第一本第一分说明《史语所工作之旨趣》一文中,就明白说出中央研究院设立史语所是要将汉学中心从巴黎或东京移到北京来,坦白承认历史语言的研究就是"汉学"的研究。在那篇《工作之旨趣》中,傅斯年极力攻击章炳麟,分明要洗刷"国故"甚至"国学"那一套观念。胡、傅是一脉相承的,而傅比胡坦白,这还不足以证明北大研究所国学门的"国学"观念,是渊源于西方"汉学"?

北大研究所国学门的主任是沈兼士,沈虽不通西方语言学,但他是治文字声韵之学的。导师是陈垣,陈氏研究元史和中西交通史,以《元西域人华化考》一文驰名于海外。他的《元也里可温教考》、《开封一赐乐业教考》都是受中外人士重视的文章。从聘用陈氏作导师这一点,也说明北大研究所国学门研究的趋向。陈氏治学从考据入手,所继承的方法还是采自清代乾嘉学派。看他的《史讳举例》,可知他受钱大昕影响很深,与西洋汉学并不相同;而且他没到外国留过学,所以在傅斯年等人心目中,对陈氏并不极端推崇。陈氏的著作虽然也在中西交通史范围内,重点依然以中国为主,例如《元西域人华化考》。

北大研究所国学门的研究生不多,最出名的是专治金文的容庚。国学门对于由教育部历史博物馆移交过来的一部分清内阁大库档案,曾经加以整理,又编了一部慧琳的《一切经音义引书索引》和一部《太平御览索引》,似乎拖了好久也没完成。至于结帐式的整理古书的工作,则不过说说而已,并没作甚么。国学门有一个周刊,发表些学术消息和短文章,董作宾征集的民谣,就在那上面发表过。

国学门中有三个工作人员后来都成了名。一是董作宾,后来参加研究院史语所,成为甲骨学专家,那时正在研究民谣;一是台静农,那时正参加"未名社",从事新文艺创作;一是庄尚严,后来参加了清室善后委员会(故宫博物院的前身)。还有顾颉刚征集的孟姜女故事,仿佛也在国学门的周刊登载过,已记不太清楚了。

将"汉学"工作拿来自己做,本来未可厚非。不过,不应当用"国学"这个名词去鱼目混珠,应当分为文学、史学、考古、文字语言等等专门而有系统的科学部门,方为合理。

傅斯年成立历史语言研究所而不成立国学研究所,不能不说他有识见。

(原载《大公报》,1977 年 2 月 9 日)

北京忆往

满汉全席
广和居与万福居
茶泡饭与芝麻酱面
酸白菜
谈致美斋·
烤肉
北京的饽饽
几礼居制戏目笺题记
一批被遗忘的珍贵中国戏曲史料
——《几礼居藏戏曲文献目录》读后记

满汉全席

好多年以前,从报纸上知道香港的广东酒楼有所谓满汉全席,价钱昂贵,要吃三天之久(听说现在有简化的叫新汉全席,一天便可吃完)。在北京生长的人从来没吃过满汉全席,连听说过都没有。很多人都奇怪为什么北京没有这样的席?这真是一个谜一样的问题。我在李斗的《扬州画舫录》中找到了答案,原来这是清代统治者"南巡"时候,扬州地方供应那些"随驾"官员吃的。

《扬州画舫录》卷四:"上买卖街前后寺观皆为大厨房,以备六司百官食次。第一分,头号五簋碗十件,燕窝鸡丝汤,海参汇猪筋,鲜蛏萝卜丝羹,海带猪肚丝羹,鲍鱼汇珍珠菜,淡菜虾子汤,鱼翅螃蟹羹,蘑菇煨鸡,辘轳锤,鱼肚煨火腿,鲨鱼皮鸡汁羹,血粉汤,一品级汤饭碗。第二分,二号簋碗十件,鲫鱼舌汇熊掌,米糟猩唇猪脑,假豹胎,蒸驼峰,梨片伴蒸果子狸,蒸鹿尾,野鸡片汤,风猪片子,风羊片子,兔脯,妳(奶)房签,一品级汤饭碗。第三分,细白羹碗十件,猪肚假江瑶鸭舌羹,鸡笋粥,猪脑羹,芙蓉蛋,鹅肫掌羹,糟蒸鲥鱼,假班鱼肝,西施乳,文思豆腐羹,甲全肉片子汤,玺儿羹,一品级汤饭碗。第四分,毛血盘二十件,获炙哈尔巴小猪子,油炸猪羊肉,挂炉走油鸡鹅鸭,鸽臛,猪杂什,羊杂什,燎毛猪羊肉,白煮猪羊肉,白蒸小猪子小羊子鸡鸭鹅,白面饽饽、卷子、十锦火烧,梅花包子。第五分,洋碟二十件,热吃劝酒二十味,小菜碟二十件,枯菜十彻桌,鲜果十彻桌。所谓满汉席也。"(中华书局 1960 年印本页 106,下引同)

　　这张菜单子告诉我们满汉全席是随从皇帝出巡的大官们吃的,可谓尽山珍海味之大全;那皇帝吃的自然更是备极珍羞,或是由随从的御膳房烹制,所以没有《画舫录》那个菜单子。核对一下,每分的件数都不符合,不知如何计算? 书中点逗恐有误,如原书是"一品级汤饭碗",颇不可解,我以为可能是"一品级汤、饭、碗",其意是上等好汤和上等的米饭,每人自用一碗,即是汤与饭均按人分碗。当然这只是推想。这张菜单原底子可能出于厨房,所以有些专用名词相当费解。"文思豆腐"是一个僧人名叫文思创做的,见《画舫录》卷四"枝上村"条:"文思字熙甫,工诗,善识人,有览虚、寓公皆与之友。又善为豆腐羹,甜浆粥,至今效其法者,谓之文思豆腐。"(页 86)如果文思是守戒律的,文思的豆腐羹应当是素菜。饽饽即是蒸的馒头,这是北方的名称,北京将用面作的点心叫点心饽饽,所以有满汉饽饽铺,别的城市都叫果子。卷子也是蒸的面食,北方人都会作。第四分中有些菜与北京沙锅居白肉铺所作的"烧腊白煮",似乎相同①。

　　《画舫录》卷四说"行宫在扬州有四,一在金山,一在焦山,一在天宁寺,一在高旻寺"(页 102)。天宁寺在扬州的天宁门外。天宁门是扬州的西北城门(页 81)。《画舫录》说:"天宁门至北门,沿河北岸建河房,仿京师长连短廊下房,及前门荷包棚、帽子棚做法,谓之买卖街。令各方商辇运珍异,随营为市,题其景曰丰市层楼。"(页 104)随从官员的公馆即在买卖街,所以大厨房也在那里。

　　《扬州画舫录》说:"后门外围牛马圈,设毳帐,以应八旗随从官、禁

────────

①　北京沙锅居在西四牌楼南路东,专用猪肉和猪头脚内脏等制出许多不同的菜肴,"烧腊"、"白煮",是指做法而言。

卫、一门(?)只应人等。另置庖室食次。第一等,妳(奶)子茶,水母脍,鱼生面,红白猪肉,火烧小猪子,火烧鹅,硬面饽饽。第二等,杏酪羹,炙肚胈,炒鸡炸,炊饼,红白猪肉,火烧羊肉。第三等,牛乳饼羹,红白猪羊肉,火烧牛肉,绣花火烧。第四等,血子羹,火烧牛羊肉,猪羊杂什,大烧饼。第五等,妳(奶)子饼酒,醋燎毛大猪大羊,肉片子,肉饼儿。"(页106)后门是天宁寺行宫的后门。"一门"或是"各门"或是"一切"之误。足见统治者南幸,驻扬州,扬州要用多少民脂民膏来供应!这是给带来的侍卫和仆役吃的,虽分作五等,却也相当丰盛。火烧小猪子即今日的烤乳猪。硬面饽饽是面做的,烙熟很硬,北京有沿街叫卖的。火烧也是发面烙熟,形似烧饼,上面没有芝麻。绣花火烧可能是用模子印的花纹,奶子饼酒等都是满洲或蒙古的饮品。

《红楼梦》十六回说接驾时候,银子成了粪土一样,曹寅接驾四次用了不少盐税的钱,所以曹家亏空公款不少;盐商也报效不少,这些还不是转嫁在小民身上! 只看扬州接驾时候供应大小官员侍卫仆从的饭食,就十分可惊了。虽然《扬州画舫录》所记是乾隆(弘历)时候的事,《红楼梦》所说是康熙(玄烨)时候的事,玄烨六次巡幸江南,弘历同样六次,为了他们祖孙观赏风景,花了民间多少钱! 张符骧《竹西词》云:"县官朱票密于丝,役到淘沙户亦宜。天语丁宁空有约:民间不费一钱而。"这两个统治者都说不要用民间的钱,其实哪有不剥削人民之理? 张氏《后竹西词》又说:"豫游原为视农桑,官礼明明劝省方。截海含生齐望幸,被恩深处是维扬。"玄烨、弘历都以巡视河工、海塘和省视收成丰歉为名,其实是出来玩游。张是扬州人,所以只感到扬州遭受到统治者这样的"恩"待的苦处。《竹西词》有"三汊河干等帝家,金钱滥用比泥沙"之句,是指修筑行宫等事的。《后竹西词》又说"用尽泥沙全不恨,太平天子不征商",是指剥削两淮盐商而言。由此可见满汉全席实在是吃的扬州人民的血肉。在北京的普通人吃饭馆或有什么喜庆筵会,当然不能如此地吃。那些王公贵人平日虽然席履丰厚,而常常如此这般地吃,恐怕也没有。从这事上反映出来那些王公贵人和皇帝一样要借此机会作威作福,享受一番,除了向地方官商人要东西要钱之外,还要大吃大喝。就是那些侍卫仆役们在北京城内也断不能天天吃到扬州所供应的第五等膳食。后来的北京人没有随"驾"南巡扬州的"幸运",所以也渐渐不知道有所谓满汉全席了。

满汉全席为什么从扬州流传到广州?这似乎与阮元作两广总督无关,或者有个旗人来作两广总督或广东巡抚或广州将军的,曾经在扬州享受过满汉全席,到了广州,觉得广州繁盛不下于扬州,刮得不少银钱,得不到奉承,便把在扬州吃过的满汉全席搬到广东来。于是相传下来,香港也有了满汉全席,虽然它的菜单并不同于《扬州画舫录》所载的。

(原载《大公报》,1974 年 5 月 17 日,署名"茂恭")

广和居与万福居

民国元年（1912）鲁迅到北京教育部作事，下了火车就住进宣武门外南半截胡同北头路东绍兴会馆，时常去会馆附近的广和居吃饭。从此以后在《鲁迅日记》中时常记着他和朋友们去广和居饮宴的事。

南半截胡同北口是北半截胡同南口，两条胡同，实在是相接连的一条街。广和居在南北半截胡同的中间，所以有人说广和居在北半截胡同（《觉花寮杂记》），有人说它在南半截胡同（《杨小楼评传》），《知堂回想录》说它在南半截胡同（北）口外。据我的记忆，广和居属于南半截胡同，距离绍兴会馆很近，而且都是坐东朝西的房子。《知堂回想录》对于这两处都有些描述。

广和居既不在大街上，附近又只是些中等人家的民居。它本身房子更非高楼大厦，不过是三个小院子，普通人家的矮小瓦房，隔出十几间雅座而已。它之所以出名，由于许多南方到北京作官的文人名士常去吃饭，酒酣耳热之际，谈诗论文之外，也议论些朝局国事，有时还有人题诗于壁。

清代江南人在北京作官的多数住在南城宣武门外，所以广和居有几个名菜是传自南方人。如五柳鱼，即广东的五柳鱼。其实"柳"应作"绺"，以刀切五种腌制的蔬菜成为丝状，用为配料去蒸鱼，岂不是将

"五绺"误称为"五柳"?

又如粉皮辣鱼,用红辣椒粉皮炖鱼,实在是江西菜。刘峙之妻最嗜此种作法。抗战前,刘曾任河南省主席,或"绥靖主任"? 开封有一时期称粉皮辣鱼为太太鱼,足证它是江西菜。

此外广和居名菜有潘鱼,系福建菜,传自福建长乐人潘炳年,他是同治十年(1871)辛未进士,翰林院编修。用香菇作汤,煮熟活鲤鱼,就是潘鱼。有人胡说用羊肉汤煮鱼,鱼羊合为"鲜"字,那是欺人的大话。

又有江豆腐,是用许多作料(虾子、海参、香菇……)配合豆腐(均切成小丁)用上汤烩成羹,是江西弋阳人江澍畇所传。他是光绪三年(1877)丁丑进士,翰林院编修。

由这些菜来看,广和居在清末即为江南作京官之人宴会之地,确然无疑,据说李慈铭也是广和居座上的常客,可惜读《越缦堂日记》时忽略了这些。

北京菜馆中名菜传自南方在北京作官的人不足为奇,想不到有几个名菜是传自道士。北京杨梅竹斜街西口路北有个万福居。他家的油爆鸡丁名高鸡丁,是白云观方丈高道士所传。高老道在清末结交高官显宦、王公贵人,可谓往来无白丁。观中冠盖云集,高老道声势显赫。依照道教规律,道士应当吃斋守戒,高老道却时常私自进城(白云观在西便门外)享受酒色之乐。

万福居另外有两味名菜,一是赛螃蟹,一是翡翠羹,也传自高老道。赛螃蟹用黄鱼作原料。翡翠羹用鸡蓉与斋菜末作羹,白绿两色浇成太极图形。台北有人写"中国吃"说用铜片制成太极图型,浇羹于其中而成,想是饭馆伙计骗他的话,他又说翡翠羹是泰丰楼名菜,大约万福居关门后,此菜流传,他在泰丰楼吃过。我十几岁时,万福居已经关门。翡翠羹这个菜,我在观音寺街福兴居吃过。说这两个菜传自高老道,是周志辅(明泰)。志辅比我年长,他生于丙申(1896),当然知道得比我多。

　　高老道民初就死了,我没见过,但对于白云观印象最深的是斋菜。白云观中的素斋比许多和尚庙里做得精美得多,决非今日专用味精取胜的斋菜所能同日而语,只是"黄面筋"一味,已足令人垂涎三尺。至于所作杏仁豆腐,是杏仁磨粉,熬汁后,用石膏点成豆腐,煮熟上席,他处决未见过。道士创造荤菜是为了享受与应酬,南方人作京官的(其中并无大官,只是编修、御史郎中、主事之类)创制些肴菜则是聊慰莼鲈之思,两者虽不能混为一谈,但却丰富了京菜品种,可见研究中国吃的历史,并不是十分简单的事。

(原载《新晚报》,1979 年,月日不详,署名"舒充")

茶泡饭与芝麻酱面

北京人夏天吃茶泡饭，是用凉香片茶泡冷饭，也有时用凉香片茶调芝麻酱拌饭，清香之味更浓。我小时候家里还用老米作饭，吃芝麻酱、茶拌老米饭，更觉得清香爽利。可惜民国十一二年以后，老米愈来愈少，此味不可复得，但以茶泡冷白米饭，用酱菜或拌鲜黄瓜（黄瓜用刀拍碎，拌以酱油、醋、香油），作下饭的菜，仍是暑天中常有的晚饭。至今犹时常在回忆着。

看见丝韦君的《岛居杂文》，说到以茶泡饭，我在北京吃茶泡饭的往事，不禁涌上心头。近二十年来，因为患糖尿病，吃米饭的机会可以说完全丧失，所以早就不知茶泡饭，或以茶调芝麻酱拌饭的滋味了。不过以茶泡饭的吃法，居然北京与桂林有相同的习俗，可见饮茶在中国的普遍，虽然北京人并不太懂得喝茶（香片、龙井、红茶、普洱以外，北京人所常喝的茶，就很少了），但清茶淡饭滋味还是会领略的。

北京人夏天吃茶调芝麻酱拌饭，推想起来，大约是芝麻酱拌面与茶泡饭的混合产品。

北京的芝麻酱面（普通说话，都省略这个拌字），一定是刚煮好的面条，出锅后用冷水过两遍，使它相当的凉，然后用调好的芝麻酱去拌。

北京人吃撑面,要旋(去声)撑条(此地北方馆子叫旋拉条,是天津话),一定要过水。面条出锅后,在温水盆中冲一遍,经过这一道手续,面条就不会粘在一起,这叫做过水。不过水的煮面条,叫做锅挑。所谓旋撑条,是撑好了面条就下锅煮熟过水后立即拿到桌上吃(大卤、煨酱、芝麻酱……浇料虽各有不同,而煮面条之法,则相同),如果煮好面条,一时不吃就一定要泡在水中,否则面条会粘在一起,北京称之曰沱了①。北方人吃面条要它骨力(即有相当的硬度,近于广东所谓滑爽),面条在水中泡若干时间,必致软烂,所以北方人吃面多数要旋撑条,缘故即在于此。

夏日北京人吃芝麻面,虽然要它凉,既不可出锅后放在碗中,等它冷却,那就沱了,也不可泡在水中,那就烂了(北京称之曰糟),所以至少是用冷水过两遍。

至于吃芝麻酱的"面马儿"(即配料)有鲜黄瓜丝,掐菜(即豆芽),鲜香椿,小虾米皮(干小虾米皮用少量滚水泡之)等等。北方人喜欢吃大蒜,吃芝麻面时候不吃大蒜的极罕见,所以虽然旧日说不到什么消毒防疫,夏天北方人常吃冷拌芝麻酱面却很少因此发生肠炎等疾病。

下午茶座中有罗雍君《冷面》一文,虽所谈为上海习俗,却引起我在北京夏日吃芝麻酱面的回忆。此地颇难找到好芝麻酱,何况面条与米饭同非糖尿病人所宜多吃,往事旧梦,只好在纸上谈谈。

(原载《新晚报》,1979 年 7 月 13 日,署名"舒充")

---

① 沱(tuo)字是我借用它的音,与字义无关。或者这个字本来是颓(tui),古今声音变迁,tui 成为 tuo,或者古音"颓"就读如"沱",盼音韵专家有以教我。

酸白菜

北京冬天激酸菜,是将大白菜放在缸中浇上滚水,将缸盖严密地盖起来,过四五天,白菜发酵,即成为酸菜。旧时北京很少有人自己激,多数都往切面铺去买。切面铺用煮面条热汤去浇白菜,其中有面粉,发酵时间更快,酸菜成功便十分容易了。浇白菜的热汤,要彻底干净,如有星点脂油,酸菜即臭腐而作不成了。

北京人涮羊肉锅子,多数是佐以酸白菜,虽然也有用大白菜的。最后放的多数为杂面条,今天在香港吃涮锅子,酸菜固无处去找,杂面条更无从谈起。

即不吃涮锅子,三五知己小酌,或家常便饭,以羊肉烩酸菜粉丝下饭,也是绝佳妙品。可惜燕云口味岭南人士不很欣赏。

南北风土不同,人们的口味自不能强而一之。离开北京三十馀年,今冬又吃到酸菜(中间曾吃过两三次),为之十分欣悦,小时情事,不禁涌现心头。有人说人们喜欢吃故乡食品,往往与幼小时候印象有关。莼鲈之思因张翰是吴人,我十分怀念北京的羊肉酸菜、冻豆腐、杂面条,大约有不少生长于北京的老人与我有同样的这种思乡之感。

《本草纲目》卷二十六,李时珍说:"菘即今人呼为白菜者……其菜作菹食尤良。"菹与葅同(见《玉篇》)。《说文》:"葅,菜也。"段玉裁说:

"作菹、葅皆误。"《说文》:"酢,醶也。""醶,酢浆也。""戠,酢浆也。"段玉裁在"醶"下注说:"浆(酢)、戠、醶三者同物。"又说:"醶,今俗作酽。"段氏在"酢"下注说:"酢本戠浆之名,引申之,凡味酸者皆谓之酢。"《说文》:"菹,酢菜也。"王筠在"酢菜"下注说:"酢菜,犹今之酸菜。"段玉裁说:"酢今之醋字,菹须酰成味。"《广雅》:"酰,酢也。"《周礼·天官》醢人所掌有七菹,是韭、菁、茆、葵、芹、箈、笋。《释名》说:"菹,阻也。生酿之,遂使阻于寒温之间,不得烂也。"可见古人作酸菜,并非以酰和味,而是使它发酵,自然生出酸味,段玉裁似乎尚未明激酸菜的道理。孙诒让《周礼正义》说:"依《说文》,则菹为酢菜之专名。"王筠与孙诒让对于酸菜似均比段玉裁有认识。

北京称发酸菜为激酸菜,激有发的意思。《汉书·高五王传赞》:"激秦孤立亡(无)藩辅。"注:"感发也。"用热水浇向菜,不说"发",而说"激",与感发意相合,这是一说。《说文》:"激,水流碍邪急曰激也。"(段玉裁依《众经音义》改。)《孟子》说:"激而行之,可使在山。"《汉书·沟洫志》:"为石堤激使东注。"与《释名》所说的"阻",意义相同,这是又一说。足见北京说激白菜,实沿自古代汉语而来。更从《说文》、《周礼》二书来看,酸菜起源甚远,秦汉以前,已有这种吃法,原料有多种,并不限于酸白菜。《周礼》所谓的"七菹"大约与现代西南各省之泡菜相近。

《食味杂咏》"北味酸菜"注说:"寒月取盐菜入缸,去汁,入沸汤瀹之,勿太熟,即以所瀹汤浸之,浃旬而酸,与南中作黄齑法略同。北方黄芽白肥美,及成酸菜,韵味绝胜,入之羊羹,尤妙。"《食味杂咏》作者谢墉,浙江嘉善人,虽曾作京官,对于北京食物了解不够清楚。"盐菜"或是"白菜"之误。此据《北京风俗类征》转引,不知是否原本即误?"去汁"二字颇不合事实。

《清稗类钞》说:"京师黄芽白,亦甚佳……以此菜腌作冬齑,颇脆美。"这似乎是说腌白菜而非酸白菜,而持说与谢墉相同,都是以它与南方之齑相比。《清稗类钞》作者徐珂,我记得他亦是浙江人(手头无书可查)。"齑"应作"齑(齑)"。"齑",《周礼》的"醢人"、"醯人"条均作"齐(齐)",有"五齐"。郑玄注说:"齐当为齑。"又说:"细切为齑。"《说文》"齑"作"鳌"。王念孙《广雅疏证》说:"鳌者细碎之名,《庄子》言鳌粉是也。"孙诒让《周礼正义》说:"《庄子·列御寇篇》云'鳌粉',又《大宗师篇》释文引司马彪云'鳌,碎也',是齑为切和细碎之名。"详读郑玄、王念孙、孙诒让诸人的解说,我才了解谢墉、徐珂所说的"黄齑"、"冬齑",即是北京冬天沿街叫卖的"酸黄菜"。它的味似酸白菜,原料疑是芥菜,或是北方的"疙疸缨",而非白菜。《说文》:"鳌,齑也。"《广雅》:鳌、齑均作菹解,菹即葅。酸黄菜与酸白菜味道相同,所以谢墉、徐珂均南方之以齑与北方酸白菜相比。"腌"字据《释名》说:"今治菜作葅,谓之腌。"徐珂用"腌"字,意为作"葅"(酸菜),本不算误。《释名》作者刘熙是东汉末年人,他所说的"今"已离徐珂很远。后人早已称用盐淹食物为"腌"。徐氏用"腌"字,有谁为他去查《释名》,而不认为这是用盐淹物的"腌"。徐氏说"颇脆美",我吃"酸白菜"与"酸黄菜"均不觉得它们如何脆,徐氏以冬齑与酸白菜相比,何以发生脆的味觉?殊不可解。

1981 年 1 月 8 日

(原载《新晚报》,1981 年 1 月 13 日,署名"芸荪")

谈致美斋

清末民初北京煤市街路西（观音寺街东口外）有一家饭馆，名致美斋。致美斋大约开业很早，可能咸丰时已经有了。翁同龢、李慈铭的日记均记载在致美斋请客吃饭的事。故友方豪藏有王懿荣约盛伯羲、樊樊山吃饭的名片（从前名片，用长的红纸，长度宽度均较今日的名片为大）。这个馆子到了民国初年，我随着先君去吃时，雅座是两层楼房，仍在路西，对面路东是厨房，设有散座。

致美斋匾上有姑苏两字。台北有人写"中国的吃"谈北京菜涉及到致美斋，说山东登州人开饭馆，冒充苏州，以苏菜作号召。记得小时家舅告诉我说，是苏州人先开的致美斋只有路西那一部分，因为营业不佳，顶给登州人，匾上的字是原有的，并未冒充。山东接手营业大好，才添了路东那一部分。

致美斋的红烧鱼片、萝卜丝饼、闷炉烧饼、翻毛月饼、馄饨，均是苏州传授，仍是南方口味，别家山东馆子绝作不来。杨锺羲（雪桥）即盛赞致美斋的馄饨，我听他儿子鉴资屡次说起。

至于致美楼虽也在煤市街路西，但它在致美斋之南，隔着好多家铺子，与致美斋毫无关系。台北写中国吃的那位作者，以致美斋与祯元馆相比，且极赞其"酱瓜尖"，亦有人称赞致美斋之"抓炒鱼"，均异乎我的经历,当然口味不能要求人人一致,但颇使我读来有莫名其妙之感,因为这都不是致美斋独家拿手的菜。梁实秋将致美斋致美楼混而一之,大约是年老记忆衰退之故,梁氏生长北京,本不应有此误也。

(原载《新晚报》,1982 年 1 月 12 日,署名"魏风")

烤 肉

在北京冬天吃烤肉，十分盛行，烤肉牛羊肉均可，不似涮锅子以羊肉为主。

烤肉用的是铁制的支子，支子是圆形，半径约一尺，用若干铁条拼成，每个铁条宽约一寸半，两个铁条间隔约半寸多，架在一个白灰制的炭盆上，盆中烧柴，最好用松木。香港的烤肉，多数用铛（音称），这是熏肉而非烤肉，烤肉的火焰，由支子的间隔透上来，所以火可以直接烤到肉，铛则是完整的铁板，如何能称为烤？

无论烤、焄，用饭碗盛着切好的羊（或牛）肉，加上葱、芫茜、酱油、料酒等作料后，一定要加些清水，这样放上去烤或焄，才可以嫩。有人喜欢将它烤得焦了，可以增加些许香味。

吃烤肉，在北京从没有人坐下吃的，因桌子上放着火盆，盆上架起支子，那样的高度，坐着无法自己烤，所以非站着不可。在屋子里没有出烟的烟囱，吃烤肉，原则上一定要在院子里，香港的燃料用石油气，只要抽出焄肉的油气就可在屋子里吃了。

焄肉时，在铛上要放些许生油，烤肉在北京则用羊的脂肪在支子上擦抹一番，所以烟气油气更为厉害。

因为围着火盆站着，在桌子四围，放几条板凳，吃的人多是一足立地,一足踏在板凳上。未见惯的人,觉得不十分雅观。

烤肉吃法为北京多年来相传的习俗,从来无人称它为蒙古烤肉。从切肉之薄,用作料之复杂推想可能不是来自蒙古。

《都门琐记》说"炽炭盈盆,加铁栅其上",《燕都小品》说"铁箅之下烧以木柴",《旧都文物略》说"炽炭于盆,以铁丝罩覆之",皆不知烤肉所用者为支子、铁箅子、铁栅,虽未说出其名,尚可谓描画出其形状,铁丝罩则不知所云了。

北京卖烧烤羊肉出名的为正阳楼,在前门外肉市;卖烤牛肉出名的是烤肉宛,在宣武门内安儿胡同口,宛姓是回教徒。烤肉季在什刹海后海,记得其地,烤牛羊肉皆有,去年赵旺君回北京,犹在那里吃过烤肉。

在饭馆吃烤牛羊肉,均以碟计数,在烤肉宛吃牛肉,则以斤两计数。羊肉有肥瘦与半肥瘦的区别,牛肉则一律均是牛柳,皆极瘦嫩,烤肉宛且供应生白萝卜,切条佐食,风味甚佳。

(原载《新晚报》,1982 年,月日不详,署名"艾士")

北京的饽饽

北京旧日用面粉制造的点心，叫做"饽饽"。

在北京以外，各省市都称面粉做的点心为"果子"。出售这些食品的铺子，没有称"饽饽铺"的，甚至日本，也称为"果子"，足证我国自来对面制的点心称为"果子"，传到日本，亦未改变它的名称。引起我注意这个问题，首先是"饽饽铺"之称单独流行于北京，其次是旗人称煮饺子为"煮饽饽"。饽饽的做法不出烤、烘、烙。旧时北京夜晚胡同里有背筐子卖硬面饽饽的小贩。那些饽饽都是发面烙成的。

饽饽何以能煮？听到叫卖硬面饽饽声音，更使我悬疑莫解。

我接触的人和书渐多之后，知道胶东半岛人民称发面馒头为"饽饽"，更知道大连、旅顺地方风俗语言与胶东半岛相同。明朝时候就有不少胶东商人去辽阳作买卖；而明末登州巡抚管辖区域远及辽东半岛烟台与大连之间，舟舶往来频繁。由这些历史情况推测，满族人最先知道面做的馒头叫"饽饽"。"饽饽"一称，在胶东半岛本只限于发面馒头，不料满人推而广之，将面皮包馅作的煮饺子称为"煮饽饽"，而且将所有烤、烘、烙的面制点心一律称为"饽饽"，此所以北京有"饽饽铺"而无果子店。天津称油条为"果子"；在北京的外地人逢年过节，购买装满点心的果匣子带回家乡，作为送亲友的礼品（长方形木匣，外贴红纸),就是从饽饽铺买的,却称为"果匣子"。可见,从清代以来北京虽用"饽饽"一称代替了"果子",却还留下了些微痕迹。我初到香港,看见广东酒楼菜单上有四色京果,等送到席上,却是四样面制点心,颇觉奇怪。因为在北京生长的人从小习惯了将鲜的水果称为果子,而没有将面制点心称"果子"的语汇。我对"饽饽"与"果子"两个名词转化关系,作出上面的推测,粤菜中京果一称,也对我大有启发。胶东地区称小型馒头为"饽饽",过春节与家中有喜事所蒸直径一尺左右的,称"馒头",大约因为它的尺寸近于人头?

(原载《新晚报》,1979 年,月日不详,署名"余敬恩")

几礼居制戏目笺题记

戏剧史家周志辅

以下为几礼居所制的戏目笺十页。几礼居是安徽至德周志辅（明泰）先生的书斋名。周先生早年治史，著作印行的，有《三曾年谱》（现已绝版）、《三国志世系表》、《后汉县邑省并表》（两书收入《二十五史补编》）等书。近年研究《易经》，著有说《易》之书。周先生研究戏剧史多年，搜罗戏剧史料甚为丰富，有几礼居所藏戏剧书目。其中最可珍贵的是升平署及清宫廷演戏的剧本，都是钞本秘笈，还有从光绪初年起直至民国廿几年北京各戏院的戏单数十大箱，都保存在上海市立图书馆（原存上海私立合众图书馆，后合并于上海市立图书馆）。那些戏单曾经汇印为《六十年来京剧史料》，刘复为它作过序，可惜今日在香港已不可见得了。周先生关于戏剧史著作尚有多种，都很有价值，研究戏剧史者人人知道，无庸笔者特别介绍。如他所著《京戏近百年琐记》（原名《道咸以来梨园系年小录》），其中有很多伶人的家族世系婚姻关系等的叙述。潘光旦的《伶人血缘研究》，就是以他这本书为根据而作的。

楚霸王复活

杨小楼是京戏中著名武生,丰度的威武、姿态的美妙,演武生的没有一个人能比得上他的,真是前无古人(至于是否后无来者,现在虽不敢确言,大约是差不多)。任可澄当年和梁任公、王静安一起听杨唱《霸王别姬》,静安先生说:"想当年项羽不过如此。"任公先生说:"活现了太史公笔下的霸王气慨。"明泰先生那时还是童子之年,随侍可澄先生左右,亲闻梁、王两先生之言。笔者与明泰先生同事,每听他谈及此事,眉飞色舞,也为之拍案叫绝(事隔多年,两先生言语不知是否有误记)。顾随羡季先生在辅仁大学讲词曲,每好举杨小楼为例证,别姬、长板坡均常被提及(我非其学生,惟时时听他学生郑骞[因百]言之)。我记忆中犹有年青时观杨氏演《落马湖》、《连环套》、《长板坡》、《霸王别姬》、《铁龙山》及《战宛城》诸戏的印象,静坐回思,宛在目前。有谁曾见过项羽、赵云、张绣? 而杨氏饰这几个角色,则栩栩如生,身分丰度恰到好处,有这些人活现在舞台上的感觉。杨小楼死后,别人扮演霸王、赵子龙等角色,看后总得有侮辱项羽人格、降低赵云身分的感觉。别的角色还可以将就,项羽这样英雄和浑身是胆的大将赵云,旁人如何演都不能传其神。周先生最为称赏杨小楼。杨氏死后(卒于民国二十七年 2 月 14 日)周先生为纪念杨氏的艺术,在他所藏戏单中选了十张,印成信笺既自用也送人。可惜时至今日,周先生本人一张都没有了。他亲自拍摄的杨小楼在吉祥园演《宁武关》纪录电影(黑白,八千呎),同样是早已让归别人。

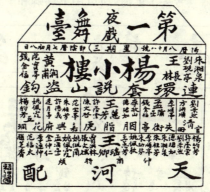

第一张

十出著名好戏

第一张是民国四年(1915)8月18日,即乙卯年七月初八日夜戏戏单,杨小楼演《连环套》,陪他演出的黄润甫饰宝二东,是极好的架子花脸。在拜山一场与杨小楼大段对白,相得益彰,有红花绿叶扶持之妙(侯喜瑞拜过他作老师),外号黄三。饰朱光祖是武丑王长林,说京白极清脆悦耳;盗钩一场更是绝活。王蕙芳演胭脂虎,是王行瑜违军令故事。蕙芳父为王聚宝演武生,母为梅兰芳之姑。蕙芳貌极美,工花衫,颇少在戏班中演出。笔者曾在织云公所堂会中观其与朱素云合演《得意缘教镖下山》。王瑶卿为王凤卿之兄,工青衣,自创新腔。在他之前,青衣唱法皆是老路如陈德霖、吴彩霞等人,听者只听得其腔,而不能知其所唱之字,至瑶卿始一变其法,人人能听懂。以青衣唱法而论,王实为开新派之第一人。所有京戏中唱青衣的或向他请教,或拜他为师,对他十分尊敬,有通天教主之称,诚非偶然。可惜他塌中,嗓音沙哑,仅能说戏。是日为旧历七夕之后一日,故演唱《天河配》,所谓应节好戏。此时梅兰芳去了上海,所以用王瑶卿和王蕙芳也。

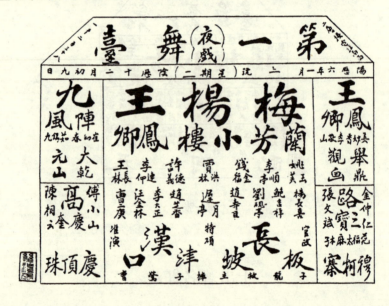

第二张

第二张是民国六年(1917)1月2日,即丙辰年十二月初九日在第一舞台演出的夜戏。那时梅兰芳还是给杨跨刀,拿的戏分或者比王凤卿多一些,因为梅正在开始大红。同台演出的路三宝是极出色的花衫,小翠花那时还没出科(《醉酒》这出戏,梅兰芳是从路三宝学的,小翠花也是走路三宝的路子），和路三宝配戏的金仲仁（饰杨宗保）是礼王府宗室，票友下海，那时还没发胖。九阵风名阎岚峰是有名的刀马旦，打出手极有名。给王凤卿配戏的小生姜妙香，本是唱青衣出身，扮像很好看。《长板坡》这出戏，配搭之整齐，真是不可再有，梅兰芳糜夫人、王凤卿关羽、钱金福张飞、李连仲曹操、王长林夏侯恩。贾洪林饰刘备，他是最好的老生，唱、作、念无一不佳，可以比得上老谭，只是嗓子坏了（倒腔之后没复原）。马连良其实是学贾，而比贾走运。这一出戏的角色，无一不是上乘之选。这张戏单中可注意的是"官政特烦"四个字，可能是政界当时显要特地要杨氏唱的，所以注明以表示是给那个人面子。

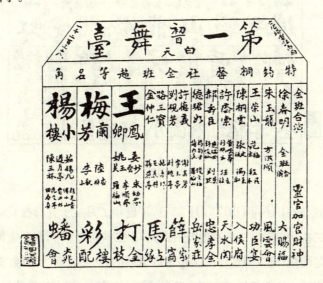

第三张

第三张是民国六年(1917)1 月 23 日，阴历丁巳年一月初一日，日戏单。因为是阴历元旦，凡事都要吉祥，人人见面说恭喜，所以那天每出戏都是喜戏，最后的《蟠桃会》虽然是武戏要开打，却是神仙降妖，不用流血，何况是为王母娘娘祝寿。头天除夕，大家守岁没睡，明天初二，要早起去祭财神，所以这天不演夜戏,而散戏也比较提早些,因为所有的饭馆都封了灶,没有馆子可去。见于这张戏单中的小生姜妙香、金仲仁之外多了个德珺如,他是穆彰阿之后,先走票后下海,面极长,嗓音却高亢,唱罗成叫关金仲仁、姜妙香所不能及。老生许荫棠也是票友下海,是奎派(张二奎),以唱王帽戏时为多。

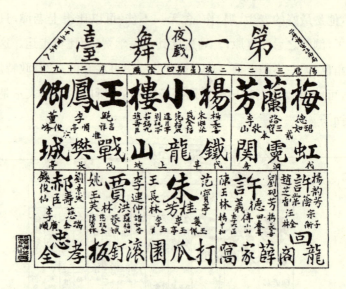

第四张

第四张民国六年(1917)3 月 22 日,丁巳年二月二十九日夜戏戏单,梅兰芳演二本《虹霓关》。头本他饰东方夫人,二本他饰丫环,路三宝饰夫人。丫环本是配角,梅兰芳这种演法是王瑶卿教的,从此之后二本《虹霓关》丫环变成主角。这戏单里面武旦九阵风换了朱桂芳,记得九阵风曾经因为他妻子虐待死一个女儿而下狱,是不是在这个时候就记不清了。

第五张民国六年(1917)4 月 1 日,丁巳年闰二月初十日夜戏戏单。在这戏单中杨小楼演《水帘洞》,有真山活水大转舞台八个字,需要加以解说。旧戏本是象征式的表演,入民国以后,在人们摹仿西洋风气浅薄心理之下,采用布景的方法也在这时渐渐侵入旧戏之中。开始于上海,其后流入北

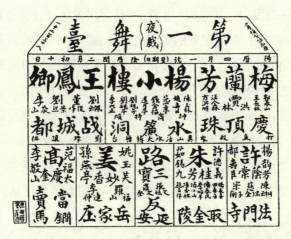

第五张

京。第一舞台是模仿上海大舞台建筑成的新式戏院,极为阔大,有三层楼。楼下散座,二楼包厢,三楼散座,能容二千馀人,落成于民国三年(1914)6月9日,即甲寅年五月十六日。杨小楼是大股东,其实大半由吴承芝出钱(吴名玉顺,庆王府侍卫,奕劻极亲信之人)。那时北京只有第一舞台有转台,可以安装布景,所以要在戏单中特别注明。

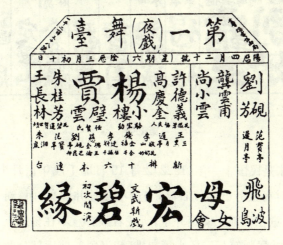

第六张

　　第六张是民国七年(1918)4 月 20 日即戊午年三月初十日夜戏单。杨小楼演刺巴杰,和他配戏的是经常在上海演出的花衫贾璧云,在北京演戏时间似乎很短。尚小云、龚云甫都在这张戏单中出现,尚小云四大名旦之一,《京戏近百年琐记》(页 85)说他是汉军旗籍,听说他是尚可喜之后,但无记载可据。龚云甫原是玉器行商人,是北京廊房二条宝珍斋的徒弟,票友下海,唱老旦极好,绝非李多奎所能及。前一年旧历九月二十三日贾洪林卒,这年旧历二月初一日许荫棠卒,二月初十日路三宝卒。所以去年在杨小楼戏班中的好角不见了这几个人。

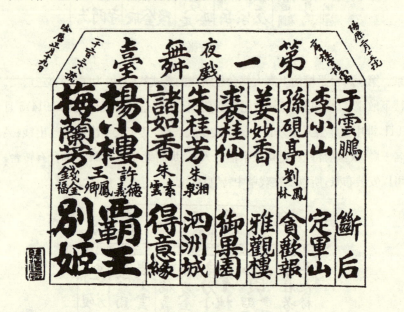

第七张

　　第七张是民国十一年(1922)2 月 15 日即壬戌年正月十九日夜戏戏单。此时梅兰芳已名气日高,与杨小楼挂并牌矣,而《霸王别姬》一戏,编者之意在于霸王虞姬并重,听戏者颇有意不在杨之人,大捧梅之舞剑。《几礼居随笔》云:杨小楼初排《楚汉争》,前后部分两日演出,以尚小云饰虞姬,而自饰楚霸王。后与梅兰芳合演,删繁就简,一口演完,名为《霸王别姬》。梅之虞姬与杨之霸王,皆一时绝唱。演《得意缘》之诸如香为配角中之好花衫,演《法门寺》之刘媒婆颇拿手,训刘标一段唱老生腔,以其本由老生改行也。朱素云唱作均好,难得之小生。演《得意缘》之卢昆杰有书卷气,演《群英会》之周瑜有大将丰度,姜妙香等皆甘拜下风矣。裘桂仙即裘盛戎之父,演铜锤,甚有韵味。

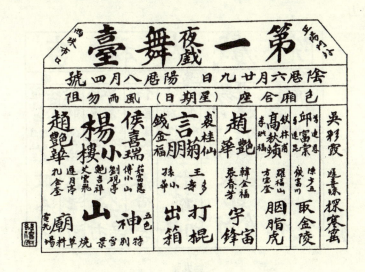

第八张

第八张为民国十八年(1929)8月4日即己巳年六月廿九日夜戏戏单。其时北伐成功甫一年,迁都后,北京改为北平,社会风气比较从前开通,包厢开始允许男女合座,因此有包厢合座字样。可是散座中,还是男女分座。梅兰芳早已自己组班,王凤卿为跨刀,所以杨氏班中不能再有此二人;即尚小云、程艳秋、高庆奎亦自己组班。老生惟有用票友下海之言菊朋,言为松筠之后,专学谭腔,曾作过财政部的金事。未下海前人称"言三爷",声势超过余叔岩,下海后并不十分红。吴彩霞是老派唱工青衣,没人爱听,就只好唱开场戏。班中武旦是邱富棠,丑角是茹富蕙,净角是马连昆,都是富连成科班出身的人。这出《山神庙》是《林冲夜奔》的增广,《几礼居随笔》云:杨小楼所排《野猪林》,系清庄王后裔清逸居士手笔,初演于第一舞台,名曰《头本林冲发配》。尚有三本《林冲发配》,一名《风雪山神庙》,亦仅于第一舞台上演一次,即从未再演过。戏单上有五色电光,特别雪景字样,也表现受了布景风气的影响,颇有走火入魔的趋势,幸而传染不深,还未能突破京派保守势力。

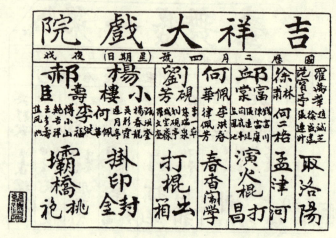

第九张

第九张是民国二十三年(1934)2月4日,即癸酉年十二月二十一日夜戏戏单。前几张都是南城外西珠市第一舞台演出,这张却是在内城王府井大街东安市场中吉祥戏院演出的,这时郝寿臣已与杨氏挂并牌,与第二张戏单相比,可见郝寿臣此时声誉之高。在这出戏中杨氏饰关羽,郝氏饰曹操。班中没一个好老生好青衣,只看杨郝二人一出戏而已。前面几出戏演出时听的人没有一个去注意的,高声谈笑闹哄哄吵作一团,可以看出来唱戏的好角纷纷自己组班,破坏了京戏组班成规,使其日趋堕落,造成听戏重主角不理配角的恶劣风习。刘砚芳是杨小楼的女婿,平日唱武生,开打时给小楼配下手,居然唱起《打棍出箱》老生戏来,虽然学过老生,无奈其不够

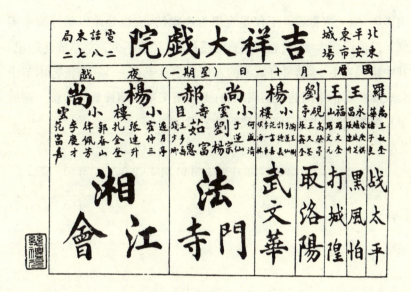

第十张

格,真是并廖化作先锋而不如矣!

第十张是民国二十六年(1937)1月11日即丙子年十一月二十九日。这时小楼与尚小云挂并牌,与第五张戏单相比,小云固然身价不同,显示出自民国而后旦角的吃香。但在第五张中,那时老生还有高庆奎,此时则只好用他外孙刘宗杨(砚芳之子)唱老生演《法门寺》了。每下愈况,阅此不觉为京戏当时之衰,掷笔浩叹。

后　话

今年香港举办艺术节,所演出者完全是外国音乐歌舞戏,其中仅有一场是表演中国的艺术。固然外国有良好的戏剧歌舞音乐值得欣赏,到底此地是中国的地方,大多数居民是中国人,主办艺术节的人为甚么可以如此作? 如此不顾到中国人,十足地表现出洋货至高至上的气派,我实在感到不平。现在检出这几页京戏戏单来,略加以说明,付诸影印,给大家看看。不仅是发思古之幽情,实也是藉以稍抒胸中闷气。过屠门而大嚼,我想与我有同感的人,必然不少。草草成此题记,其中错误当不少,请喜好戏剧的人指教。希望有一日在香港艺术节中会表演些真正中国的戏剧或歌曲;更希望文革时期被禁的传统旧剧能早日解禁,给世上的人看看我们的艺术。

(原载《明报月刊》总第 91 期,1973 年 7 日,页 53—57)

一批被遗忘的珍贵中国戏曲史料

——《几礼居藏戏曲文献目录》读后记

几礼居是周志辅（明泰）先生书斋名。志辅淹通经史，著作丰富。他所著讲《易》的书，以归纳方法求得阴阳爻升降消息的原则，排列成表，引导读《易》的人从容地掌握六十四卦变化规律。深入浅出，明白畅达，足征他的经学基础深厚。

早年志辅著的《三国志世系表》、《后汉县邑省并表》均收入《二十五史补编》。《三曾年谱》则早已绝版，市面不见流传。

志辅是中国戏剧爱好者，尤其京剧，也是研究中国京剧史的专家。他著有若干部研究戏剧史的书，其中在港出版有几部，流传很广。他去美国后写的《杨小楼评传》，由他的令爱经营的书店出版。他有关京剧史的著作，几乎台湾书商都翻印了。

潘光旦研究京剧伶人的血缘问题，所根据的材料就是志辅著的《京戏近百年琐记》（原名《道咸以来梨园系年小录》）。志辅搜集的戏剧史资料竟为优生学所利用，堪称学术佳话。

志辅搜集了很多北京戏剧院和堂会①演出的节目单，北京人称为

---

① 私家或团体宴会，邀戏班来家或会馆、饭庄中演戏，北京称之曰堂会。

戏单。这类戏单,听完了戏,人们都随手扔掉。志辅所集戏单起自光绪七年(1881),止于民国三十六年(1947),编印为《五十年来北平戏剧史材》六册。他选出其中杨小楼的戏单十张,用连史纸印制成信笺,名《几礼居戏目》,我曾撰过一篇《题记》,1973 年发表在《明报月刊》第 8 卷第 7 期。

戏单以外,志辅为了研究戏剧史搜集了一大批文献,1949 年前夕,志辅全家来港,将它完全装箱托请顾廷龙(起潜)保管,存在上海合众图书馆(起潜任馆长)。后来合众图书馆并入上海市立图书馆,这批文献,现在应当存在上海市立图书馆,经过文革浩劫,不知有无损失?

志辅的姊夫孙多焌(静庵),是清末大学士孙家鼐之孙,长我十多岁,与我为忘年交。志辅三弟叔迦与我同受业于柯蓼园(劭忞)先生之门。我在北京只是遇志辅于静庵座上,与之订交则在我来香港之后。

顾起潜(燕大同学,颉刚先生族侄)曾为志辅油印《至德周氏几礼居藏戏曲文献目录》一册,志辅送了我一本。我劝他印行,周康燮应允替他出版,要我写一篇序,拖了将近十年,序既未写,目录也未印。昨日翻检旧书,从书堆中找出这本《目录》,感到惭疚万分!

这批文献对戏剧史的研究价值很大,志辅远居北美,今年已八十五岁(生于 1896),由他自己利用这批材料去完成研究工作,想来可能性不大了。不如将其中可利用的价值公开说出来,以便海内外有志研究中国戏剧史与晚清民国史的学人去好好利用它。我更建议国内学术文化机构出面邀请志辅回国作短期讲学,指导几个研究生跟着他学习研究,对于中国戏剧史的研究一定会发生巨大的作用。尤其有关昆弋与皮黄递嬗演变的过程,与皮黄(即所谓乱弹)兴盛发展的历史,志辅最有心得,应当请他根据所搜集的材料指导学生按图索骥去寻找去作研究。

据志辅自己说,这批文献中,可称为珍品的有十项:

一、昆弋谱类的曲谱中，有《伶官谱》五册，是合肥方氏演戏伴奏记录。合肥方氏清代在内庭供奉达三世之久。最初是方德荣，乾隆五十五年（1790）方德荣随三庆徽班进京，因擅长搋笛，入宫充当随手，死于嘉庆十八年（1812）。其后是他儿子方国祥，孙子方秉忠，继续递补他的空缺。方氏父子祖孙俱享寿很高，方秉忠死时，已是民国十六年（1927）。由于他们父子祖孙三代随着若干老演员演奏时间久，每个演员腔调略有不同之处，都随时记在这个曲谱上面。如哪一个演员唱的甚么工尺，全用蝇头小楷，注在字里行间。所以这五本曲谱，实际上纪录了一百多年若干名演员唱曲的音阶歌调，对于戏剧史歌唱部分的研究极为重要。书名是志辅得到方氏这本纪录，重新装订后，给它题上的。

二、昆弋谱类的身段谱中，有《身段谱》甲、乙两编共十五册，旧钞本，亦是合肥方氏所纪录的。此种身段谱，普通流传的有道光刻本《审音鉴古录》，所记身段，过分简略。只是学昆曲的，多数自己记身段于曲谱之中，演员传授学习，展转师承，都是凭着自己记的谱口传指划。志辅说在他所藏的方氏纪录本以外，齐如山、傅惜华也有收藏。傅惜华所藏是南方曲师赵子敬（逸叟）的遗物。

三、乐谱类的《乐谱萃珍》二册，《乐谱选萃》二册，也是合肥方氏的纪录。方氏是笛师世家，对他家本行的乐谱，自有其专长与独到之处。这两个钞本，有从前人手录的，有出于他们父子祖孙自己钞写的。志辅得到之后，选择其中极精致的，分类装订成两集，每集两册，给它们题了名字。

四、清内庭戏曲类，昆弋之属，有《江流记》、《进瓜记》各一大册，都是五色精钞本，装潢得富丽堂皇，一望而知是宫内的物品。《江流记》演唐玄奘法师出世故事；《进瓜记》演刘全进瓜故事，都是清代张照奉旨撰《升平宝筏》承应大戏中的蓝本。《江流记》见《扬州画舫录》；《进瓜记》则没见前人著录过。

五、清内庭戏曲类,乱弹之属,中有《昭代箫韶》二十六册。《昭代箫韶》原是清宫昆弋传奇一部大书,全部拾本,每本二十四出,共二百四十出。后来慈禧(那拉氏)命升平署演员将它翻成皮黄,随翻随演。慈禧认为不满意的,就传唤太医院、如意馆中通文理的人,进入便殿,分班跪在殿中,由慈禧取出昆曲原本,逐出讲解指示,交给那群人翻制皮黄剧本。翻制完毕,进呈给慈禧,发交本宫太监排演,仍是随翻随演。直至庚子义和团事变发生,这项工作才停止,翻成皮黄的还不到全书的一半,与升平署所翻演的迥不相同。慈禧的本宫太监演戏,自成一班,称作“本家”,与升本署演员、外边的“供奉”鼎足而三,不相混淆。“本家”中,各类角色都具备。有演老生的名陈子田,辛亥以后,还时时在各戏班里串演以糊口。志辅这二十六册《昭代箫韶》即得自陈子田;升平署所存的剧本中,绝无这一种,可称为天壤间孤本。

六、戏曲提纲类,有长春宫内库旧钞《排场提纲》一册,洗心斋旧钞《扮像提纲》一册。长春宫是慈禧曾经住过的寝宫,而且有戏台。从这两个钞本中,则可想见那拉氏整天沉溺在戏剧之中,荒废政治的景象。(案:宫中每次演戏必致皇帝第二天不好好读书,尤以穆宗载淳为甚,见《翁文恭公日记》。)京戏因那拉氏提倡而兴盛,上行下效,清王朝王公贵胄,多数成了京剧票友,连年幼的皇帝也受了影响,晚清政治如何不腐败!

七、戏目类有《长春宫外学戏目》十折,是黄腊笺所制的折本,用恭楷开列每个人所擅长的戏名,附注每出戏演出所需的时间在戏名之下。折外加黄绫套,上写人名。每个演员被挑入宫当差的时候(演员入宫当差即称为“供奉”),都要预备这种个人的戏目折,进呈“御览”。演戏时安置在殿上,以备那拉氏点戏之用。升平署藏有很多崭新的戏目折,在慈禧极尽赏心娱目之乐时候,哪会想到这样东西竟至流落民间。几礼居藏的十折戏目,谭鑫培、杨小楼皆在其中。

八、戏目类有《内庭承应戏目》三张,此三张无外学人名,全是升平署演员,所演的昆弋曲名,偶或注有人名。想来咸丰同治年间,还没宣召外学教习进宫演戏时候的戏目单。

九、戏目类有《乾隆九年春台班戏目》一册。据《扬州画舫录》,扬州戏班,花部有春台班。四大徽班乾隆五十五年入京祝寿,其中有春台班,大约即是扬州春台班的分支。志辅早就听说合肥方氏有早期春台班的戏目一册,及至收购方氏遗物,果然发现了这本戏目。由此推想,方德荣极可能先在春台班吹笛,根据这本数目册证明春台班在乾隆初年(或更早)即已成立,比由高朗亭率领进京的三庆班成立的时间在前。

十、图谱类有《升平署脸谱》一册、《仿升平署脸谱》一册。《升平署脸谱》流传到外面的极少,这本脸谱堪称罕见珍本。那本仿谱,上面题"黄记",旁注"后辈子孙不可借给别人瞧"。志辅以为花面中最出名的黄姓是黄润甫,即黄三,但黄三不列名供奉,或者黄三设法在升平署偷着摹画的,又怕被人发觉,所以不许子孙后嗣给人看。

几礼居所藏戏曲文献,志辅所举十项珍品,诚为可贵。即看上面所纪录他的叙述,每项叙述都足以给从事戏剧史研究工作者很大启发,更何用说看到《目录》所列的文献实物。

我则以为志辅所举之外,《目录》中杂剧、传奇、单出钞本五十馀册,单出昆弋谱钞本一百数十馀册,钞本戏词总讲二百八十种,内庭戏曲之类,昆弋乱弹的承应戏、灯戏、寿戏、诞生承应、月令承应、开场戏、戏曲提纲等约五百馀册钞本,在今天均成为罕见的珍本或是孤本,都有其无法衡量的学术价值。经过十年的文化大革命浩劫,几礼居所收明清刻的剧本及有关戏剧的图书多难逃厄运,即民国以后印的戏剧书刊能幸存于万一者,又有几何? 志辅费数十年精力所搜集的戏曲文献实在全部是戏剧史料一大宝库。清末至抗战胜利五十多年的北京戏院戏目名单虽已印行,而天津戏单二〇六张、上海戏单三十一张则未印行,堂会戏单三十六张则未全印行。此外《梨园讣闻请帖》一册,可从其中考知演员的生卒及结婚年月,这更是戏剧史极可珍视的原始史料。几礼居这批收藏,其中有些物品在当时未尝不可以废纸视之,到了今天则无一不是可宝贵的史料。志辅搜集这批文献用力之勤,已足使人无限钦佩,其眼光之锐利,识见之卓越,更超越一般谈剧家之上,如非具有研究戏剧史的深厚学养,岂能获得这样的收获。

研究戏剧史的人固应十分重视几礼居这批藏品,善加利用,即治近代史与晚清史的学人,又如何可忽视志辅的搜集品而不予以一顾。

《清史稿》不立伶官传,不详细记载昆弋演变为乱弹的经过,更不提它盛行于同治光绪期间。乱弹既为慈禧所笃嗜,影响所及,上自王公贵人下至贩夫走卒,无人不好听戏,无人不想哼几句,史书不提此种风气的流行,实为极大缺陷。乱弹由北京发展及于全国,演员伶人变为受人崇拜之艺员,他们的薪酬之优厚与生活起居之豪华阔绰引起不少人羡慕垂涎,甚至言菊朋弃财政部佥事而不为,甘于下海唱戏。这虽是民国的事,而它渊源则导自清末。为了研究戏剧史,为了研究晚清民国史,几礼居这批戏曲文献应早日由专家人士好好地去利用,想来研究历史而具有通识的学人都不会河汉斯言。

如果这本《目录》仍有人肯将它出版,而志辅不反对的话,这篇拙文自可附于《目录》之后。如《目录》印不成,拙文藉《明报月刊》得以刊布,引起国内治史的学人注意,能使这批文献发挥出它应有的作用,也可以算是一件对学术文化有用处的好事。

1981 年 1 月 5 日

(原载《明报月刊》总第 182 期,1981 年 2 月,页 63—65)

自述

六十五岁自咏
买书漫谈
谈谈我的治学经历
论为学之取法与守约

六十五岁自咏

我后竹汀①三戊申，
弱冠问难柯②陈③师。
潜研④励耘⑤递衣钵，
义例班⑥范⑦指瑕疵。
蓼园⑧谆谆阐涑水⑨，
明古用今史所司。
泰西说来成土梗，
摇摇如悬欲断丝。
数典远征希腊瞽⑩，

---

① 清钱大昕字晓徵，号竹汀，江苏嘉定人，生于清雍正六年戊申。
② 柯劭忞先生字凤荪，山东胶县人。
③ 陈垣先生字援庵，广东新会人。
④ 钱大昕著有《潜研堂全书》。
⑤ 励耘书屋，陈援庵先生书斋名。
⑥ 班固著《汉书》。
⑦ 范晔著《后汉书》。
⑧ 蓼园，柯凤荪先生自称其居。
⑨ 司马光世居夏县涑水乡，人称涑水先生。
⑩ 希腊史诗作者荷马。

偶称诗书人致疑。

矫枉早应写商兑,

濡墨因循世竟移。

中原几度翻新局,

太平重开或可期。

韦绝日望剥极复,

掷卷常怀李隆基①。

头童齿豁伤虚度,

倍念当年立雪时。

春秋讥贬托微旨,

游夏犹未赞一辞。

生民体戚关史笔,

董②齐③何殊百万骑。

姑酌杯酒向天祝,

贵与④君卿⑤矢志追。

壬子六十五岁生日自述诗,福山牟润孙未是草。

(原载《明报月刊》,1972年,月日不详)

---

① 唐玄宗名隆基。
② 董狐。
③ 齐太史。
④ 马端临字贵与,著《文献通考》。
⑤ 杜佑字君卿,著《通典》。

买书漫谈

1923 年(民国十二年),我十六岁时在北京《晨报》副刊上,看到梁启超的《国学入门书目》,从此引起我研读中国文史书籍的兴趣。那时我尚在读旧制中学。

我小时读家塾,从《朱子小学》开蒙。在家中读过"四书"、《诗》、《书》、《左传》以及唐诗、古文等。没进过初小,高小读过一年,就考进中学。入中学后从河北容城石香岩先生学古文,石先生肄业于保定莲池书院,深识桐城派古文义法,教我读张裕钊、薛福成的文章,也给我讲崔述辨伪之学。我在按梁先生《国学入门书目》购书之前,已购有《庸庵文集》、《庸庵笔记》及《畿辅丛书》本《考信录》了。《古文辞类纂》家中本来有,我却不喜欢它。

我自十三岁看《三国演义》起,将《儿女英雄传》、《七侠五义》、《儒林外史》、《西游记》、《水浒》家中所有的小说,不到半年便都翻完。外祖家有旧小说一大柜,我埋首其中,没多久也看完了。因此更促进我买书读书的欲望。

在此之前,我由买童话起,到买商务出版的《少年杂志》、《学生杂志》、《青年丛书》等,已有买书读书习惯。其后随着先父看《东方杂志》、看报纸才逐渐崇拜梁启超。

读了梁氏书目,找到家中所存的《书目答问》,又买了一部《四库全书总目提要》,才开始知道中国原来有这么多的书。

同时买了一部梁氏的《清代学术概论》,一口气读完,使我顿开茅塞,改变了两个观念:一是了解到宋儒理学之外尚有其他学说。我的开蒙老师王佐宾先生是个规行矩步的理学家,教我读的第一部书是《朱子小学》,接着读的"四书"又是朱注,整天所听到的惟有程朱理学,从未接触过甚么顾炎武、颜元、惠栋、戴震诸家之说。读了梁任公的书,我才明白宋儒之外尚有许多反理学之学者。再是认识到古文义法与学问是两件事,会作文章未必即有学问,为了写好文章,更需要多读书。

此后我买了《顾亭林文集》、《孟子字义疏证》、《日知录》等书,但我不喜欢治思想史,而喜欢读历史,又去买了清末民初印行的南明史书,加上家中旧有的《南疆绎史》与商务所印的《痛史》丛刊,就从南明史书研究入手。

1929年我考入燕京大学国学研究所后,顾颉刚先生介绍我到隆福寺修绠堂买书,是我同旧书铺交往的开始。第一部买的是《潜研堂全书》,印象至今犹新。那时听陈援庵先生讲"史学名著评论",他讲甚么书我便读甚么书。后来则是去拜访他,同他谈天,学到不少有关书的知识。"二十四史"家中原有同文石印本。其它许多史学著述在梁启超所说以外的,则有不少是听了陈先生课或讲话之后买的。《广雅丛书》印的史部书所收清人著作并不完备,我于是发心搜集清人考史补史之作,即使《广雅》已收的,也要找原刻。

伦明(哲如)广东东莞人,专好搜集清人著述,尤其是《四库全书》未收的、入存目的,或极罕见的,都是他访求的对象。有时他将重复的书让出去,或将差一些的刻本换好的刻木,就约了书友孙殿起在海王村公园开了一家通学斋书店,既可生利,也便于交换,时常出售些罕见的清代学人著述。伦哲如有意撰《续四库全书提要》,有《续书楼读书记》,只有《尚书》部分发表在《辅仁学志》。台湾印的《续四库全书提要》其中《孝经》、"四书"部分,多出伦氏之手。孙殿起既聪敏又勤奋,将听到伦氏说的和经手出售的书籍都记下,随身带着纸条,后来汇集成《贩书偶记》,又著有《清代禁书知见录》;伦哲如在目录学上的成就,知道的人不多。孙殿起人人知道他博通清代目录版本,现在名气很高了;身后之名,的确要赖著作而传。我从援庵先生口中知道伦哲如的博雅与孙殿起访书的特长。

我既要收集清人考史补史的著作,将这个心意告知孙殿起。孙氏对每个学人治何学问,研究甚么问题,都时时留心,他每见到一部书,就可以想到这部合于哪个人用,而且还能说出这部书用处何在,所以我告诉了他。孙殿起因为接触的学人多,又肯用功,他在目录方面,某些知识的广度与深度,逐渐地超过了伦哲如。

温曰鉴的《魏书地形志校异》,改名"校录"收入《适园丛书》,《二十五史补编》本即重印《适园丛书》本。通学斋收到一部道光刻本《魏书地形志校异》,我曾用它校《适园丛书》本,颇有异同,道光本多附录一卷,我写了一篇题记,发表于《禹贡月刊》。

广雅书局刻的《广雅丛书》,其中有两部书,颇为难找:

一、赵一清著《三国志注补》。赵一清校的《水经注》早于戴震,书刻出来较戴氏校的《水经注》迟。戴氏在"四库全书馆"中看过赵氏的校本(据《浙江采进遗书目》),袭用了赵氏之说,却说据《永乐大典》本。赵书出来之后,大家见赵与戴校雷同,说后人据戴氏所校改了赵的书。他这部《三国志注补》又与杭世骏的《三国志补注》发生混淆,虽无校《水经注》一案那么严重,却也有些纠葛。记得郑天挺曾写过一篇文章讨论这个问题。杭氏书有《粤雅堂丛书》本,《道古堂外集》本,并不难找,而赵氏书则甚为难得,我只在北京看到一部,出重价才买到手(那时广雅刻本甚便宜)。民国二十四年北京大学曾影印了广雅这个刻本,现在也难见到了。

二、杨仲良《续资治通鉴长编纪事本末》。李焘的《续资治通鉴长编》已有浙江书局刻本,杨氏的《纪事本末》本纵不能传,也不必惋惜。惟今本《长编》并非足本,而且缺徽宗、钦宗两朝,杨氏的书足以补它的阙佚,其书之可贵即在于此。我在北京始终没买到,在香港替新亚书院图书馆买到一部广雅刻连史纸本,价并不贵。

另外有朱一新《佩弦斋杂著》。朱一新这一部书是广雅刻本,似乎不计在《广雅丛书》之内。抗战前,并不难得,比他的《无邪堂答问》流传较少而已。在北京许多人有这本书,到香港后则只见以前的学海书楼藏有此书。朱氏清末官御史,因参李莲英被贬,他辞官后,应张之洞邀请到广东讲学。书中根据《汉书》所载刘向刘歆父子的生平事迹,从时间上驳斥康有为《新学伪经考》之说,立论极坚强。薄薄一本书,学术价值很高。

我在北京时,常向徐森玉先生请教。森玉先生版本目录之学冠绝当世,也很乐意指导后学新进,我能略知清代书籍的版本,多数得益于徐先生。入手时常常翻《书目答问》、《邵亭知见传本书目》、《四库简目标注》、《书目汇编》自为不待言者,更不断的去隆福寺琉璃厂逛书铺,主要的是常去北京图书馆,进入善本书室乙库中,看乙库的书。所谓善本乙库者,是专收藏清刻善本与清人批校本或稿本,这样就大大增长我对清代书籍版本目录的认识。

清代考据家笔记中,王懋竑的《读书记疑》是有价值而颇为难找的一种。我在北京买到一部,其后在上海、台北、香港等地都未再遇见过。他的《朱子年谱》、《白田草堂存稿》则早年尚易见到。

清代讲氏族之学者只有张澍(介侯)。他的《姓韵》稿本,在北京图书馆善本乙库中。他著的《姓氏寻源》、《姓氏辨误》,我初买书时,尚不难找，后来就殊难再见。大约因为氏族之学，久矣乎没人去讲，经过了六十年的光阴，人人研究的学问都感到书籍缺乏，何况这种冷门！

《太平寰宇记》金陵局刻本胜于万氏刻本。抗战前我买到一部金陵局本，到手后发现其中有朱笔校改，仔细阅读，才知是杨守敬据日本宫内省图书寮所藏残宋本作的校勘。书面既没有题记，也未通校全书，所以未为人察觉。这个残宋本北京图书馆摄有全分照片。残宋本比中国存本多出的五卷，杨氏曾将它影印收入《古逸丛书》。杨氏所校正刻本误处，多在数字方面，虽数量不多，亦足珍贵。

陈澧批校泽存堂刻本《广韵》缺入声，徐信符旧藏，为我在香港所得第一善本。陈氏用《说文》细校《广韵》一遍，研读此书，可以看出陈氏治声韵文字之学如何去用功，比当年得杨守敬校《太平寰宇记》更为欢悦。

我到香港不久，即为新亚书院图书馆购得一部《通志堂经解》，是康熙原刻本，书价并不贵。同时有一部翻刻本连同这个原刻本先给别的图书馆收书人看，那个人喜欢翻刻本纸白，书品干净，嫌原刻本纸色黄旧，我才得到这个好机会。简单的版本学知识，买书者不可不有，由此可见。

王鸣盛《十七史商榷》，洞泾草堂乾隆五十二年原刻本与改刻本的卷九十九（或卷一百）就有所不同（广雅本同改刻本）。

全祖望《汉书地理志稽疑》，嘉庆九年朱氏刻本与《粤雅堂丛书》本亦微有不同。

读清人著作，买清代的刻本，版本之学颇多可注意之处，举全、王二氏之书，可概其馀。余嘉锡有批校本《书目答问》，足供研究清代版本的人参考，可惜并未影印行世。

宋李纲的《李忠定文集》三十九卷，最普通。福建有《梁谿全集》一百八十卷刻本，与《四库全书》著录者相同。我在北京没见过，在香港为新亚书院图书馆收得一部,此后即未再遇。

《日知录》通行本多附黄汝成《集释》,康熙三十四年遂初堂刻本,抗战前并不难得,到香港后只见到一部。

尤难得者为报纸铅印的书。我曾在访木板书时为新亚图书馆买到一部俞平伯、顾颉刚著《红楼梦辨》,在今日看来已成为稀世之珍了。我的心情与自己购得开明书局印本的钱锺书《谈艺录》时候,有同样的欣喜。

有时到小书铺也可买到好书。我在台北时即在一间小书铺乱书堆中,发现一部《大义觉迷录》的木刻本,花了很少钱即得到手。据说伦哲如常在北京头发胡同小书铺内访得清刻罕见之本。我也到过那里多次,并无此幸运。此事一需有闲,二要有耐性,三要细心。这三样我都缺欠,何况我所知的清代书籍目录,岂能望伦哲如之项背?因而巧遇就很少了,纵有也会当面错过。

谈了许多买书得意的事,错过机会的事,顺便在此一说。清初开局修明史时,先修《崇祯长编》;这部《长编》有一部分印在商务印书馆出版的《痛史》丛刊中。有一大部分清稿钞本(忘记册数,仿佛是八巨册)。在抗战前,书铺送来我家,竟因议价未妥,失之交臂,甚为可惜!活字本排印的《三通》,印得很精,极为罕见,我稍一迟疑,为人买去,再未见过,至今不知是何时何地印本?至于贯华堂刻本八十回本《水浒》,我错过未买,为别人买去,将它影印,则无足悔恨了。

记忆力随着年龄减退,回想往事,都成了迷离惝怳,信笔谈谈昔年买书旧事,殊不足观。可说的尚有一些,容精力稍好,再为倾吐。

1984 年 3 月 28 日,时年七十有七

(原载《明报月刊》总第 221 期,1984 年 5 月,页 6—8)

谈谈我的治学经历

我先学的是文言,现在叫古汉语,念书是在当时的北京四中。小时候本来在家塾中读过,学了些诸子、朱注"四书",还有《诗》、《书》、《春秋》。后来到英国圣公会办的崇德中学,这个学校的毕业生不是进清华,就是进燕京,英文都挺好。我的英文也不坏,但因堂兄说念英文不容易进北大,而念法文容易进去,于是就到四中念法文,那时大家都以进北大为荣。我十二岁开始作文章,文章不见得好,当然能作通了。当时国文、英文、数学都还对付,如果是规规矩矩地念书,就可能念到理科去了。但到四中后,遇到一位叫石湘彦的老师,是保定莲池书院的学生,莲池书院属于桐城派。我受石老师的影响,不但在课堂上,还跑到他家中跟他补习。他让我先从清朝古文入手,倒着上去容易学,把所谓桐城的"义法"也教给我了。但在十五岁那年,梁任公先生在《清华周刊》上发表了一篇《国学入门书目》,当时的《晨报》也转载了。我看了这篇《书目》后,觉得耳目一新。他所开的许多书目,我都闻所未闻,虽然我的石老师也讲了一些,譬如说,我跟石老师时,还没有顾颉刚先生《古史辨》的那一套,石先生曾让我念崔述的《考信录》,所以接触得并不晚,但就知道那么一点。结果一看梁先生的《国学入门书目》,原来天地还有这么大!眼界就开阔了。我又买了梁先生的《清代学术概论》，读后就非常崇信。这一部《清代学术概论》把我吸引上了，尤其是顾炎武的一套归纳方法。十六岁以后我就按目求书，梁任公在《东方杂志》所发表的《清代学者整理旧学总成绩》就成了指导我的索引，我就专门看那些书。我父亲在我十六岁那年冬天就去世了，所以也没人管我。我不管学校功课，任意去念中国古代这些书。找来《书目答问》，就往下钻研，结果数学、外文都渐渐差了，偏于一面发展了。中学毕业后，考北大没考上，就考进中法大学，念念没意思就不念了。那时有个俄文法政专门学校，我又进了这所学校，一面念俄文，一面念法律，念了不到一年也不念了，就专门照梁任公说的那些东西去学。他提到谈迁、张岱，一部《国榷》、一部《石匮书》，于是我就照着他学，还做过《谈迁著述考》、《张岱著述考》，另外还写了一些东西，有的刊登在燕京大学学生办的《国学专号》上。

二十二岁那年赶上燕京大学国学研究所招生，招大学生是正式的，如有论文和著述，审查合格也可招收特别研究生。开始我没有勇气，最后还是四中同学吴祖光的堂兄吴祖刚，劝我报考，并把我的著作寄到燕京大学，没想到居然叫我去面试。面试我的人就是陈垣先生，他见了我后，首先问我师承，我说没有。他说："那你怎么作起这些东西?"我说我就念了梁任公的书，就跟着任公先生的路子走。"那有人指导你没有呢?"我说没有。他又问我，你们家里到底有谁可以指导你呢? 我说修《新元史》的柯劭忞先生是我的长亲，有时候我可以问他。

的确我可以说是自学的。但是，那时年轻，关键是古汉语知识搞得扎实，做好，做通，让人一看呢，能说得明白。后来又受梁启超先生影响，写了这点东西，虽然没有师承，但还不至于过分荒唐。承陈老师的谬赏，就把我收进来了。进了燕大国学研究所，所长就是陈垣先生，导师有好多位。当时把我分到了顾颉刚先生手下，颉刚先生也很赏识我，但是我对他的《古史辨》并不十分赞成。颉刚先生给我出了一个没法儿作的题目《清代禁书考》。我去哪儿找这些禁书呢？很难，我没法作，我也不习惯他的这种指导方法。他对于后学，经常是"你这篇文章好，我给你发表"。而陈垣老不同，陈垣教学生是："你不要胡写啊，小时候乱作，老了要后悔的。不能乱写文章啊！"两位老师完全不一样。顾先生给我定这题目，陈垣老是所长，也对我说这材料很难办，我领你到故宫看，故宫有人搞，一位是单士元，一位姓刘的，他们那儿有材料，但他们不肯给你，你去那儿看看得了。当然人家是不肯给我了，我也就没有作。后来陈垣老说："我给你出个题目。"就是研究入居中国的外国人的蕃姓，所谓蕃姓，比如诗人白居易，是西域龟兹国的人；再如李光弼是契丹人。让我搜集这些，作《蕃姓考》，结果我的论文是陈垣老指导的。现在回想起来觉得挺荒唐的，因为人家有制度，有导师，怎么能撇开导师而直接由所长指导呢？后来毕业后，又做了一件荒唐事，颉刚先生让我把欧阳修辨伪的话抄出来，可以作一本《欧阳修辨伪集语》，我就抄了。颉刚先生说这可以出版，而我不想出版。颉刚先生问我为甚么，我说现在兴趣改变了。这不是很荒唐吗？白寿彝就比我高明了，他抄成了《朱子辨伪》，结果顾先生就给他出版了。当时，我觉得对伪书不能一概而论，比如阎若璩费了老大力气，辨伪《古文尚书》，差不多也可以成为定案吧！但是，能说伪《古文尚书》完全是王肃虚造吗？其中有真材料，它是东晋不晓得甚么人，对所见"古文尚书"的材料，不懂得采用像宋人那种辑佚书的办法，一条一条辑，不连缀也不要紧。但他不，他想把它连起来，恐怕其中还有翻译，于是"艺术加工"成为一个整篇的文章，所以别人认为这是假的。实际上《古文尚书》，现在有许多人发现其中有真的。所以，我觉得像欧阳修那样的"辨伪"做得有些过分。

当时我较喜欢陈垣先生的治学方法，他很严格，引书必引第一手材料，如研究两汉，你不引两《汉书》，而引《资治通鉴》，他就会问："为甚么引《通鉴》?"有位同学就曾引了《通鉴》,陈垣老就问他为甚么不引原书? 同学回答说:"我没有功夫。"垣老说:"甚么事情在后面催着你?"丝毫不客气。这严格的训练,使我受益匪浅。我从燕京大学国学研究所出来后,陈垣老说:"你二十四岁,学生都比你大,你去教中学吧。"他叫我去中学教国文,我教了四年国文,甚有好处。从前自己念书,有时囫囵吞枣,字未必念得清楚,音也未必念得准确;教书就不能这样。我现在念书,仍不敢马虎,那都是得之于垣老之教。

除受陈垣老的影响外,我还有一位老师,那就是柯劭忞先生。柯先生长我两辈,是我亲戚。他八十二岁还找了几个学生讲经学。我父亲过世后,他对我们很照顾。开始他不知道我念书的情况,等我进了燕京大学国学研究所,陈先生曾对着柯先生的儿子夸奖我。柯先生听说后就收我做学生了。柯先生可以说是清末民初第一人,王国维先生很佩服他。他的传世之作是《新元史》,而《新元史》并不是他最好的著作,因为里面许多外国材料,对音有时对错了,别人攻击他。而他对经、史、小学、音韵、训诂、算学、历法无一不精,写出来的东西却很少。他活了八十四岁,我在他八十二岁时从他学习,距今有五十多年了。他讲学,一两句话点到即止。比如我说念历史是不是章学诚《文史通义》好,他说:"不对,全说错了。"但原因何在,他没讲。我又不敢问他,到三十几岁时,通过读书,逐渐知道,章学诚的确是有许多地方错了。又如他开宗明义说:"讲宋人之理学、清人之考据,不能跟阮元走,阮元全错了。"后来傅斯年做考证指出,"训诂明则义理明"这句话根本有毛病,若此你能说把《说文》、《尔雅》读通了,你就懂哲学了? 哪有这事情! 所以,我得到柯先生益处,就往往是这一两句话;得陈垣老的益处也是如此。那时研究生不要上课,我是常常到陈老家中去请教,陈老说甚么我就回去念甚么书。我的这一点儿成就都是因为拜陈垣老、柯老为师得来的。除此,我当推陈寅恪先生。当年也是陈垣先生介绍:这位先生学问可是了不得,你得注意。因此,陈寅老发表甚么东西,我全都细念。甚至,陈寅老给清华大学出对子后,写的那封给刘文典的信,我都能背下来。寅老审查冯友兰《中国哲学史》报告,我也念得很熟。的确,我对寅老十分崇拜。

现在的青年学生,比我的条件恐怕差一点,比如我们当初拿一本《四库提要》的简明标注,就可以到琉璃厂访书,或到图书馆去找,现在恐怕就不大方便了。当初我们却是方便得很,那时书也便宜,我一买书,头一部就是《日知录》,第二部《潜研堂全集》。这一辈子,对这两部书翻来覆去老念。以前找书,大概比现在容易,比如有时,半夜里想起一个问题来,就可以马上起来找书。我现在在香港,三间房子全是书,书还没地方摆,但我感到痛苦的还是书太少了,没法多翻。有的书必须精读,如《日知录》、《潜研堂全集》、《通鉴》、《左传》、《三国志》,还有几部经书、史书,非翻来覆去地读不可。有的书,是要翻的,如果要翻,得到图书馆去找,但图书馆借书有期限。而且,临时要查一个问题,等走到图书馆,灵感也没了。

我跟启功、周祖谟、台静农都是辅仁大学同事,教大学一年级国文,大一国文由校长陈垣先生亲自管。考试,由校长出题,那不是考学生,而是考教员。台湾也是这样,校长傅斯年自己管大一国文,自己选教材,也是自己出题考。这样逼着我们对于书弄得很清楚,如《史记·留侯世家》里说:“毒药苦口利于病,忠言逆耳利于行。”现在呢,后一句没有改,第一句改成“良药苦口”,因为大家想,若是毒药不把人害死了吗?于是就改了。而实际不对,我特地写了一篇文章,探求“毒”字。毒,当辣讲,刺激着嘴难受,并非毒。我用了《国语》、《周礼》、《方言》证明这个问题,“毒”是厉害的药,辣的药,就是“烈”。这地方如果囫囵吞枣,不求甚解,管他毒药、良药念下去,似乎也可以,但我们教国文,就得弄清楚。再如《史记·淮阴侯列传》有一句“奉项婴头而窜”,奉,捧;

项,脖子;婴,环绕。结果现在标点本把"项婴"划一人名线当成人名。可是到哪儿找这个人呢？诸如此类,不细读,就不得。这是基本功,当时垣老对我们的训练很严格,一字不差。

　　片片断断,讲了这许多,或许能给有志于文史的青年朋友一点启发吧。

（本文是演讲稿,原载《文史知识》1988 年第 2 期）

论为学之取法与守约①

做学问本无秘诀可言，但不能不讲方法。教者将自己走过之路指示学生，此即方法。

所谓取法，即去效法、模仿某一人；无论治文学、史学、思想……皆应向自己最佩服、最欣赏之学人学习。如写字之临钟王之帖，做古文之诵古人之文，作诗之仿陶苏；凡此，均是要学其人之方法。学其人如何写字，如何作文，如何作诗。学书画，均须求名人之书画去临摹；而为学又岂可不访名师去仿效？作文，要读人之文章；撰写论文，岂可不找模范？读历史首先注意事实，等于看戏之观众欣赏戏，此不过为一般人之读史从史学中找常识，并非做学问之人即应止于此；以此非史学家之极终目的也。或以为吾人研究问题当以两《唐书》、《册府元龟》诸书研究唐史，以《续通鉴长编》、《宋会要》、《东都事略》诸书研究宋史，以《明实录》、《国榷》诸书研究明史。此找材料解决问题，似与从史书中求常识者不同；然仍说不上我之所谓方法。又譬如：撰写一篇论文讨论《诗经》、《楚辞》等书作者之思想技能背景等等问题，此乃属文学史之研究，亦非我之所谓取法。我之所谓取法，非接受此等知识，亦非研究之问题，而是看前人如

---

① 本文是牟润孙先生演讲稿，由黄汉超笔记。

何做学问、找材料、引书、写书,而学其方法。

以史学言,自左丘明而下,应去学何人?应如何学?为应首先讨论者。吾人应当学最好之学者,自无问题;如是,则易使人思及最早之史学家,如:司马迁、班固、陈寿、裴松之、范蔚宗等。似乎应当取法乎上,去学是类名家;其实,司马迁、班固虽好,但不易学;其原因不在其史法之高妙,而在其思想、环境、所受教育、所具有之知识、学问等与吾人相距太远,吾人实不容易了解。如:太史公春秋之学来自董仲舒,若不明董生之春秋学,则不懂太史公。又,若不明王弼、袁宏之名教自然调和论,则不能懂范蔚宗。了解上述各人之思想须费极大功夫,皆由于时代隔离太远,非不能学,不易学也。故吾人治学去学前人,应就近取法,从较近之人中去选择;张之洞《书目答问》附录之姓名略全为清人,即此意也。自两汉以来,学问名家多矣;何以必在清代寻师,而不找汉魏唐宋之人为师?中国书之有刻本,大盛于宋,而每一书之校勘注解皆精则在清(明朝人刻书多删原本,校勘又不精)。吾人读文史之书,自然要读到宋清两代人之著作。此两代解释古书之著作甚多,宋人所重在义理,清人所重在考据(宋人精于考据亦不少)。吾人则当先学清儒,而后学宋,而后学汉唐;因清人时代较近,清人之事,吾人易懂,易学会、易学好。今日任何一门中国学问,清人皆有不少成绩,吾人岂能不管,而一直往古代去学?

如何去学?则应以个人所喜欢之某一人、所喜欢之某一门学问为断,即从其中求师。例如治史学可以清人钱大昕为师,治经学可以清人惠栋为师。古人已往,如何向其学?则其所著书俱在,研究其书,以明其成书之法、其学问从何处来,取一家之书寻求贯通之,即是以其人为师也。如:学阎若璩,先取《古文尚书疏证》,从首至尾读之。第一步可用极笨之法,取其所引之书编一书目;而后循其所引之书研读之。如此,则知其学之所由来。其次,并非看其研究之问题,而是看其研究何类问题?

是否属地理、校勘、年代、训诂？如此，则知其学所需之辅助学科为何。第三，看其用何法解决问题，如看其如何发见《古文尚书》问题，有何证据断《古文尚书》为伪，其所据之证据属何类、何时代？如此追寻，则其方法自可看出。简单言之，其所引之材料如何节取？其重心何在？以何者为本证、旁证？如何假设？如何下断语？此即是方法。如以是法再读《四书释地》、《潜邱札记》，三书完全读通，阎氏为学之方法，即可完全寻出。向其取法时，最要紧者，起始应极佩服之，相信之，而不可意存轻视，有意挑其错误；必先求打进，完全明白其方法之后，始能入室操戈。又譬如读胡渭《易图明辨》，先探求其如何能发见河图洛书之伪，据何种材料证明之，如是始能知其分辨真伪之方法。又如治地理之学，读《禹贡锥指》，应寻求其所据之书以何者为主？所考之地名山川如何通其今古？苟能以阎、胡二人为师，如上所述之法读通其书，则吾人必可知不少考证方法。以宋人言，治史应取法于《资治通鉴》。所谓取法，不重在读《通鉴》之文章，或从其中找材料做论文，或考证其中之记载正误，而应寻求温公之史学方法，其途径则与读阎、胡之书不同。前人之史，如《史记》所引之材料，除几部先秦古书外，多半散佚，无法求其材料来源；但《通鉴》所采用之史书，则今多可见，其材料来源百分之八十以上可寻，如检对原书，逐句逐字求之，可拆开还原。《通鉴》如盖好之房子，拆开看则知其如何盖。既有百分之八十可以拆开，从而求其如何连结，如何编排，其作法岂不完全明白！《通鉴》如此，其它书亦复如此。欲学每书著述之法，必须拆开看。如看戏者可在前台欣赏，而研究戏剧者则须连如何编排，如何导演，前后台均要看，此即取法之道。

懂得取法，即知守约。守约，非抱残守阙或少读书之谓。吾人读书，不能效人以半部《论语》治天下，而必须博览。能博览而不能守约，必至泛滥无归。守约者，有根据之谓也。缺乏根据，则难期精到。既博以后，如何守约，亦是治学之一要法。譬如清人讲历史地理之学，颇多有成就者，其中以全祖望谢山为最精。以《汉书·地理志》言，谢山之《汉书地理志稽疑》作得最好，其考秦之三十六郡，精彩远过钱竹汀；论其本领所在，则熟读《水经注》耳。谢山有七校本《水经注》，赵一清氏之校《水经注》之说多从全氏来，戴东原则剽窃之；谢山以《水经注》为根据、为武器，而大讲其历史地理，上下古今，左右逢源。谢山如此，胡东樵亦如此，观乎《禹贡锥指》可知，以至近代地理学大家杨守敬惺吾亦是专精《水经注》。盖每一门学问，皆有其最主要之典籍为根据，必须烂熟其书，始能可攻可守，成为权威之专家；无此武器，则遇到问题时，即不知从何处入手。一人一生得力者亦不过几部书，若无此而又不博，则为学必不成。又譬如高邮王念孙、引之父子之学既博且精，实则其学主要在于由声韵以通训诂而已；以古韵之学，应用于《广雅疏证》、《经义述闻》、《读书杂志》。吾人于古书之窒碍难通者，经其解释，皆涣然冰释。吾人不得不佩服其淹雅精详！求其过人之武器，皆在古声韵学范围之中。钱竹汀不仅精史学，凡有关地理、官制、天文、历算、目录、版本，以至经学、小学无一不精，而主要本领则在精通惠派之经学，守家法明义例。世人每以《廿二史考异》为恒钉，而不知其要者乃是以惠派治经学之方法治史书，讲史书之义例(竹汀本不仅为考据之学，尝著《元史》，稿存未刊)。所谓守约之道，即在有"一贯"之道，统领其所治之学问。故守约有二：全、杨二氏为守书之约；王、钱二氏为守方法之约。其学虽似碎，而实能贯串。

要而论之，吾人取法于一人，应从其著作中找出其得力于何书，其根据为何，其方法之守约及其书之守约者为何。如是，则得其精华而知其真工夫。但必先熟读一二家之书，通其方法，即以有名有成绩之学者为师而向其取法，期之以十年二十年。既有方法，再能有熟读可据之书以守约，则学必有成矣。

(原载《新亚生活双周刊》第 6 卷第 1 期，1963 年)

附 录

乌台正学兼有的牟润孙教授（李学铭）

心送千里
——忆牟润孙师（逯耀东）

由一封信说起
——追忆牟师润孙先生（陈万雄）

乌台正学兼有的牟润孙教授

李学铭①

一、牟润孙先生与香港史学界

谈到香港的史学界，我们会想起不少著名史学家的姓名，但其中有一位不能不提到的，就是香港中文大学历史系第一位讲座教授牟润孙先生(1908—1988)。

牟先生自 1954 年接受钱穆先生(1895—1990)的邀请来香港，即任新亚书院的文史系主任、新亚研究所导师，并兼任图书馆馆长。新亚书院由九龙深水埗桂林街迁往土瓜湾农圃道，文史系分为中文系和历史系，他转任历史系主任，仍兼新亚研究所导师。香港中文大学筹备成立时，牟先生即负责崇基、新亚、联合三院历史系统一文凭试及其它有关事务的统筹、协调工作，并自 1964 年起任香港中文大学历史系

---

① 李学铭，广东三水人。1960 年毕业于新亚书院；香港中文大学成立后，先后获学士（荣誉）及硕士学位，后又取得香港大学博士学位。曾任香港教育署中文科督学、葛量洪教育学院首席讲师、香港语文教育学院副院长、香港理工大学教授；现任新亚研究所教授、香港公开大学荣誉教授。

第一位讲座教授。1966 年香港中文大学研究院成立,牟先生又兼任历史部主任导师,直至 1973 年退休。由 1954 年至 1973 年整整十九年中,牟先生直接或间接邀请了不少著名史学家先后来新亚书院、新亚研究所、香港中文大学任教、讲学,更长期主持大学部的历史系和研究院的历史部,又长期讲授史学科目及指导研究生,因此培育史学人才甚众。多年前以至目前在海内外大专院校任教的文史学者和在本港中学任教中史的教师,有不少是他的学生或由学生教出来的后学,因此在香港的史学界,他的影响可说十分远大。

二、史学师承和当代学者

牟润孙先生在《谈谈我的治学经验》中自述,他研究史学,最初由梁启超(1873—1929)的著述入手,然后再找来各种有关书目的参考书,自己去访书、读书,逐渐走上研治学术之途。二十二岁那年,牟先生考入燕京大学国学研究所,所长是陈垣先生(1880—1971)。牟先生在研究所的最初导师是顾颉刚先生(1893—1980),研究题目是《清代禁书考》。但禁书只有故宫才有材料,外人不易看到、搜集,于是改为研究入居中国的外国人,研究题目是《蕃姓考》,由所长陈垣先生亲自指导。那时研究生不用入教室听课,牟先生因而常去陈先生家请教,陈先生在谈话中提到甚么书,牟先生回去就读甚么书。陈先生治学严谨,搜集材料有"竭泽而渔"的要求,引书要用第一手材料,对文献的字词语句理解务求准确①。牟先生的史学研究,可说深受业师的影响。

除陈垣先生外,牟先生还有一位老师,就是修撰《新元史》的柯劭忞先生(1850—1933)。柯先生博闻强记,治学范围广泛,经、史、小学、

---

① 参阅牟润孙先生《谈谈我的治学经历》,《海遗杂著》(香港中文大学 1990 年版)的"附录",页 465—468。此文已收入本书。

音韵、训诂、诗文、金石、算学、历法无一不精，是钱大昕（1728—1804）后第一人，可惜编写成书的著作却不算多。他是长牟先生两辈的亲戚，活了八十四岁，在八十二岁时，还特别找了几名学生来听他讲经学，牟先生是其中的一位。柯先生讲《春秋》，先《左传》，次《公羊》，最后是《穀梁》。他在讲学时，手不持卷，经、传、注、疏，背诵如流，说明则只用简要的话语，点到即止，学生如缺乏经学基础，又不肯作跟进的研读，就很难领会话语中的精意深旨。据我所知，牟先生曾细读柯先生的《春秋穀梁传补注》，又多次向学生提及《新元史》的"史臣曰"能得《春秋》褒贬之旨。可以推想，牟先生从柯先生的讲学和著作中，应得到不少有关经学或经史互通的提示和启发[①]。牟先生晚年退休家居，常与我提及柯先生经史之学的造诣，并谈论研治经学的途径和需要，而且一再慨叹现代史学研究者对经学的忽视。有时他还会特别翻开《续四库全书总目提要》中经学《易》类的部分，指出这类由柯先生撰写的提要，在评论中如何显示义理、考据兼通的功力。当时牟先生谈论经学的热切之情，现在犹历历在目。

牟先生的经学渊源，固然主要来自柯劭忞先生，同时他又深好章炳麟（1869—1936）、刘师培（1884—1919）著作中有关经学的论著，特别是刘氏的著作，如《逸礼考》、《礼经旧说考略》、《周礼古注集疏》、《春秋左氏传例略》、《周书补正》、《经学传授考》等等，更是他常常引述的。我们相信，章、刘两氏的著作，对牟先生的经学造诣，应有颇大的增益。

牟先生敬服的前辈学者，还有陈寅恪先生（1890—1969）。牟先生之所以认识陈寅恪先生，是由陈垣先生介绍的。陈垣先生对牟先生说：这位先生学问了不得，你得注意。于是陈寅恪先生发表甚么文章，

---

① 参阅牟润孙先生《蒙园问学记》，《注史斋丛稿》，中华书局 1987 年 3 月，页 535 及 539。此文已收入本书。又参阅牟先生《谈谈我的治学经历》，《海遗杂著》的"附录"，页 468。

牟先生都仔细阅读，甚至有些文章或文章的段落，竟能熟读或背下，因此在治学取向和方法方面，都受到很大的影响①。在当代学者中，牟先生甚为佩服的，还有余嘉锡（1883—1955）和钱锺书（1910—1998）。在平日谈论中，他常常提及余氏的《四库提要辨证》、《余嘉锡论学杂著》、《目录学发微》、《世说新语笺疏》和钱氏的《谈艺录》、《宋诗选注》、《七缀集》、《管锥编》等等；其他如吴晗（1909—1969）的《朱元璋传》、朱东润（1896—1988）的《张居正大传》，他认为是有考证、有文笔、能深入浅出的史学著作，比那些征引繁琐、文字干巴巴的史学著作实胜出许多。他的意见，或许可约略反映他的治史主张和史学特色的一部分。

三、治史主张和史学特色

关于牟润孙先生的治史主张和史学特色，或可归纳为几方面。现试说明如下：

1. 强调经史互通。

牟先生在讲课、演讲和写文章时，屡次强调经学之源即史学之源，不通经学就会不明史学。他同意章学诚（1738—1801）在《文史通义》中"古无私家著述"、"六经皆史"的说法，但他同时指出"六经皆史"或同类的说法在章氏之前已有多人说过，例如钱锺书在《谈艺录》中，就举出有七个人说过"六经皆史"或类似的话；明何良俊（1506—1573）《四友斋丛说》中也有一条资料，指出"史之与经上古原无所分"；与章氏同时代的钱大昕撰《廿二史札记序》，其中也有"经与史岂有二学哉"的话；可见"六经皆史"不算是章氏的发明。他更批评章氏虽有"六经皆史"之说而不知史出于巫，是只明白史与经同源而并没有找到经史

① 参阅牟润孙先生《谈谈我的治学经历》，《海遗杂著》的"附录"，页468。

同源的原始原因,因而未能说明史与巫的发展关系。在《文史通义》中,只有《易教》、《书教》、《诗教》、《礼教》诸篇而没有《春秋之教》篇,把《春秋》视为《书》的支裔而不视为史书鼻祖,就因为章氏不知《易》、《书》、《诗》、《礼》和史(《春秋》)同出于巫,春秋时代巫史仍然不分①。由于经史同出于巫,两者关系密切可想而知,因此经史互通,是理所当然的事。所以牟先生常常强调,治史的人,应该通经学,不通经学,有时就不能解决史学上的一些问题。

2. 重视目录学之用。

牟先生的业师陈垣先生和他所佩服的余嘉锡,都在目录学方面卓然有成,而他们两位治学,就是通过目录学之用而得到大成功。根据牟先生的自述,他在十五岁那年,因为看了梁启超的《国学入门书目》,觉得眼界为之开阔,又读了梁氏的《清代学术概论》和《清代学者整理旧学总成绩》,于是就按目求书;后来更找来《书目答问》、《四库全书总目提要》,不断往下钻研②。可见牟先生开始治学,就懂得从目录学入手,而启蒙者是梁启超的著作。到了进入燕京大学国学研究所受教于陈垣先生时,牟先生在陈先生的直接指导和影响下,对目录学之用更为重视。牟先生这样忆述陈先生的指导:陈先生治学从目录学入手而走上成功之路,他重视目录学之用而不是理论,所以教学生也要他们从目录学入手,因为他把目录学视为治学的钥匙,认为有了它,才可以通向资料的仓库,找到自己需要的资料,这样,就不但可以知古、知今,而且可以知外③。牟先生对陈先生的忆述,其实正是自我写照。他对研究生讲课时,常鼓励他们要细读余嘉锡的《四库提要辨证》,又常促

_____

① 参阅牟润孙先生《蓼园问学记》,《注史斋丛稿》(1987),页 542—543。

② 参阅牟润孙先生《谈谈我的治学经历》,《海遗杂著》的"附录",页 465—466。

③ 参阅牟润孙先生《励耘书屋问学回忆——陈援庵先师诞生百周年纪念感言》,《海遗杂著》,页 95。此文已收入本书。

使他们翻阅《书目答问》、《四库全书总目提要》、《续四库全书总目提要》、各类书目引得……并不时查问他们最近读了些甚么新出版的书刊。他不能忍受学生对研究范围参考资料所知的寡陋,又强调我们要从事学术的研究,非得要通过目录学去掌握资料不可。

3. 实践史源考寻。

牟先生教学生研究历史,常要他做史源考寻的工作。所谓史源考寻,就是根寻史料来源。我们如果要审核前人的史学著述或史料,就必须考寻这些著述或史料的根据。知道这些著述或史料的根据所在,我们才可以具体地认识前人怎样选取材料、剪裁材料、组织材料、熔铸材料,这样既可认识前人用功细密的地方,又可了解人家出错的原因,而前人驾驭文字、材料的造诣,也可得而揣摩、学习。我曾上过牟先生的"《资治通鉴》研究"课,他就用《史记》、《汉书》、《后汉书》、《三国志》为我们示范怎样先去找出《资治通鉴》所依据的材料,然后再用出处材料与《资治通鉴》的原文对读,藉以了解司马光(1019—1086)删削、组织、熔铸材料的高明处和出错、偏失处。同时他也划定范围,要我们在上课前先做根寻考查的工作,以备上课时接受考问。对准备不足或回答不好的学生,他往往用眼一盯,或表露严肃的神情,但倒不会斥责。由于上课同学不多,每次上课人人都有多次被考问的机会,有时连旁听的助教都不能幸免,因此上课的同学和助教都不免战战兢兢。现在回想起来,适当的压力,对学习态度的改善不无裨益。史源考寻,原是陈垣先生为学生指点治史的重要门径,牟先生秉承师教,把这种方法教给学生,引领他们进入史学之门,让他们知道第一手资料的重要,同时他也常常运用这种方法,为自己解决史学上的问题①。

---

① 参阅牟润孙先生《从〈通鉴胡注表微〉论陈援庵先师的史学》,《注史斋丛稿》(1987),页529—530。此文已收入本书。又参阅牟润孙先生《励耘书屋问学回忆——陈援庵先师诞生百周年纪念感言》,《海遗杂著》,页95。

4. 讲求通史致用。

牟先生治史主张通史致用，而且身体力行。他指出"古为今用"、"通史以经世致用"是我国史学的传统，一切治国理民之道都在史书，所以司马迁（前 145？—?）著《太史公书》，就是要"通古今之变"。自唐杜佑（735—812）、宋司马光、李焘（1115—1184）、徐天麟①、李心传（1167—1244）、陈傅良（1137—1203）、王应麟（1223—1296）、马端临（约 1254—1323）以至清初顾炎武（1613—1682）、黄宗羲（1610—1695）、王夫之（1619—1692）等等，都把史学经世致用的精神，发挥得淋漓尽致。晚清的龚自珍（1792—1841）、康有为（1858—1927），更是借了经学来讲变法；柯劭忞先生为《春秋穀梁传》作注，陈垣先生在沦陷区撰《明季滇黔佛教考》、《清初僧诤记》、《南宋初河北新道教考》、《中国佛教史籍概论》、《通鉴胡注表微》等等，都是发明古书的今义，表现出中国史学的功用。此外，牟先生更言简意赅，比较中西史学的不同。他认为西方史学目的在于归纳出社会发展定律，中国史学则在于求致用，所谓史学的大义微言即在发明古为今用之理，不在于求出社会发展定律。从分析史料方法上说，中西史学方法极容易找到相合一致的说法，至于讲求史事的大义，以期古为今用，则西方史学家至今不能接受。而中国史学家，其实大多并不菲薄西方的史学，也能接受社会发展的观念，但他们也"择善固执"，不愿舍弃通古史以为今用的传统主张②。凡与牟先生有较多接触的同辈、晚辈或学生，应可了解他其实是一位纯粹的学人。他有时会援引史书、史事来谈时事、评政局、论人物，是因为他从来没有忘记史学家的责任。在《六十五岁自咏》诗中，牟先生说：

---

① 徐天麟，生卒年不详，南宋宁宗开禧元年（1205）进士。

② 参阅牟润孙先生《从〈通鉴胡注表微〉论陈援庵先师的史学》，《注史斋丛稿》（1987），页 530—531。

"明古用今史所司","生民休戚关史笔"①。这两句诗,或可用来概括牟先生自己的史学精神和治史方向。

5. 看重语言文字。

牟先生是史学家,但他也重视语文教学和文字音韵之学,经常向学生强调历史研究者须文史兼通。他非常同意老师陈垣先生的意见:"不能教国文,如何能教历史? 国文不通的人,如何能读史书?"陈先生和牟先生并非表示没有教过国文的人不能教历史,他们其实在强调:语文不通的人,就读不懂史书和有关文献资料,那怎能教历史和研究历史! 牟先生自己曾当过几年国文教员,对教材的读音、训诂和结构组织,都仔细用功去考求。他认为这种训练,对他日后研究历史和引用文献资料,有很大帮助②。牟先生能用雅洁、畅达的文言和语体,写出举重若轻、胜义时见、可读性高的学术论文,而他所写的书序、寿序以至怀人、记事之文,无论用文言或语体,都显示出他既心怀诚挚,又讲究篇章的结构组织和文笔表达,使他写出来的文章,具有一种不尚浮辞、安雅舒徐的姿采。读过他所写的手稿,就可看到他下笔矜慎、满纸涂乙、反复修订的情况。他常提示学生,不要放过多接触著名学者、作家手稿的机会,藉以学习人家增删润饰的功夫。可惜自从流行涂改液和用电子计算机写稿后,后学会愈来愈少这样的机会。牟先生最看不惯自诩专家的历史研究者,写论文只知以洋为师,爱套用西方学术论文的形式,却不懂讲求材料剪裁、篇章组织和文笔表达,到头来写出来的,是论点罗列、资料堆塞、组织松散、文笔干巴巴的论文。牟先生批评这些研究者只知"史",不知"文"。而这些研究者却偏偏好以文章

①《六十五岁自咏》作于 1972 年,当时牟润孙先生六十四岁,自称六十五岁是虚龄。此诗已收入本书。

② 参阅牟润孙先生《励耘书屋问学回忆——陈援庵先生诞生百周年纪念感言》,《海遗杂著》,页 93—94。

评改家的态度,对前辈学者的论文随意月旦、信口雌黄。牟先生指出,不少研究历史的后学,由于本身的语言文字根基太差,但又不肯虚心细读人家的论文,加上自信过甚,就不免有这种不自量力的表现。

四、学术著作与前辈的评论

据我们所知,牟润孙先生在香港中文大学成立前和成立后所讲授的史学科目,主要有“中国史学史”、“中国学术思想史”、“中国史学名著评论”、“经学史”、“魏晋南北朝史”、“史学方法论”、“《汉书》研究”、“《三国志》导读”、“《资治通鉴》研究”等等。从他的讲授内容,我们知道他是一位博通经史的学者。读过他的著作、听过他的课和接受过他直接指导研究的学生,更知道他精熟目录版本之学,讲究著述体例,重视文史兼通,而对两汉史、魏晋南北朝史、唐宋史、经学史、明清学术思想史,都有深入的研究。他的主要著作,已先后结集为《注史斋丛稿》和《海遗杂著》。前者最初在 1959 年由新亚研究所出版,收论文十四篇,增订本在 1987 年由中华书局出版,共收论文二十六篇;后者在他去世后才由中文大学出版社在 1990 年出版,共收篇幅长短不一的文章七十篇;其它还有不少发表在报刊上的文章,有待进一步搜集、整理①。

无可否认,牟先生的著述不算多,也没有长篇巨制的专著,但学问的深浅和启发的多少,又岂可根据著述的多寡和篇幅的大小来评估?作为史学家,牟先生的成就当然以史学为主,但他也兼通其它方面的学问,特别是经学。史学家兼通经学,本来是我国史学的传统,牟先生的师长、前辈,大多有这样的学养,只是造诣高低各有不同。不过在崇

---

①　参阅《海遗杂著·后记》,《海遗杂著》,页 477。

尚专家、以传统为保守的现代社会,有人往往不以兼通为然,甚至认为兼通会影响专精的成就;至于治史是否需要兼通经学,有人也抱怀疑态度。于是留意牟先生学术成就的人,大抵会强调他的史学而忽略他的经学,难怪牟先生会发出"知音难遇"的慨叹。根据牟先生《读陈寅恪先生论集》一文的"附记",在 1966 年 8、9 月间,牟先生寄了一册《论魏晋以来之崇尚谈辩及其影响》给陈寅恪先生,后来就得到陈先生的来信,信里这样说:

> 数月前奉到大著,"乌台"正学兼而有之。甚佩,甚佩!近年失明断腿,不复能听读。敬请以后不必再寄书为感。①

下款署"汤云",由陈夫人唐篔代笔。牟先生在"附记"中说:

> "乌台"是御史台,借以指史学。正学,正统之学,即经学……另外又托人打电话给我,说千万不要再去信……我才知道寅老在当时的遭遇,后悔莫及,数年来珍重地保存这封信,以为纪念。今日检出重读,百感交集。忏悔之外更有知音难遇之感。②

陈寅恪先生的书信虽由他的夫人代笔,但毫无疑问,应该是陈先生"听读"《论魏晋以来之崇尚谈辩及其影响》一文后有所见的评论。所谓"'乌台'正学兼而有之",即推许为兼通史学、经学之作。陈先生是名满中外的史学权威,他学养精深,识见高迈,向来不作酬应的评论。他对晚辈后学的请益,言简意赅,一语中的,令牟先生深有"知音"之感。

---

① 见陈寅恪《致牟润孙》(1966 年 11 月 21 日),陈美延编《陈寅恪集·书信集》,生活·读书·新知三联书店 2001 年 6 月,页 283。
② 见同上,页 283—284。

五、"'乌台'正学兼而有之"

牟润孙先生的《论魏晋以来之崇尚谈辩及其影响》,为甚么会受陈寅恪先生推许为"'乌台'正学兼而有之"? 我们不妨试看这篇论文的主要内容。根据论文的纲目,我们可以看到,这篇论文共有九项要点:(1)经学风气转变之开始;(2)东汉经学之博学;(3)王肃与王弼;(4)谈辩之兴起;(5)荆州学派;(6)谈辩之发展与转变;(7)谈辩之影响经学;(8)谈辩之影响史学;(9)谈辩之影响政治制度①。关于经学风气转变的开始,牟先生指出:

> 东汉之末,为章句学者日衰,儒风乃趋于转变,谈辩之事因而渐盛。检读史书,世人厌弃章句烦冗,盖自西汉季年已启其端矣。②

又说:

> 东汉之世,称为"名儒"与"通儒"者,殆无一非博学兼通之士,或不为章句之学而颇受世人推重……光武之汲汲访求博学多通之士而辟之,岂非愈使人重视博学通儒欤? ……博通而知辨是非,为知识发展必然之结果。东汉以后经学之改变,即循此途径。③

---

① 参阅牟润孙先生《论魏晋以来之崇尚谈辩及其影响》,《注史斋丛稿》(1987),页303。
② 见同上,页305。
③ 见同上,页306—308。

以上论魏晋以前经学风气的转变。由于谈辩之风起于东汉之末,因而守家法讲章句的经学,就逐渐衰微了。至于魏晋以来崇尚谈辩的情况,牟先生在辨析王肃(195—256)、王弼(226—249)之学时指出:

> 魏晋而后,两汉家法尽亡,说者归罪于王肃王弼诸人。王肃传贾马之学,持论固多异于郑玄,而亦不别今古。兼采众说,断以己意,则同于康成,不能不谓之博学通儒。好古者流欲其转博为陋,仍依两汉家法,诚理之所无。①

这是论郑玄(127—200)、王肃的博通兼采以解经,但无论怎样博通兼采,所重仍在训诂名物,而王弼就不同。牟先生说:

> 王弼注《易》,一扫象数而空之,为名理大宗,沟通儒玄,经学史上之陈胜吴广也……魏晋之际,谈辩说理者,非仅弼一人,钟会、何晏、夏侯玄、裴徽、荀粲、傅嘏诸人皆是,则时代风气使然,弼固不能外是。②

可见魏晋以后的经学,已不是两汉时的经学,而王弼的注经之法,正与魏晋谈辩之风相符应。牟先生因此说:

> 王弼渊源校练名理之家学,复浸润于谈辩玄理风气中,故其

---

① 同牟润孙先生《论魏晋以来之崇尚谈辩及其影响》,《注史斋丛稿》(1987),页312。

② 见同上,页312及315。

注《易》注《老》，亦惟旨在说明《易》《老》之义理。①

谈辩以论抽象之理为主，王弼用谈理言玄之法来讲经，那就跟谈玄家的谈辩分别不大了。

根据牟先生的意见，魏晋崇尚谈辩的风气，对经学、史学、政治制度都有影响。关于对经学的影响，牟先生说：

> 谈辩之风既盛，影响及于经学者，首为讲经一事……魏晋后谈辩在论名理，儒家讲经，既不守家法，因亦同乎谈辩……至于讲经时之论辩，多存于义疏中。②

关于对史学的影响，牟先生说：

> 谈辩影响及于史学者为考据。谈辩旨在论理之是非，考据则旨在考事之信否，虽有具体抽象之异，而其目的均为求真则同焉……《蜀志·诸葛亮传》裴注有难郭冲五事……其后具引郭氏五事原文，依次辩之，皆用"难曰"开端，考而称"难"，是史学之考据受辩难影响，明显若此。③

又如范晔（398—445）《狱中与诸甥侄书》批评班固（32—92）《汉书》"后赞于理近，无所得"，就是因为班书只是依时代次第事业类别序列人

---

① 见牟润孙先生《论魏晋以来之崇尚谈辩及其影响》，《注史斋丛稿》（1987），页 326。
② 见同上，页 327 及 331。
③ 见同上，页 331 及 334。

物,传后赞语,未能尽符品评人物、谈辩名理的要求①。关于对政治制度的影响,牟先生指出南朝宋孝武(430—464)用中书舍人,即重论辩;梁、陈所委任的舍人,"咸能辩析名理"、"议论政策";唐太宗(599—649)设中书省审核政令,议论政策,极似辩论学术。而齐、梁试士,有时会用讲经问难之法;唐太宗命孔颖达(514—648)撰《五经正义》,正是荟萃前代讲辩经学义理的纪录②。上述种种,都是谈辩对官制和考试制度的影响。最后,牟先生在"结语"中说:

> 汉儒通经本以致用,而章句俗儒,拘守师说,于书则诵一经,与言世务则多不通晓……文儒博通之士,起而矫之……东汉民间古文学盛,亦治经旁求别本当有之途径耳。比东汉末,经师兼通者日多,家法终于不固。广采而加以别择,诚治学当有之举,亦知识演进必有之结果……③

这是说,汉代经学由拘守师说、独诵一经,变而为兼通广采、不守家法,是学术发展的必然结果。牟先生又说:

> 既而外受政治之刺激,内循学术发展之途径。魏晋时代学人乃多舍实而言虚,由具体而抽象。以经学言,初明训诂,次求大义,终于研理……谈辩之风既盛,世务学术遂无不求之于名理,流风所被,渐改旧观者,有我国所重之经学、史学、政治制度、法律诸门。经学既弃家法,史学亦离经而独立……我国律学与科学,如

---

① 参阅牟润孙先生《论魏晋以来之崇尚谈辩及其影响》,《注史斋丛稿》(1987),页334。
② 参阅同上,页335—339。
③ 见同上,页340。

天天、乐理、医药、算术几皆于魏晋以后有卓著成绩,岂非以善辨析名理之故欤?①

魏晋时代,继承了东汉末年的学风,加上政治的刺激,于是谈辩之风大盛,这就影响了经学、史学、政治、法律、科学等方面。

根据上面的了解,我们可以知道,《论魏晋以来之崇尚谈辩及其影响》是一篇有关经学史的论文,内容既涉及经学今古文、清谈玄学起源流派等各方面的讨论,而于谈辩风气对经学、史学、官制、考试制度等方面的影响,也有较具体、较深入的辨析,因此确无愧于"'乌台'正学兼而有之"的评价。

不过,我们要进一步讨论的,就是陈寅恪先生对牟先生一篇论文的评价,是不是可以引伸为陈先生对牟先生学问造诣的概括评价? 根据我的认识,我以为答案可以肯定。牟先生早年问学于蓼园,听柯劭忞先生讲《左传》、《公羊》、《穀梁》,经学师承自柯先生,那不用多说。他在大专院校任教时,长期讲授"经学史"、"魏晋南北朝史"、"中国学术思想史",对经学今古文和历代经学的发展、流派,都有具体而深入的辨析,而对前贤和时人的经学论见,也常有阐发、纠正或补充,而且时有精深、启发之说,听过他讲课、演讲的同学,大抵都能认同我的说法。

从《注史斋丛稿》和《海遗杂著》两书,我们可以看到,除《论魏晋以来之崇尚谈辩及其影响》一文外,牟先生还有不少涉及经学讨论的论文,其中有专论经书训诂和经学发展的,也有融合经史或以史证经的论述,例如:《春秋时代母系遗俗公羊证义》、《春秋左传辨疑》、《两宋春秋学之主流》、《顾宁人学术之渊源》、《论儒释两家之讲经与义疏》、《释

---

① 见牟润孙先生《论魏晋以来之崇尚谈辩及其影响》,《注史斋丛稿》(1987),页340。

论语狂简义》①、《"民可使由之,不可使知之"释义》、《说格物致知》等等②。后列三篇,本来属经书话语的训释,但作者的史学家识见和精神,仍然随时显现。如《释论语狂简义》一文,除详列诸家注疏《论语》之说外,牟先生还引述刘知几(661—721)《史通》卷四《断限篇》和卷八《书事篇》,指出刘氏虽非经师,"犹知汉魏经师之旧义,论史书体制,两引狂简以喻著史者之滥载失裁",其说"可以解经"③。钱穆先生在致牟先生函中,对此文的评语是:

> 《释论语狂简义》拜读,甚佩。得《史通》为证,更见圆满也。④

《"民可使由之,不可使知之"释义》一文,讨论的是孔子(前551—前479)理想中的德化政治。文中指出程颐(1033—1107)、朱熹(1130—1200)、刘宝楠(1791—1855)都未能说明这两句话的意义,而今人对这两句话则多所质疑⑤,问题在,他们都忽略了一个简单的道理:"注解古书要求之于训诂,也要结合当时的历史,才可以得到近于真的解释","知人论世和注解古书都不能不顾及历史"⑥。《说格物致知》一文,引述《左传》、《国语》、《管子》、《周礼》、《史记》材料为证,指出"汉宋明清各家对于《大学》'格物致知'的解释,自有他们历史上的原因与思想史上的地位",但"只是独立为说,未能将上下文解说得圆通",不合于《大学》的原义⑦。

---

① 论文已收入《注史斋丛稿》(1987)。
② 论文已收入《海遗杂著》。
③ 语见《注史斋丛稿》(1987),页228—229。
④ 本文作者亲见钱穆先生致牟润孙先生函原件,未刊。
⑤ 参阅《海遗杂著》,页300。
⑥ 语见同上,页301及305。
⑦ 参阅《海遗杂著》,页308及313。

牟先生也有好几篇论文,专从思想史的角度,讨论清王朝的理学统治,包括《反理学的惠栋》、《论弘历的理学统治与钱大昕》、《从〈红楼梦〉研究说到曹雪芹的反理学思想》、《论曹雪芹反对清王朝的理学统治》,等等①。理学,是经书的义理之学,清王朝的理学,以礼教为中心思想,牟先生这几篇论文,是政治史也是思想史方面的探讨。此外,还有一些讨论经学的论文和演讲稿,并没有收入牟先生两本论文集内,如:《王夫之顾炎武解易之说举隅》②、《论朱熹顾炎武的注解诗经》③、《经学在学术上的作用》④、《述论语中的君子义》⑤等等。其中《解易之说》和《注解诗经》两文,引述程颐、朱熹、顾炎武、王夫之(1619—1692)解经之说,提出了研治经学史的重要意见。牟先生指出:

> 汉儒之学注重通经以致用。笃守家法,专治章句的儒生,基本上不为人所重视……宋明诸儒有时师心自用,解经难免有时近于臆测,而在论人事论政治等大问题上,却发挥了一定的历史作用,不可一笔抹杀。王船山顾亭林非不通训诂考据之人,他们注解经书,还保存宋明以来切合时事证以经谊古说之流风,使经学不致完全与时代脱节。⑥

这说明了汉儒通经致用的精神,也可见于宋明及清初各位学者的解经之说。例如程颐和朱熹就真能实践汉儒通经致用之学,而不是徒事空

---

① 论文已收入《海遗杂著》。
② 论文载《新晚报》的《风华》版,1981 年 6 月 8 日及 19 日。
③ 论文载同上,1981 年 8 月 21 日及 28 日。
④ 这是 1983 年 6 月在北京师范大学的演讲稿。
⑤ 曾见未完成手稿,似未发表。
⑥ 见《王夫之顾炎武解易之说举隅(下)》,《新晚报》的《风华》版,1981 年 6 月 19 日。

谈。因此牟先生强调:

> 朱子撰《诗集传》颇有为当时世事而发的议论,借着注释《诗经》评论时事、发挥个人的思想理论,与程颐的撰《易传》,体例颇相类似,这正是汉儒通经致用之学……今日我们读经书或研究经学史,自不必再理会汉宋的家法,存入主出奴之见,但也不能将汉宋诸儒之书,一并束之高阁,空谈儒家思想。①

他又说:

> 朱熹《诗集传》治考据之学的人,多认为不值一读,《日知录》则公认为考据之学必通的要籍,看到顾朱解经竟是如出一辙,而且均有合于孔子的断章取义,则研究经学史,岂可不因此而有所反省。进一步说,研究某一历史的又岂能舍弃那个时代经学注解的书而不读。②

牟先生认为,为了致用,解经并非不可"断章取义"。他学通经史,融合汉宋,调和义理考据,为研究经学史以至研究历史的后学,提示了原则和方法,显示了他对经史的认识和对学术研究的关心。

六、结语

牟润孙先生受业于陈垣先生和柯劭忞先生,学有渊源,兼通经史,

---

① 见《论朱熹顾炎武的注解诗经(上)》,《新晚报》的《风华》版,1981 年 8 月 21 日。
② 见《论朱熹顾炎武的注解诗经(下)》,同上,1981 年 8 月 28 日。

重考据而不忽视义理；加上他当时身处学术文化气氛浓厚的北平，日常交往接触，多属可问学的师长和可切磋的友朋，又肯勤于按目求书，研读不懈，因而能充分掌握通史致用的中国史学传统精神，逐步走上治史的正途。

自 1954 年起，牟先生接受钱穆先生的邀请从台湾来香港，任教于物资条件匮乏的新亚书院和新亚研究所；香港中文大学成立后，他就出任第一位史学讲座教授，直至退休。牟先生在香港任教期间，讲授的史学科目颇不少，其中的"经学史"和"中国学术思想史"，更广受学生的欢迎和重视，当时听课者甚众，连外系的学生也踊跃来选修或旁听。牟先生的讲课，一般会先由助教在讲台的桌上放置了需用的参考书（以线装书居多）。牟先生一踏上讲台，就马上开讲。他一边讲述，一边翻动书页，找到了所需材料后，就急遽地用粉笔写在黑板上，然后再就所书写的材料，加以解说或发挥。全部过程，就好像向学生即席示范论文的撰写过程。回想起来，当时簌簌的书页翻动声、笃笃的粉笔接触黑板声，还有牟先生投入讲课的神情和声量颇大的讲课声⋯⋯仿佛犹在耳目。到了今天，牟先生的讲课内容和讲课风范，不少同学仍津津乐道。曾直接受教于牟先生的学生，或由牟先生学生教出来的后学，他们的性格、资质容有差异，勤奋、成就也各有不同，但他们教学和治学的表现，总让人觉察到有来自牟先生的学术渊源和或大或小的影响。

牟先生在《发展学术与延揽人才——陈援庵先生的学人丰度》一文中，推许自己的业师大公无私，没有门户、党派之见，以学术为重，积极为辅仁大学延揽人才①。牟先生权位、名声不如陈先生，但他能服人之善，知人之长，常常在自己职权范围内，向校方推介史学良师。当时有多位著名史学家，就在他的邀请、推介、联系或支持下，先后来新亚书院、新亚研究所、中大其它院校任教或访问讲学，就记忆所及，有：左舜生先生、陈荆和先生、董作宾先生、严耕望先生、全汉升先生、徐复观先生、王德昭先生、郑德坤先生、李定一先生、刘子健先生、何炳棣先生等等。他也曾积极邀请在台湾的方豪先生和劳榦先生来港任教，可惜方、劳两位因事未能成行。牟先生这种秉承师教、破除门户、惟才是重的态度，的确为香港史学界奠下了坚实的学术基础，在当时也树立了良好的学术风气。

在牟先生活跃学坛的年代，香港有不少专治经学和许多专治史学的学者，但能兼通经史、以史治经、以经证史的史学家，却似乎并不多见。牟先生可说是不多见的史学家之一。时至今日，学术界愈来愈多人以专家之学自诩，专而不精仿佛仍胜博通一筹；难怪称得上"'乌台'正学兼而有之"的史学论文和治学以博通见长的学者，似乎在学术界并没有得到应有的欢迎和重视。

2004 年 6 月完稿

附记：

本文曾在 2004 年 6 月 11 日于"香港史家与史学研讨会"中宣读。研讨会由香港浸会大学近代史研究中心、香港近代史学会主办。

---

① 参阅《海遗杂著》，页 85—92。其实牟润孙先生早在 1970 年已曾发表文章，极力推许胡适、陈垣两先生尊重学术、无私用人的胸襟。参阅《学人的胸襟丰度与学术标准——胡适之、陈援庵两位先生所树立的风范》，《人物与思想》第 38 期，友联出版社 1970 年 5 月，页 5—8。

心送千里

——忆牟润孙师

逯耀东①

我的业师牟润孙先生过世十周年了。他是 1988 年 11 月 19 日逝世的，享年八十。次年 11 月他的灵骨，由师母护送归故里，安奉在北京八宝山，因为牟先生是香港的政协委员。

我在台大历史系二年级时，选了劳榦先生的"隋唐五代史"。但劳先生到哈佛访问未归，由在中文系执教的牟润孙先生代课，不过，牟先生上课不久，即应钱宾四先生之约，到香港新亚书院任文史系主任。他离开台北时候，我也随大伙到松山机场送行，那时，他当然不认识我。后来新亚研究所对香港以外地区招生，我侥幸录取。于 1962 年春天到香港，就拜在牟先生门下，追随左右前后有五年之久。

牟先生常说，援庵先生之学北传，他又将援庵先生之学带回南方来。广东新会的陈援庵先生，三十馀岁入京，前后在北京居停一甲子，经历了几次历史的巨变，最后终于斯，再没有回过广东。援庵先生与寅恪先生，在中国现代史学领域，并称二陈。援庵先生将乾嘉的考证

① 逯耀东(1932—2006)，江苏丰县人。毕业于新亚研究所及台湾大学历史系首届博士班，先后任教于香港中文大学新亚书院、台湾大学、台湾辅仁大学等。

方法,应用到现代史学研究中,对旧的材料提出新的解释,治学自成一格。牟先生在《励耘书屋问学记》中说:"我得列励耘书屋门墙,侍坐问难凡二十年,平生略窥史学门径,皆先师之赐。""励耘书屋"是援庵先生的书斋名,牟先生自 1933 年入燕京大学研究所,直到后来离开北京南下,前后二十年间,追随援庵先生左右,习得援庵先生的治学方法。其中之一是史源的问题。牟先生以正史与《通鉴》对比,了解《通鉴》的史源,更进一步认识清楚温公如何考证与剪裁材料,如何组成史书。同时了解温公对材料取舍的标准。牟先生说他能窥涑水(史学)的堂奥,都是援庵先生的启发。后来他用援庵先生治学的方法,在台湾、香港教了些学生。牟先生说这些学生有的因而进入史学之门,他们的成就纵有高低的不同,或他们纵然不提治学的渊源出自励耘书屋,但他们受援庵先生的影响,是显而易见的。这是牟先生说援庵先生之学北传后,他又将援庵之学带回南方的原由。

最具体的表现,就是关于赵翼《廿二史札记》的问题。牟先生说援庵先生多次讲到《廿二史札记》,要以正史核对其材料,才能找出赵翼引书之误,牟先生说援庵先生教学生研究历史,由史源入手,即先去觅史书所依据材料的出处,这就是援庵先生在《通鉴胡注表微》所谓"高似孙《讳略》十二谓《通鉴》一事,用三四出处纂成,然非逐一根寻其出处,不易知其用功之密,亦无以知其致误之由"。牟先生说援庵先生教学生考证《廿二史札记》,即用此方法。牟先生在其门人赵效宣《李纲年谱序》说:"赵翼别有《廿二史札记》。誉者称其得春秋属词比事之旨,与钱竹汀《廿二史考异》、王西庄《十七史商榷》以考证校勘相尚者异趣,李莼客谓其购自他人。"牟先生分别在台湾、香港嘱其两个弟子考索其事,但所得的结论并不相同。

牟先生说他略窥史学的门径,是受援庵先生的教诲。至于经学则得柯凤荪先生的启迪。牟先生在《蓼园问学记》说蓼园先生的嫂子是他的族姑母，就亲戚而论，柯凤荪先生长他两辈，他 1932 年二十二岁入燕京大学国学研究所，两年前柯凤荪先生在家讲学，即得列入门墙，受业于凤荪先生，那时柯先生已八十二岁了，牟先生成为蓼园门下年纪最小的弟子。

当时凤荪先生的《新元史》已列入二十五史。牟先生说凤荪先生治学的范围很广，经、史、小学、诗文、历算都有很深的造诣。柯先生讲《春秋》，先《左传》，次《公羊》，最后讲《穀梁》，手不执书，经、传、注、疏背诵如流，结尾总说《穀梁》最深。但不排斥《公羊》，又时引《左传》，认为《左传》既通其义又不废考证。牟先生问凤荪先生所撰《元史》，为何不写《艺文志》？凤荪先生说，《汉书·艺文志》所据汉代内府中秘藏书，没有元代内府藏书目录，何从为之撰艺文志？牟先生说他恍然了解《汉书·艺文志》并非西汉一代的全目。由此知道如何读各史经籍艺文志，为他研究目录学开辟了一条重要的门径。

援庵先生的史学，凤荪先生的经史之学，是后来牟先生治学的源渊所自。但如果没有梁任公的启导，他不会步上学术之路，牟先生说他十五岁读梁启超的《国学入门书目》与其《清代学术概论》，使他对清代学人治学有了初步的了解。不过牟先生治清代学术还有一个他人所无的途径，就是他自幼好命相之学，他常以清学人的八字，比对他们的年谱，由此了解清人治学的门径，这真是无心插柳了，关于这一点，他很少向人提及。综合以上所述，是牟先生学术渊源所自。他五十岁以前研究的成果，具体表现在他的《注史斋丛稿》中。

1959 年结集的《注史斋丛稿》，包括十四篇论文，牟先生说："润孙五十岁前，已刊之学术论文，几尽在于斯。"这本论文集于 1987 年由中华书局再版，又添了十二篇牟先生五十岁以后写的学术论文。牟先生在新版的《注史斋丛稿》的前言说，这本丛稿是他一生治学历程中的纪录，既名丛稿，只表示他曾写过若干文章，对某些问题有某种看法，并没有自以为是之处。牟先生过世后,他所有著作,又集成《海遗杂著》出版。由于这些论文写作的时间和空间不同,牟先生一生治学可分为北京、台北、香港三个不同的阶段。在香港的三十年间,因为写作的形式和文体不同,又可分为前后两个不同的时期。

《注史斋丛稿》中的《宋代之摩尼教》及《崇祯帝之撤像及其信仰》,分别写于1938年,发表于北京的《辅仁学志》,这是牟先生从援庵先生问学时期。援庵先生以《元也里可温考》一文,崛起于中国学术界,为中国宗教史研究拓创了新领域,对火袄教、摩尼教、一赐乐业教、佛教、基督教、伊斯兰教在中国的流传与盛衰都有专门的著述,关于摩尼教,援庵先生有《摩尼教入中国考》。牟先生在他的《宋代之摩尼教》的引言说:"自敦煌发现摩尼教残经,及《老子化胡经》后,摩尼教流传中国始有文献可征,吾师陈援庵先生考之尤详。近年读史,遇言摩尼教者,每札记之,久欲为文论之不果。今冬读《宋会要》,得见刑法所载禁吃菜食魔之法会,援庵先生更为说《黄氏日钞》之文,宋代摩尼教流行史,乃显然明备。因参考前记,草成斯篇。"

至于在台北写的《春秋左传辨疑》、《两宋春秋学传之主流》、《释论语狂简义》,及后来在香港写的《论儒释两家之讲经与义疏》则明显受柯凤荪先生的经学的影响。至于《论儒释两家之讲经与义疏》是牟先生的力作,起于台北,成于香港,他在引言中说:"昔者先师柯凤荪先生尝告润孙,群经义疏仿自释氏者也。润孙时年弱冠,于经学所窥颇浅,师既未解其说,唯唯而已。前后重读南北史与《高僧传》,豁然得其端绪,而后知师说确不可移。润孙因循前人探讨之旧径,几经曲折,已废然改辙,转而考释氏之讲经,义疏之造述继录儒学讲经之采自释氏者何在。三十馀年闻之于师者,至乃通其义。"关于撰疏一事,牟先生又说:"非仅为诂经之书创新体例,即在我国学术亦为一大事因缘,影响极为深远,至于其中关键所系,颇为儒家采用释氏义式一端。"儒家讲经用释氏形式，汤用彤、陈寅恪二先生曾论之，牟先生由此，援柯凤荪之意引申之。后来我探讨裴松之《三国志》注亦受启迪。

祖述师说而发挥，是牟先生前期学术论文的特色。1949 年来台，牟先生似乎有说引用现代社会学说另辟蹊径。《注史斋丛稿》中的《汉初公主及外戚在帝室中之地位试释》、《宋人内婚》及《春秋时代母氏遗俗与公羊义证》等，就是这个时期的尝试，这些论文显然是受李宗侗（玄伯）先生启发。玄伯先生是清军机大臣李鸿藻的嫡孙，创勤工俭学留法的李石曾之侄，早年留学法国，是应用社会学讲中国上古史的第一人。当时玄伯先生在台大讲中国上古史、中国史学与清史，为台湾史学界培植了这方面的人才。玄伯先生也是我博士论文导师之一，对我眷顾尤多。牟先生在《汉初公主及外戚在帝室之地位试释》的引言中说："去岁，润孙以外戚称宗室之故，叩诸高阳李玄伯先生，先生谓此当母系之遗痕。润孙归而求之，信然。且更相连之若干条，荟萃观之，始知刘氏保有相当浓厚之母系社会遗痕。"这也是牟先生治学好新探奇的一端。

在台湾几年，可能是牟先生一生生活最艰困的时候，却也是牟先生论著最丰富的阶段，以上论著多在台湾完成。离开大陆时，牟先生与师母乘小船之中途遇劫，财物被洗空，流落舟山，辗转到台湾，暂寄居方豪神父寓中，客厅壁上悬有《折可存墓志铭》一幅，墓志铭说到折可存曾征方腊，还，更擒宋江。是一段极可注意的新材料。牟先生躺在榻榻米上，日夜端详，然后参考张荫麟《跋折可存墓志铭》及余嘉锡《杨家将故事考信录》的引发，因而有《折可存墓志铭考证兼论宋江之结局》之作。这是一篇非常细致的考证文章，深得当时台湾大学校长傅斯年的喜爱，于是聘牟先生到台大中文系任教，牟先生自出京后，先后在山东大学、暨南大学历史系执教，经过流离后，又回到大学教书，牟先生能进台大中文系，他的老同学旧相知郑骞、台静农先生的推荐，当然也是重要的原因。

牟先生在台北后来写了一系列经学史的论文,其中《春秋左传辨疑》,讨论《春秋左氏传》成书的问题。牟先生说:"及乎逊清,今文学起,重西汉门户之争,遍疑西区汉古文之经,集矢《左传》、《周礼》。谓《周礼》刘歆伪托,《左传》为歆析自《国语》,解经之文皆歆附入。其说诡而辨,不学之士乐其新奇可喜,从而扇其波,比至五四,遂有疑古出焉。"又说:"康氏之论,实违反学者应守之戒律,钱宾四(穆)著《刘向歆父子年谱》,已详论歆之伪书窜述,康氏所论,为事实上所不能之事,举证极坚确,启康氏于地下,亦当心折。"文成,寄呈宾四先生,颇得青睐,于是聘牟先生到香港新亚书院执教。

香港是牟先生飘泊在外,居停时间最久的地方。在前一段时期,牟先生生活日渐丰裕,但著作反而少了。最重要的著作则是他就任香港中文大学历史系讲座教授的演讲《论魏晋以来之崇尚谈辩及其影响》。牟先生在讨论儒家经典注疏,受释典影响时,涉及魏晋以来的谈辩问题。因谈辩出于论说经义,论说经义始于弃家法,而经师弃家法源于博学。博学则为应世务之需,以及谈辩对魏晋学术政治的影响,牟先生说的经师弃家法与博学,对我有很大的启迪,后来我写《汉晋间经书解释的转变》,即由此而出,但经学深似海,不是我的智力所及的,即此打住。其实当时撰写此文为了寻裴松之《三国志》注的渊源问题,关于裴注,我曾多次请教牟先生,他总是不愿多说,没有想到在这次演讲中竟谈到裴注,使我非常高兴。

在这次演讲,由经师弃家法与博学,论及今古文,清谈的起源及流派,以及谈辩对当时学术与政治的影响,然后而有《唐初南北学人论学之异趣及其影响》、《从唐代初期的政治制度论中国文人政治之形成》之作。这一系列的论文是陈寅恪先生所谓"不今不古"的魏晋隋唐之史的范畴。对于陈寅恪先生,牟先生在他《谈谈我的治学经验》说:"我的这一点学问因为拜陈垣老、柯老为师得来的。除此，我当推陈寅恪先生。当年也是陈垣先生介绍：这位先生学问可是了不得，你得注意。因此，陈寅老发表什么东西，我全细念。甚至，陈寅老给清华大学写的对子，后来写的那封给刘文典的信，我都能背下来。"他说："的确，我对陈寅老十分崇拜！"所以，牟先生在香港，最初常向在广州的陈寅恪先生请问起居。寅恪先生的《论再生缘》完成后，流传到香港的三本油印稿本，其中一本就是赠给牟先生的。

陈寅恪先生过世，牟先生在台北《中央日报·副刊》先后发表了两篇文章，一是《敬悼陈寅恪先生》，一是以壶公笔名写的《陈寅恪先生之死》①。牟先生在文章中说："寅恪先生不特在学问上能运用自由思想，作人的气节风骨也绝俗超尘，有独立自尊的精神，非阿媚取容的人所能望其项背。"当时牟先生说到寅恪先生的《柳如是别传》，他说："推想起，很可能是称柳如是忠节，而贬钱牧斋柔弱无能，到了临大节的时候，并其妻妾不如，致伤失人格的尊严。"

牟先生不仅对寅恪先生十分崇敬，对寅恪先生治学及做人更是钦佩。所以，牟先生这几篇魏晋隋唐史的论文，不仅写作的形式与方法，十分似寅恪先生，牟先生更明白说："唐承隋之后，统一寰宇，建立强大安定之帝国，义宁陈寅恪先生谓其时统治阶层为胡汉关陇集团。斯说也，骤观若不尽然。因其时关陇集团掌统治实权之故，在文化上于是有南北歧见，则为研究唐史所未曾注意讨论者。义宁论及隋唐制度，仅谓南朝前半期之文化方面，补陈寅恪《隋唐政治渊源略论稿》所未及者。"

牟先生自香港中文大学退休后，论文撰述转入另一个阶段。《注史斋丛稿》中的《明末西洋大炮由明入后金考略》、《论清王朝富盛时期

---

① 编者按：逯耀东先生记忆恐有误，此文似非牟先生所写。

的内幕》、《蒋良骐的〈东华录〉与〈清实录〉》、《略说批本〈随园诗话〉》以及在报刊发表的掌故文章反而比以前多了。这个时期的论著和文章,和以前有显著不同,不仅写作的形式,最大的更变还是文体。牟先生说他十二岁开始作文章,后来在北京四中读书的时候,遇到一位叫石湘彦的老师,是保定莲池书院的学生,莲池书院属桐城派。牟先生跟石湘彦先生学文章,先从清朝古文入手,然后再教桐城义法,为牟先生的文章扎下基础。牟先生作文章由此出发,最后由范晔的《后汉书》而出,自成一家,所以在这个时期的文章不论说理考证都非常典雅隽秀。但自此以后,他的文章完全用白话文了。这种情形颇似援庵先生。援庵先生自1949年发表给胡适公开信以后,很少再用文言文写作了。只是牟先生除了用白话写作,行文中还杂入当时流行的辞汇或语句,比大陆某些史学家还左。虽然有些文章用笔名发表,作为追随他多年的弟子,一看就知道是师父写的。牟先生真的不仅转向,而且超越前进了。

牟先生在《注史斋丛稿》初版的叙言说:"润孙治学,所好殊广,所志博洽多闻未专精,偶撰文字问世,而戋戋无多。"这是牟先生自谦之词。牟先生的聪慧博学,对问题的选择,对材料的贯穿,凸显出问题所在,确非一般人所及。不过,他说自己"所好殊广",多少是有些道理的。他的研究兴趣,不同阶段有不同的转变,而且对所提出的问题,很少再做进一步的持续与探讨。也许和他喜好命相之学不无关系。命相之学好奇好新,这种情形同时也反映在他的学术研究之中。因此,某些问题稍作突破即止,然后就搁置了,使其学术无法形成一个完整的体系。这不仅对牟先生个人,同时对现代中国史学研究而言,都是非常可惜的。

牟先生在《从〈通鉴胡注表微〉论先师援庵先生的史学》说:"我写这篇纪念先师的文章,自知不能阐述援老史学的精蕴,所敢自信的,此文之作,决不逾越苏东坡祭欧阳永叔'不以其私哭先生'的宗旨。"同样地,作为牟先生的不成材弟子在阐述他的学术时,也采用这种宗旨。当年牟门弟子很多,受其惠者也不少,现在还有几个提起他呢!

说到牟先生和我的师徒情谊,就难言了。

牟先生晚年虽然没有把我逐出门墙,至少已不在门墙之列了。在他过世前的那十年,我除了年初一大早,我抱了一瓶"百事吉"的白兰地,到美孚新村他府上去拜年,进门恭恭敬敬三鞠躬,然后奉上"百事吉",紧接着说一句:"老师,百事大吉。"就这样一年又过去了。

牟先生患糖尿病多年,早已滴酒不沾,我还是抱了瓶"百事吉"去拜。因为1977年我来香港教书,过年时去拜年,带了几本我的书和论文,想向他报告这几年的工作情形,牟先生拂然不悦地说:"大年下,送书!"牟先生深信命相之学,过去出门都会先占一卦,我突然悟到在香港书输谐音,于是,我立即说:"书,我的书,我输;您不输!"以后每年都带"百事吉"去拜年了。

我回香港教书之前,牟先生就转向了。这次转向对他晚年的生活影响很大,多年的故交就此不往来了。像徐复观先生是他多年的好友,同住美孚新村,相距很近,早晨在社区大平台散步,相遇如陌路。那时我都是先到牟先生家,然后再去徐先生家拜年,他总是问见到牟先生没有?然后说:"也好,也好,你和我不一样,他是你师父。"

对于这转变,牟先生口中不说,心里还是很在意的。1977年我到香港中文大学新亚书院历史系教书,所教的课程"中国史学史"、"中国近三百年学术史"、"史学名著:《史记》、《汉书》、《三国志》",都是牟先生的课,我连课程纲要都没有改,比照着教下去。刚到香港还住在旅馆里,没来得及晋谒,就接到他的电话,开始就说:"你知道我是谁吗?"我恭恭敬敬叫了声老师。接着他又说:"你敢不敢接受个匪谍请你吃饭?"我赶忙说:"老师千万别这样说,老师永远是老师!"我们约定在乐宫楼,牟先生最后补充一句,他说:"乐宫楼比较右。"没有想到当时香港竟楚河汉界泾渭那么分明,连吃饭都分左右,我们师徒二人,在乐宫楼吃了顿鱼馅饺子。

乐宫楼是家京菜馆子。牟先生精于食道,尤其是京菜。当年他们家的厨房,后来扩大成了"同和居"。"同和居"是北京八大居之一,著名的京菜馆。"同和居"的一个伙计南来香港,在九龙加拿芬道开了家"丰泽园",成了吴老板。吴老板对他们少东家非常尊敬。"丰泽园"距牟先生居处赫德道只有几步地,牟先生好客,南来北往的朋友都请在这里。那时牟先生家里很少开伙,"丰泽园"成了牟先生自己的餐厅。即使不在那里吃饭,牟先生也会去"丰泽园",在进门的一张桌子沏一壶茶,看往来的客人或会友,似京剧里的把场。"丰泽园"经由牟先生的调教,成为当时港九最著名的京菜馆,"牟公面"一味,就是由他教出来的。我当日追随左右,在丰泽园吃了不少佳肴,都是菜单上没有列出的。记得有一味炒虾黄,就是用对虾背上的黄油烹成的,真是吃得奇吃得巧。

我到香港第一年的除夕,是在牟先生家过的,当时还有刚到香港新亚研究所执教的郑骞先生。因百先生是牟先生的三度同学,两度同事,他们是旧相交了。那次夜饭记得只有牟先生、师母、因百先生和我四人。菜是丰泽园吴老板敬的,只记得有熏鸭、京烧羊肉和沙锅火方排翅。尤其沙锅火方排翅,火方红润片厚,汤乳白,浓而不腻,排翅晶莹软糯,根根可数,有筷子般粗细,牟先生吃着鱼翅说:"这锅翅可费工夫了。三只鸡,三块火方,炭火慢燉,三日始成。"这真是我吃到的最好的鱼翅。饭罢,在客厅用茶,牟先生起身向我招手,我随他到客厅后面的房间,房间里有条几供桌,中间挂着清朝官服顶戴画像一幅,牟先生说:"这是先父,你太老师。叩头。"于是,我恭恭敬敬跪下,叩了三个头,然后起身,向坐在供桌旁椅子上的牟先生叩头辞岁。仅此一次,以后就是随大伙年初一去拜年了。

我不知道这算不算是牟门入室弟子了。如果是，但和牟先生当时悉心调教的几个岭南弟子相较，却是近而不亲。当时牟先生在研究所没有开课，我到大学部旁听他的"魏晋南北朝史"与"中国史学史"，下课后将有关的资料与论文搜集起来，放置在图书馆的阅览室架上，以供修课的同学参考。我向牟先生报告，牟先生似嫌我多事，以后这些材料就留着自己参考了。我专心听讲，当时虽然不知治学为何物，但知牟先生讲课，在材料与材料衔接之处，的确非常巧妙，颇有寅恪先生的馀韵。

那时，我读书还算专心，每遇到问题，请教牟先生，牟先生总是讲到关键所在，就停下来，然后说一句："关于这个，你不懂吧？"我照例不再多问，回到研究室，读两个礼拜的书，再向牟先生报告，牟先生总是"嗯"的一声，不再言语了。当时我觉得夫子传道，颇有禅宗意味，关键在个悟字。不过，事隔多年和也是牟门弟子的赵效宣谈起，他说："非也。牟爷只改他给的题目！"他说他的《李纲年谱》是牟先生给他出的题目，后来他由研究李纲，发现宋代驿站问题，牟先生就不闻不问了。至此，我才恍然大悟，既入牟门却不懂门规。因为我研究的问题，都是自摸索寻找的。这才了解追随牟先生左右，他没有在我写的报告或论文批改过一个字，更别说一句可否了。不过，我还是感谢牟先生，因为我是听他的课，熟读他的论文然后更读两位陈先生的书，才摸索着走上这条路。虽然，牟先生好说，他的弟子都叛了他，我不知牟先生最初或后来就不欢喜我，但我始终如一，还是个牟门中的人。

那次牟先生住院，我得到消息，赶到法国医院探视他，师母说这次因突然晕倒而住院。牟先生倚在病床上，我坐在近床靠窗的椅子上，窗外车辆往来如梭，室内静静悄悄地，我们师徒默然相对，突然牟先生说："绝了，掌故之学绝了！"我不知何谓，只是听着。又过了一会儿，牟先生玩弄着怀表的表链,依我追随多年的习惯,知道这是我该告退的时候了。于是站起身来,走到师母身旁,再留下我的电话号码,低声说:"有什么事,告诉我。"师母点点头,轻拍我的肩膀说:"知道。"师母虽不识字,但贤淑明理,当年我在研究所读书时,非常照顾我。然后,我走到门口,转过身来,向倚在床上的牟先生深深地一鞠躬,说"请老师保重"。他向我摆了摆手,没有想到这竟是和牟先生最后的一面。

牟先生去世后,有一天师母电话告诉我,她隔天上午十点,搭飞机要捧着牟先生的骨灰回北京,所以,一早八点前我赶到启德机场,送牟先生最后一程。早晨的机场非常冷清,楼上楼下寻找了多趟,竟没有找到师母。最后我只好到三楼餐厅,隔着巨大的落地玻璃窗看飞机启降,终于等到运载牟先生的班机滑过跑道,我目送那飞机起飞。香港的冬天是晴朗的,我望着飞机飞向蓝天,蓝天外是一片迷茫。牟先生走了。没有想到爱热闹的牟先生,竟走得那么凄清。

(原载《书品》2006 年第 6 辑)

由一封信说起

——追忆牟师润孙先生

陈万雄①

近检点旧物，见先师润孙先生寄给我的一封信，内容虽然简单，颇能说明牟先生晚年的生活，连带牵动了我对牟先生的一些追忆。

信内容是这样的：

万雄仁隶左右：承惠 贺年卡，谢谢！兹有恳者，光绪二十二年孙家鼐覆奏开办京师大学堂事一折，见《近代史料丛刊·戊戌变法》第二册，而寒斋无其书。如馆中资料室或 吾弟藏有之，务祈费神影印交邮掷下，为感为盼！崽此奉托，即贺年禧 侍友生 牟润孙启 十二月十五日

前承代购之《文苑花絮》，其中书页缺失错乱。便中请烦关女士代为换过为幸！看关女士何时方便，并不急急。书价若干？亦请示知。 又启。

---

① 陈万雄，广东东莞人。1973 年毕业于香港中文大学历史系，1975 年获中大研究院哲学硕士，1980 年修毕日本广岛大学博士课程，1989 年获香港大学博士学位。现任联合出版（集团）有限公司副董事长、总裁。

信未署年份。信内主要是托我代查阅资料和买书事。

　　牟先生退休前在新亚书院与中文大学研究院任教的最后几年,我算是与他比较亲近的学生。在大学和研究院就读期间,虽然我的研读重心是中国近代史,而这种选择,多少是出于对中国近代命运的关怀,然而心底里对中国学术思想一直兴趣浓厚。因此自大学三年级起以至研究院,我每年都选修牟先生的课。当时牟先生是系内惟一教授衔的老师,在研究院也是惟一的讲座教授,由于课开得专深,选修牟先生的课的学生因而很少,通常只有三几人。那年的四年级,亦只有我一个人选他的课以应学位考试。或许这样让我与牟先生较多接近。从日本负笈返港,任事于香港商务印书馆,常有文化聚会和文化学术界的饭局,牟先生和王师德昭先生最是支持,见面的机会也最多,直到他去世,一直保持相当密切的师生关系。就我个人接触的印象,晚年牟先生过的日子,主要是买书、读书、谈学问和撰述。不管什么性质的聚会,牟先生喜谈善谈,最后由他引导,谈论的仍集中在学问和学术界的人和事上,少及其它。我敬陪末座,感觉比上课还长知识。晚年衰病,牟先生更是日以读书撰稿为事。我几乎每星期跑牟先生家上一次,给他带上嘱咐要买的书和要查阅的资料。实在忙得去不了,会使同事代劳,尽量使他及时用上。70年代退休的牟先生,不善生产,随着香港经济高速发展,百物逐年腾飞,他和师母的生活并不宽裕,晚年更有点拮据。但是他买书的习惯和买书的不吝啬,毫不改变,几乎每个星期都会买书。晚年笔耕所得的稿费主要也是用在买书上。有时不忍心他花钱,他总拒绝。以上的一封信,就是当时情况的反映。启功先生忆青年时代,说到:"与牟先生在一起,也曾饮酒、谈笑,谁又知道,他在这种时候,也常谈学术问题。"(《平生风义兼师友——怀龙坡翁》,见《回忆台静农》,上海教育出版社,1995年)可见牟先生真是一个彻头彻尾的爱书人和读书人，一生专心致志于学术。牟先生平日读书兴趣广泛，撰述文章题材亦很丰富，而且厚积薄发。晚年的两本论文结集，大部分文章是晚年写的。他一再强调，写文章是平日读书，有所见有所发现而写的，不应先预设题目，为找材料而读书的。这两句话看似简单，当时我听了也明白，理解并不透彻。现在明白得多了。他的读书写文和现今学人的读书写文的区别，即"古之学者为己，今之学者为人"之谓也。

六七十年代的中文大学新亚书院，人文学者集一时之彦。历史系诸老师亦各具学术成就，各有风范，在学问和教学风格上，各擅其胜。在我就读期间，牟先生讲授的主要是"中国史学史"、"史学名著导读"、"中国经学史"等课，一般历史系学生兴趣不大。况且牟先生讲课，无指定参考书。上课时他比对他带来的不同史著的片断，手翻口说，难于做笔记。如果不经自己课后梳理和思索，会觉得他的讲授并无系统。譬如上他的《三国志》导读课，他并非按一般讲授惯例，系统地讲述《三国志》的成书过程、作者生平、史著特色和成就等等，而是就《三国志》某章节、某句文字、某条裴松之的注释，去比对前后或比对《后汉书》和《资治通鉴》等其他史著，说明他想教授的关于陈寿的史法、史识、史例，然后再说到古今学者对这问题和对这段历史的观点，最后才说出他自己的看法。短短的《三国志·曹瞒传》就足足讲了近半个学期。我尚算读书博杂，只是听得明白，也觉得很有兴味，但以我们当时学问底子，说不上心领神会。无论如何，他的课，让我认识了为学的境界、学问的深浅。大学修过的众多科目的笔记，至今大部分已不知去向，我誊录在《三国志》、《史记》、《资治通鉴》等书上的各种标记和牟先生的分析，至今仍好好的保全着。可见当时我已有"虽不能至，而心向往之"的珍惜。

牟先生讲课辩才无碍，滔滔不绝。传统史学基础如此薄弱的我们,听起来还是动人的,不觉沉闷。尤其对时贤研究的点评,他不稍假借,无所回避。上课时常常听到他提高腔调说的两句普通话,是"高明、高明"和"胡说八道",大有"银瓶乍破水浆迸,铁骑突出刀枪鸣"之势。

牟先生身材高大,说话响亮,很有派头。当时的学生相当尊师重道,牟先生望之俨然,自然敬畏得多。牟先生言行也有点魏晋名士气。每回牟先生讲论到魏晋清谈人物,我总忍俊不禁,笑了起来。近年看牟先生忆述他师事陈垣先生从事学术研究的往事,才明白牟先生的讲学,仍遵从老一辈"一两句话点到即止"的风格。明白与否,要学生自行"悟道"。他自己说:"我得到柯先生(柯劭忞,《新元史》作者)益处,就往往是这一两句话;得陈老的益处也是如此。"记得大学三年级时初修读牟先生的课,说到治史,他语气铿锵而有节奏地说:"治史者,第一是文章,第二是文章,第三还是文章。"说罢不再作解释。读史讲求史才、史识、史德,如何牟先生会将读历史的与治文学的等同,讲求起文章来? 我百思不得其解,也不敢问,闷在心里。四年级再上牟先生课,再讲到治史之要,牟先生又以同样语气说:"治史者,第一是文章,第二是文章,第三还是文章。"但依然不作说明。看来对治史这种说法,牟先生不是随便说的,必有深意存焉,着意要我们去理解。在研究院,牟先生仍旧这样说。经过几年的修课听讲,再印证他平日讨论史家史著的优劣,加上多读了牟先生的文章,我似"悟道"了。据我理解,"第一是文章"者,治史首先要"识字",要仔细明白每个字的意思,不能含糊。随着年纪愈大,书读多了,愈感识字不易。"第二是文章"者,要懂得读文章,懂得字里行间的意蕴。"第三还是文章"者,治史必须能写一手好文章。牟师一直强调,传统的优秀史学家通常也是写文章的高手,好的史著也常常是优秀的文学作品,司马迁的《史记》如此,范晔的《后汉书》如此,陈寿的《三国志》亦如此。在他的《励耘书屋问学回忆——

陈援庵先师诞生百周年纪念感言》中，就说过："先师时时对我说不能教国文，如何能教历史？国文不通的人，如何能读史书？那时候中学用的国文课本，是文言语体合并选在一起。所谓文言，今日称为古汉语。先师又时时以教学相长勉励我，要我好好备课，说：'讲国文要好好去研究训诂，更要紧的是读音，读错了字则无以追改。'经过四年时间在陈先生不时训诲之下，我对于要讲的文章，每个字的读音、训诂，以及文章的结构组织，都仔细用功去追求，它的效果真是很大……我自己则因此改变了囫囵吞枣、不求甚解、匆匆翻书的坏习惯。"我记得，牟先生在课堂曾一再强调，教语体文比教文言文更要求甚解。这种治学讲求文字基本功的观念，原是励耘门下的特色。难怪乎出自励耘门下的学者，先师也好，台静农先生也好，启功先生、周祖谟先生也好，学术而外，都是文字浸馈功深，文章精纯得了。牟先生对文章的文字一贯重视，如对台湾中研院出版陈寅恪先生的论文集《陈寅恪先生论集》，不管对所集论文代表性以至书名都大不以为然。我多次听过牟先生对香港当时名家著作的书名和文章的病误的批评。由于牟先生对文字功夫的重视，一向写文章放野马的我，自此撰文和遣辞造句，较用心思和谨慎得多了。现在能执笔为文，可以见人，实拜牟先生之赐。毕业后某年，中文大学某人文学科考试题目犯了文字病误，引起社会讥议。某学者即曾对我说，历史系从未出过差池，因为牟先生对所出题目，极之重视，必经他亲自审核过的缘故。这种"点到即止"的教授形式，看似婉曲或者今日学生看作不科学，但老师授课，学生听课，课后依书凭笔记背诵，这只是承受了知识，未成为经自己理解、体会和了悟的学问。牟先生这种讲授形式，是指导学习方法，引导学生自己做学问的途径。

牟先生的学问和治史套路，前辈师兄有所述说。在他的《海遗杂著》中，有讨论他自己的治学经历的文章，也有几篇关于陈寅恪先生、陈垣先生学行的文章,可以参考,相信后之治史者必有大增益,这里不拟再说。他的课对我来说,很具启发性;他写的文章,我会一读再读。可惜当时学问根柢太浅,又阎于时潮,不知传统学问之珍贵,不晓得牟氏家法的途径,以致错过追陪杖履,日闻训诲的机遇,思之憾然。晚年牟先生衰病在家,每回晋谒,必留我道学问,谈他读书思考所得,一谈就二三个小時。晚年并以对孔子《论语》多有创获自许,可惜未作笔录,留于人间,追悔已晚。

(原载《诚明古道照颜色——新亚书院 55 周年纪念文集》,香港中文大学新亚书院出版,2006 年)